KB002819

선장 김인현 교수의

해운산업 깊이읽기 Ⅲ

김 인 현

法 文 社

머 리 말

2019년 9월에서 2020년 2월까지 일본 동경대학에서 안식학기를 보냈다. 서점을 자주 찾았다. 해운, 물류, 조선 관련 얇은 단행본들이 꾸준하게 발간되는 것을 목도했다. 해사도서관에도 20종 가까운 저널이 발행되는 것을 보았다. 나는 일본에서 6개월 연구한 것을 바탕으로 「김인현 교수의 해운산업 깊이읽기」라는 제목을 가진 200페이지 분량의 책을 내었다. 좋은 반응을 불러일으켰다. 이에 고무된 나는 1999년 교수가 된 이후로 작성한 칼럼을 모아서 「선장 김인현 교수의 해운산업 깊이읽기 Ⅱ」라는 이름으로 제2권을 발간했다. 380페이지로 약간 두툼하지만 많은 사람들이 읽어주었다.

2020년과 2021년은 코로나사태 하에 있었지만, 나는 바다, 저자전문가와의 대화를 주도하면서 바다관련 산업의 현상에 관심을 가지고 공부하고 칼럼을 적었다. 칼럼은 해운, 물류, 조선, 인문학등 다양한 방면에 걸쳐있다. 어느날 문득 이제 3권을 내어야겠다고 생각했다. 해운이 전례가 없는 호경기이지만, 불안한 상태이다. 해운과 조선은 경기를 타는 산업이라 안정된 장치를 가지는 것이 급선무라는 관점에서 여러 가지 방안을 검토하고 의견을 제시했다.

이렇게 하여 그간 발표된 칼럼과 짧은 논문등 총 70여편의 글이 모였다. 「선장 김인현 교수의 해운산업 깊이읽기 Ⅲ」이 탄생하게 된다. 동아일보에 기고한 "김인현의 바다, 배, 그리고 별"은 다른 단행본으로 낼 생각이다.

이 책이 자매서인 「김인현 교수의 해운산업 깊이읽기」, 「선장 김
인현 교수의 해운산업 깊이읽기 Ⅱ」와 함께 널리 읽혀서 우리나라
해운조선산업의 발전에 이바지하길 기대한다. 이 책의 교정작업에 참
여해준 제자들 김재희, 박요섭, 이정우, 김청민, 이시형에게 감사의
뜻을 전한다.

2022. 2. 25.
화정동 서재에서
저자 김 인 현

추천의 글

김인현 교수님이 「선장 김인현 교수의 해운산업 깊이읽기 Ⅲ」라는 칼럼집을 낸다고 하니 너무나 기쁜 마음입니다. 더구나 저희 '한국해운신문'에 김인현 칼럼으로 연재했던 내용을 중심으로 그간 언론사에 기고했던 내용들을 한권의 책으로 묶어서 출간한다고 하니 관련된 매체의 대표자로서 영광스럽고 자랑스럽기까지 합니다.

김인현 교수님은 해운업계로부터 신망이 매우 두터운 분입니다. 해양대학교를 졸업하셨고, 외항선을 직접 타기도 했으며, 대학에서 해사법 강의도 하셨지만, 무엇보다도 해운업계를 위하는 일이라면 발 벗고 나서서 도움을 주고자 하는 그 열정과 노력을 크게 인정받고 있는 것입니다. 더구나 업계가 당면하고 있는 여러 가지 법률적인 문제에 대해서 명쾌한 해설과 논리를 제시한 글들을 관련 매체에 게재함으로써 실질적인 도움을 주고 있음은 주지의 사실입니다.

사실, 김인현 교수님의 부지런함에는 깜짝깜짝 놀랄 수밖에 없습니다. 코로나가 창궐하는 그 시기인 2020년과 2021년에 일본의 동경대학교에서 안식학기를 보내고도, 어떻게 고려대 '바다최고위' 과정을 진행을 했으며, 그 와중에 더구나 100편이 넘는 칼럼들을 신문에 게재할 수가 있었는지, 경외감을 느낄 정도입니다. 초인적인 힘, 선각자적인 열정이 아니고서는 못해 냈을 것이라는 생각이 듭니다. 그것은 또한 그만큼 김교수님의 해운산업에 대한 사랑과 해양산업 전반에 대한 애정이 철두철미했다는 것을 말해 주고 있습니다.

이번 「선장 김인현 교수의 해운산업 깊이읽기 Ⅲ」는 해운물류 관련업계에서 참고가 될 만한 '중대재해처벌법'이나 '공정위 과징금 문제' 등 전문적인 법률 해석의 문제를 다룬 것도 있지만, 김교수님

개인의 경험을 바탕으로 한 컬럼이나 일반인들을 대상으로 한 해양 친화적인 칼럼들도 들어있어서 읽는 재미를 더해줍니다. 해양관련 산업 종사자들은 물론이고 해양에 관심있는 젊은이들이라면 꼭 한 번 읽어보라고 권하고 싶습니다.

2022. 5.

한국해운신문 발행인

이 철 원

추천의 글

나는 김인현 교수가 쓴 글을 가장 먼저 읽는 독자였다. 부산일보에 연재하는 해양칼럼 "오션뷰"의 담당자로 김교수와 처음 만나 대화를 나누던 날을 기억한다. 유일한 요구가 프로필에 '선장'을 꼭 넣어 달라는 것이었다. 해병대만 그런 줄 알았는데, 선장도 한 번 선장은 영원한 선장이란 사실을 그때 알았다. 바다에 대한 사랑과 선장이란 직업에 대한 무한한 자부심이 엿보였다. 그 뒤 김 선장의 글을 읽으며 그의 발은 육지 위를 걷고 있지만 영혼은 틈만 나면 바다 위를 날고 있음을 느꼈다.

바다야말로 무애(無礙)의 공간이다. 김 선장은 그곳에서 '바다는 넓고 할 일은 많다'는 진리를 깨우쳤던 모양이다. 바다를 이용하는 모래알처럼 많은 방법 중에서 김 선장은 법과 제도를 만드는 일에 뛰어나 보였다. 예를 들어 '바다 선거구, 바다 국회의원 만들자'는 주장이 그랬다. 국회에 비례대표제도가 있지만 바다 전문가 국회의원은 단 한 명도 없다.

바다에서 생활하는 선원들이 별 관련도 없는 육지에 선거구로 두고 부재자 투표를 한다는 지적을 다름 아닌 선장 출신 법학전문대학원 교수가 제기하자 고개가 끄덕여졌다. 바다 선거구 국회의원이 오대양 육대주를 항해하는 상선과 어선의 안전, 국제경쟁력을 갖추는 방안을 위해 애쓰는 모습은 생각만 해도 통쾌하다. 이처럼 살아서 펄떡이는 바다 공약이 정책에 제대로 반영되지 못한 점은 아쉽기 짝이 없다.

「선장 김인현 교수의 해운산업 깊이읽기 Ⅲ」에서 해운과 조선은 경기를 타는 산업이라 안정된 장치를 가지는 것이 급선무라면서 제시한 여러 가지 대안도 탁월했다. 해운과 조선의 안정화를 위한 그의 묘책이 실현되어 부울경과 수도권의 격차가 줄어들기를 소망한다.

2022. 5.
부산일보 수석논설위원
박 종 호

차 례

제1부 일 반

제2부 해운물류

제3부 조선, 선박금융, 수산

제1부

일 반

제 1 장
4차산업혁명, COVID-19에 대한 대처

1. 예측 가능성으로 충만한 사회가 되어야

나는 선장 출신이다. 선박을 이용한 대양 항해의 발전 단계에는 수백 년 동안 큰 진전이 있었다. 1492년 콜럼버스 이전에는 누구도 유럽을 벗어나서 대양 항해를 할 엄두를 내지 못했다. 지중해의 끝단에 있는 스페인의 지브롤터를 벗어나면 선박은 낭떠러지에 떨어지는 것으로 사람들은 이해하고 있었기 때문이다. 용기 있는 자들은 예측 불허의 바다로 나갔다. 나무로 만든 배와 돛으로 대양을 항해하는 것은 위험천만한 일이었다. 바다는 위험 그 자체였다. 17세기에는 10척의 선박이 출항하면 7척만 돌아왔다는 기록이 있다. 20세기에 들어와서 철선이 만들어지면서 항해의 안전성이 높아졌다. 이제 사람들은 선박을 안전한 항해와 귀항이 가능한 운송수단으로 인식하게 되었다. 예측이 가능하게 된 것이다. 이 예측 가능성이 있기 때문에 무역이 이루어진다. 선박을 통해 특정 상품을 상대방에게 안전하게 전달할 수 있다는 확신이 수출자와 수입자에게 있지 않다면 국제무역은 이루어질 수 없다. 우리는 물과 공기와 같이 그 존재를 잊어버리고 느끼지 못하고 살지만 예측 가능성의 기능은 대단히 중요하다.

선박 하나만을 두고 보더라도 인류는 선박의 안전 항해 확보라는 예측 가능성의 증대를 목표로 꾸준히 노력해왔음을 알 수 있다. 문명의 큰 흐름도 예측 가능성을 달성하려는 지향성을 가지고 있다는 점에서 이와 같음을 발견할 수 있다. 필자의 전공인 상법학도 예측 가능성의 달성에 그 이념을 두고 있다. 계약상 분쟁에도 이러저러한 방식으로 해결될 수 있다는 예측이 가능해야 거래가 활발히 성사될 수 있다. 상법에는 표준계약서의 사용 등 예측 가능성을 높일 수 있는 많은 법제도가 마련되고 있다.

그런데, 최근 주위에서 일어나는 일들을 보면 예측 가능성이 전혀 없는 깜깜이를 지향하는 것 같아 혼란스럽고 미래가 불안하다. 선거제도를 보자. 우리나라는 정당의 당원이나 국민의 투표로 그 지역 국회의원 후보를 정하는 경선제도가 도입되어 있다. 신인들은 아무래도 기존 정치인에 비하면 인지도가 열악하니 가산점도 부여한다. 그런데, 전략공천이라는 이름으로 원래 예측된 제도상 경선을 거치지 않고 전혀 모르는 인물이 후보자로 공천되는 경우가 있다. 이런 제도의 실시는 사람들이 추구하는 예측 가능성에 반한다. 지역에서 예비후보자들은 몇 년에 걸쳐 경선을 준비해 왔을 것이다. 그런데, 하루아침에 전략공천으로 예상치 못한 인물이 경선 후보로 지명된다면, 다음에는 누가 경선을 준비하겠는가? 그렇다면 전략공천 지역을 적어도 6개월 전에는 공고해야 한다. 선거구 획정도 마찬가지다. 경북에는 대혼란이 왔다. 어떤 정당에서 각 선거구에 후보자를 발표한 다음 날 중앙선거관리위원회에서 선거구가 획정되어 그 정당에서 이를 바꾸어 발표하는 웃지 못할 촌극이 벌어지기도 했다. 수많은 사람들의 예측과 기대에 어긋나는 것이다. 예비후보자들은 자신이 출마할 선거구를 축으로 선거운동을 하는 것인데, 하루아침에 선거운동을 해야 할 지역이 변경되다니…. 황당한 일이 아닐 수 없다. 이 두 가지 점은 예측 가능성의 증대라는 인류가 지향하는 큰 흐름에 역행하는 것이다. 선거구 획정이 불확실하거나, 예기치 못한 전략공천 상황이 또 발생할 여지가 있다면 과연 우수한 사람들이 정치에 뛰어들겠는가?

우리나라의 각계각층은 예측 가능한 사회를 달성하는 것을 큰 목표로 삼고 나가야 한다. 장래를 예측한다는 것은 쉽지 않은 일이다. 사람들은 미래에 드는 비용은 아까워하는 경향이 있다. 미래란 불확실한 것이기 때문에 경시하게 된다. 사고가 발생한 이후에야 수습한다고 야단을 친다. 먼 미래의 일, 우리가 경험하지 못한 것을 예측하고 그 준비를 하기는 쉽지 않다. 그렇지만, 한 번 경험한 부정적인 것들은 두 번 다시 발생하지 않도록 완벽하게 처리할 수 있도록 제도적인 장치를 만들고 확인하도록 하자. 그렇게 하면서 정치, 사회, 경제, 교육 등 각 분야를 예측이 가능하게 만들어 국민들이 안심하고 미래를 보면서 안정적으로 생활해 나갈 수 있도록 하자. 예측 가능성의 확보야말로 우리나라 정치, 사회, 교육 등 모든 분야의 이념이자 지향점이 되어야 한다고 생각한다.

〈매일신문〉, 세계의 창, 2020년 5월 4일)

2. 비대면 화상회의 방식을 충분히 활용하자

이제 드디어 한 학기가 마무리되었다. 2020년 1학기는 코로나 -19 사태로 인하여 학생들과의 수업이나 학술 활동에 큰 변화가 있었다. 학생들과의 수업은 동영상 강의로 진행되고, 학술 세미나는 웨비나(webinar) 방식으로 개최됐다. 특히 웨비나의 대중화는 깊은 인상을 나에게 남겨주었다. 웨비나는 웹과 세미나의 합성어인데, 사람들이 현장에 모이지 않고 줌(zoom)과 같은 실시간 화상회의 프로그램에 들어가서 대화를 하는 방식이다. 최근 4차례 웨비나에 참석하였다. 웨비나는 아래와 같은 특징을 가진다.

첫 번째, 지리적인 한계를 완전히 뛰어넘는다는 점이다. 세미나를 위해서는 사람이 현실적으로 어떤 장소에 모여야 한다. 그렇지만 웨비나에서는 가상의 망에 사람들이 들어오는 것이기 때문에 당사자가 반드시 특정한 장소에 모일 필요가 없다. 서울에서 개최되는 행사임에도 부산, 대구에서는 물론이고 도쿄, 싱가포르, 홍콩에서도 참여할 수 있었다. 심지어 이동 중인 차 안에서도 세미나에 참여할 수 있다. 과거에는 불가능했던 것이다.

두 번째, 참여자들에게 비용이 전혀 발생하지 않는다는 점이다. 부산에서 서울로, 홍콩에서 서울로 사람들이 이동할 필요가 없었다. 자신의 사무실이나 집에서 가상의 망을 통하여 만남을 가지기 때문에 비용이 전혀 발생하지 않았다. 이로 인하여 사람들은 더 많이 모임에 쉽게 참석할 수 있게 된다.

세 번째, 발표자가 발표 자료를 화면에 띄우고 청중에게 보다 상세하게 설명할 수 있다는 점이다. 그리고 자동 녹화 기능이 있어서 이를 유튜브에 올리게 되면 많은 사람들이 공유할 수 있게 된다.

네 번째, 새로운 장비를 구입할 필요 없이 기존의 스마트폰이나 노트북 컴퓨터를 활용하여 인터넷망에 접속이 가능하다는 점이다.

이와 같이 많은 장점을 지닌 웨비나 소통 방식을 대구경북 지역의 행사 모임에 적용한다면, 아래와 같은 긍정적인 효과를 기대할 수 있다. 재경영덕군향우회 등 군 단위, 도 단위 향우회가 서울에 있다. 향우들이 목표로 하는 고향의 발전에는 고향 주민들과의 소통이 필요하다. 5시간씩 차를 타고 고향 사람들이 서울로 올라오는 것은 쉽지 않은 일이다. 그래서 행사는 항상 서울 사는 사람들만의 것으로 제한되고 만다. 재경향우회 회원과 고향 주민들 사이의 새로운 소통 방식으로 웨비나를 충분히 활용할 수 있다. 서울에서 개회식을 하면서 군수가 현지에서 웹에 연결하여 축사를 할 수 있다. 향우회 주최 세미나에 군의 공무원이나 주민들이 웹상에 접속하여 회의에 참석하여 의견을 개진할 수 있다. 역으로 군에서 개최되는 각종 행사에도 서울 향우들이 영상 회의에 참석할 수 있다.

이제는 군민들을 위해 대학이나 문화원이 개설하는 인문학 강좌도 서울 혹은 군 소재지에서 개최가 가능하게 된다. 40명의 신청자를 서울과 군민들로부터 받아 10회의 강좌를 개설한다. 서울에서 2회, 군 소재지에서 2회 그리고 웹상에서 6회로 강좌를 기획하면 된다. 과거에 불가하게 여겨졌던 서울과 군민 간의 인문학 강좌가 가능해질 것이다. 서울에서 활동하는 강사도 가상망을 통해 지방에서 열리는 강의를 할 수 있기 때문에, 행사 주최자 입장에서는 강사 섭외가 수월해질 것이다. 　　　　　(〈매일신문〉, 세계의 창, 2020년 6월 29일)

3. 4차 산업혁명 및 코로나-19 시대 변화의 본질에 주목하자

몇 년 전 괌을 다녀온 적이 있다. 괌은 항구로서의 기능은 사라지고 없었다. 항구에 붙은 설명서가 눈에 띄었다. 19세기 말과 20세기 초엽만 하더라도 괌은 포경선의 기지로서 대성황을 이루었다는 것이다. 괌에서 어획되는 고래 고기는 에너지원인 기름을 생산하는 원료로 사용되었다고 한다. 그런데 다른 에너지원이 발견됨에 따라 괌의 항구는 쇠락하게 되었다. 과학의 발전이 산업에 이렇게 큰 영향을 미친다는 것을 실감했다. 장차 이런 변화의 흐름을 빨리 파악하고 여기에 대처할 필요성을 느끼게 된 것이 괌 여행의 큰 수확이었다.

1950년대 전후 전화기 사용이 대중화되었다. 1980년대 삐삐라는 통신수단을 거쳐, 최근에는 거의 모든 사람들이 스마트폰을 이용하여 실시간으로 소통하고 있다. 이에 따라 가정용 전화기나 공중전화기는 그 효용을 잃었다. 곳곳에 설치된 공중전화는 흉물처럼 변했다.

지난 학기 코로나-19 사태로 진행된 비대면 수업에서 SNS 단체 대화의 효용을 톡톡히 보았다. 비대면 수업 초기에는 30여 명의 수강생들과 직접 소통할 수 없어 참으로 답답했다. 대면 강의에서와 같이 학생들의 눈빛과 태도를 파악할 수 없으니, 학생들의 수업 이해도를 판단하기 어려웠다. 몇 주가 지나 학생들의 양해하에 30명의 단체 대화창을 개설했다. 그리고 오늘 수업은 어땠는지, 보강할 사항은 무엇인지 상호간에 의견을 교환했다. 이렇게 단체 대화창은 나와 학생들 간의 긴밀한 비접촉 소통 창구가 된 것이다. 최근에는 유튜브의 유용성을 실감하고 틈틈이 동영상을 업로드한다. 선박 충돌 관련 법 수업시간에 학생들에게 항해 법칙에 관하여 알려주어야 했다. 충돌 상황을 유튜브 동영상으로 만들어 올려주었다. 수업 중 학생들에게 스마트폰으로 그 동영상을 시청하도록 했다. 즉석에서 학생들이 그 영상을 시청하면서 나의 설명을 보다 쉽게 이해하게 된 것이다.

우정국의 우편 사업 적자가 심하다는 기사를 접했다. 개인 간에 편지를 주고받는 일이 적어졌으니 적자는 충분히 예상 가능한 일이다. 이렇게 사람들 사이의 소통수단은 크게 변화가 왔고 산업에도 영향을 주었다.

이러한 것은 사람들이 살아가면서 '어떻게'(how) 할 것인가의 영역에서 일어나는 문제이다. '어떻게' 분야에서는 앞으로도 많은 변화가 일어날 것이다. 코로나-19 시대에는 사회적 거리두기가 강조된다. 교통이 좋지 않아 한적하여 알려지지 않았던 곳이 더 각광을 받게 될 것이다. 건물 공간이 여유가 있는 대학은 사회적 거리를 두면서 학생들이 좌석에 앉아 효율적인 대면 수업이 가능할 것이기 때문에 학생들이나 학부모들에게 선호될 가능성이 높아질 것이다.

〈매일신문〉, 세계의 창, 2020년 7월 27일〉

4. 코로나시대 온라인 소통의 긍정성

코로나 사태는 많은 것을 바꿔놓았다. 사람들과의 대면 모임은 단절되고, 비대면 접촉이 장려됐다. 사람들의 움직임이 없어지자 물자에 대한 소비도 줄고 사람을 동원할 수 없으니 생산도 줄어들게 되었다.

그 대신, 우리는 재택근무 등으로 집에 더 많이 있게 됐다. 학생들은 학교에 직접 등교하는 대신 집에서 온라인 수업을 듣는다. 교수들도 자신의 집이나 사무실에서 강의를 한다. 이동시간이 대폭 줄어들었다. 코로나가 가져다 준 긍정적인 측면이다.

코로나 사태로 인한 변화 중 긍정적인 측면은 극대화해야 한다. 교수인 나에게 가장 큰 긍정적인 변화는 온라인 방식의 강의 진행이다. 온라인 실시간 강의를 하면서 학생들과 온라인상 접촉을 가능한 확대했다. 반응이 좋다. 온라인 강의는 긍정적인 요소가 많다.

첫째, 지방이나 외국에 있는 사람들이 시공간적 제약 없이 강의를 듣고 세미나에 참석할 수 있다. 과거에는 학생들과 교수들은 반드시 학교에 등교를 해야 했다. 그런데 온라인 수업에서는 어디서든지 참여가 가능하다. 줌을 이용한 방식에서는 녹화분이 제공되니 혹시 수업을 놓친 경우에도 다시 들을 기회가 주어진다. 대면수업의 한계를 넘어 지방이나 외국에 거주하는 학생들이 자유롭게 세계 각지의 대학 강의와 세미나를 참관할 수 있다.

둘째, 각종 세미나와 교육 강좌에 소요되는 비용과 시간을 절약할 수 있다. 국제 세미나를 기획하는 경우 외국 교수 3~4명을 국내로 초빙해야 한다. 줌을 이용한 온라인에선 외국의 교수가 굳이 한국에 올 이유가 없다. 따라서 외국인 교수 초빙에 따른 항공료, 숙박료 등을 절감할 수 있다.

세미나 주최자의 입장에서도 국제 세미나 준비에 따른 부담을 줄일 수 있다. 초빙 교수의 입장에서도 시간을 절약할 수 있다. 따라서 더 쉽게 국제 세미나를 개최할 수 있다.

그렇다면, 코로나 상황으로 절약되는 시간과 비용을 어떻게 활용할 것인가? 전문직 종사자에게는 인접학문을 공부할 수 있는 기회가 제공되어야 한다. 일반인들에게도 재미있는 교양 교육을 제공할 수 있으면 좋겠다.

우리나라는 수많은 동호회, 향우회 모임이 있다. 이런 모임을 중심으로 온라인 교육의 장을 마련하여 사람들이 쉽게 공부를 하면서 교양을 쌓아가야 한다. 지식이 더 많이 공유되면 될수록 우리나라는 더 강한 지식국가가 될 것이다. 공부를 하면 지식을 더 얻어서 좋다.

온라인상에서 사람들과 만날 수 있다. 지식 습득과 사람과의 만남의 기쁨은 사람을 행복하게 한다. 이는 코로나 시대에 우울증을 호소하는 사람들에게 활력제 역할을 한다.

필자는 이미 지난 10월과 12월에 걸쳐서 10회 동안 바다, 저자와의 대화라는 제목의 온라인 강좌를 토요일 저녁 7시부터 10시까지 마련했다. 매회 70여 명이 참여했다. 새해 들어 다시 바다, 전문가와의 대화를 시작했는데 지난 9일에는 120명이 참석해 성황을 이뤘다.

이 방법이 아니면 만나기 어려운 전문가들의 강의를 들을 수 있다는 점, 토요일 저녁 편안하게 남은 시간을 활용 공부를 할 수 있다는 점에 모두 만족해한다.

비단 온라인 접속은 공부에만 활용될 것이 아니다. 취소되고 있는 각종 향우회 학회 모임도 온라인으로 하면 충분하다. 실제 만나는 것과 거의 유사한 효과를 거둘 수 있다. 마냥 행사를 취소하는 것보다 온라인으로 진행하는 것이 훨씬 효과적이다.

이러한 각종 온라인 공부모임은 민간이 주도할 일이다. 그렇지만 줌 등을 이용한 온라인의 공부나 모임을 장려하고 사람들이 쉽게 접속할 수 있도록 홍보를 하는 것은 정부의 몫이다. 정부와 민간이 힘을 합쳐 온라인 공부를 통해 지식도 습득하고 코로나 시절의 우울함을 떨쳐버릴 수 있도록 하자. 코로나-19로 도래한 비대면 시대를 살아가는 좋은 방안이 될 것이다.　　《쇼핑 가제트》, 2021년 1월 13일)

5. 4차 산업혁명이 해기사에 미치는 영향과 해기사 교육기관 의 자세

〈4차 산업혁명이 해기사에 미치는 영향〉

4차 산업혁명 시대에는 인성이 경쟁력이다

4차 산업혁명시대에서 지식은 모두 오픈되게 되었다. 변호사들이 판례를 많이 아는 것이 힘이었지만 이제는 더 이상 판례를 아는 것은 경쟁력도 아니다. 모두가 온라인의 웹상으로 공개되기 때문이다. 아무런 비용도 들이지 않고 타이핑을 하여 검색을 하면 금방 필요한 판례를 찾게 된다. 이제는 지식들이 오픈되면서 누가 어떤 것을 먼저 알려주는지가 경쟁력이 되었다. 그리고 알려진 정보를 잘 정리해서 활용하는 것이 경쟁력이 되었다.

코로나-19 시대를 거치면서 알게 된 온라인상 줌(zoom)을 이용한 강의는 지역간의 격차를 완전히 무너뜨린다. 과거 부산이나 목포에서 강의를 받지 못했던 사람들도 서울 고려대에서 수업을 받을 수 있다. 심지어 홍콩이나 미국에서도 강의를 듣고 토론에 참여한다. 대학에서는 학교수업은 온라인으로 2학기 이미 진행을 했다. 코로나-19사태가 종료된다고 하여도 대학은 수업의 일정부분은 온라인으로 할 것이고 1/2은 온라인으로 실시해도 학점이 인정될 수 있다. 서울에 소재하는 학교에 등교하지 않고서 부산에 혹은 여수에서 현장에서 수업을 듣고 졸업이 가능하다.

오픈된 지식, 균질화되는 지식의 수준, 어디에서건 공부가 가능하게 되므로, 어느 학교를 졸업했는지는 크게 중요하지 않는 세상이 되어간다. 명망있는 대학을 졸업했다고 하여 더 실력이 있는 것도 아니다. 지식은 모두 공유되어 있기 때문에 지식의 수준으로 누가 더 실력이 있다 혹은 없다를 판단할 수도 없다. 기억력이 좋아서 현재 말로 할 수 있는 사람과 없는 사람의 차이는 나지 않는다. 그 지식은 내가 지금은 몰라도 바로 인터넷에서 찾을 수 있기 때문이다.

그렇다면, 기존에 사람의 경쟁력을 갈랐던 지식의 수준이라는 것은 그 기능을 다했다고 보아야한다. 이제는 사람의 경쟁력은 그러한 지식의 수준이 아니라 인성에서 결정될 것으로 본다. 어떤 일이 주어졌을 때, 지식은 동등하게 가지고 있다고 본다면, 결국 그 일을 단기간에 얼마나 철저하게 잘 처리하는지가 중요하게 된다. 사람의 성품에 따라서 일처리에 걸리는 시간과 질은 달라질 것이다. 일에 관심을 가지고 열정을 보이는 사람은 그렇지 않은 사람에 비하여 훨씬 잘 일을 처리할 수 있다. 열정을 가진 사람이 우대받게 될 것이다. 매사에 관심이 없고 열정이 없는 사람은 일을 잘 처리할 수가 없다. 아무리 일류대학을 나왔어도 주어진 일에 관심과 열의가 없다면 그는 경쟁에서 도태될 것이다.

또한 일은 사람 사이의 관계에서 처리된다. 경쟁자보다 폭넓은 인적 네트워크를 갖춘 사람이 유리하다. 인적 네트워크는 어떻게 갖추어지는가? 인기가 있는 사람이 되어야한다. 항상 밝은 표정으로 주위를 즐겁게 해 주는 사람, 매사에 감사할 줄 아는 사람, 이메일이나 문자 메시지에 답을 잘 해주는 사람, 자신은 조금 손해를 보더라도 공익적인 목적으로 잘 가르켜 주는 사람, 이런 사람이 주위로부터 사랑을 받고 인정을 받는다. 일을 시키면 부정부터 하고 보는 사람은 인기가 없다. 윗사람이 다시는 부르지 않는다. 일을 시키면 "예"부터 말하고 긍정적으로 접근하는 사람은 조직이 좋아하는 사람이고, 누구나 그를 좋아한다.

학생들을 양성하는 교사나 교수는 이런 학생들을 배출해야한다. 학교지식의 전달도 중요하지만, 수업 등 지도하는 중 이런 인성을 갖출 수 있도록 유도하고 지도해야 한다.

학생이 질문을 이메일로 한 경우 교사나 교수가 답을 준다. 여기서 멈추는 학생이 대부분이다. 이것은 잘못이다. 답을 받아서 도움을 받은 자는 학생이니 학생이 반드시 "고맙습니다."라는 메일을 교수나 교사에게 보내고 소통을 종료해야 한다고 교사나 교수는 학생에게 가르켜주고 주의를 주어야한다.

로펌에 인턴을 다녀온 학생이 있었다. 내가 학생부원장일 때는 학생들에게 인턴을 다녀온 로펌에 취업이 되지 않아도 반드시 "많이 배웠습니다. 감사합니다."라는 메일을 드리라고 강조했다. 인턴을 마치고 희망하던 로펌에 간택이 되지 않는 학생은 기분이 좋지 않아서 그 로펌을 비난하기도 한다. 좋지 못한 태도이다. 나는 말한다. "그런 것이 아니다. 아무리 기분이 좋지 않아도 관계를 잘 가지는 것이 중요하다. 다른 로펌에서 학생들을 채용할 때에도 이전에 인턴을 한 곳에 전화로 이 학생에 대하여 문의를 하는 것이 일상이다. 혹은 다음에 그 로펌에서 학생에게 취업을 제공할 수도 있다. 그런 때를 생각하면 항상 좋은 관계를 맺는 것이 좋다."라고 충고해준다. 실제로 1년 뒤, 2년 뒤, 인턴을 한 곳에서 다시 찾는 경우가 허다하다.

인천해사고등 학교는 교육의 기회가 많다

인천해사고는 학생들이 아직 어린 나이라서 감수성이 높기 때문에 선배나 교사님들의 말을 더 잘 들을 수 있는 상태에 있다. 그리고 기숙사생활을 하기 때문에 교육이 작동될 여지가 높다. 선생님들께서 교육을 잘 시킨다면 인천해사고 출신은 아주 높은 인성을 갖춘 상선사관으로 자랄 수 있을 것이다.

해운산업은 물류업의 일부로 변화한다

해사고 학생들은 해운을 중심으로 선박에 승선하는 것을 목표로 학교를 다니고 있다. 교육프로그램도 그러하다.

해운은 이제는 물류의 한 분야로 보는 것이 맞다. 수출자의 공장에서 만들어진 다음부터 수입자의 공장에 이르기 까지를 하나의 상인이 책임지고 배달 해주는 것이 오늘날의 현상이다. 이를 종합물류라고 한다. 물론 물류의 중심에 여전히 해상운송이 있다. 포장, 하역, 창고보관, 통관 등이 운송과 함께 이루어지는 것이다.

학생들은 이러한 물류의 흐름을 알아야한다. 해상운송분야에 종사하다가 바로 물류분야에서 일할 수 있는 사람이 되어야한다. 3년 상선에서 근무하고 더 넓은 영역인 물류분야로 진출할 수 있는 꿈을 키워주어야 한다.

일본의 NYK는 물류회사를 가지고 있다. 세계 각국에 지사를 가지고 있다. 해외에 항만터미널도 운영을 한다. 우리나라 해운회사나 하역회사들도 국제적인 영업을 하고 있다. ㈜한진에 입사한다면 연안에 다니는 선박에 승선하다가 하역회사의 일을 하는 경우도 있다. 동방도 마찬가지이다.

3년 승선 후에 대학을 진학하는 경우 해양대학의 항해학과 기관학은 배운 과목이라서 매력이 없을 수 있다. 예컨대, 해양대학 혹은 인하대학의 물류대학 등이 좋은 선택이 될 수 있다. 물류분야는 전혀 새롭거나 다른 분야가 아니다. 3년 동안 고등학교에서 열심히 공부하고, 3년 이상 해상 근무를 또한 열심히 한 다음, 물류관련 대학에 진학할 수 있는 흥미를 충분히 유발시켜주어야 한다.

공강귀 판토스 일본 법인 대표는 대표적인 좋은 사례이다. 그는 인천해사고를 졸업한 뒤 선박에 승선한 다음, 한국해양대학교 해운경영학과를 졸업했고 그 후 물류업에 종사, 현재 국제적인 종합물류회사인 판토스의 일본 법인 대표로까지 진로를 성공적으로 끌고 가고 있다.

혁신적인 마인드를 가져야한다

젊은이는 꿈을 가져야한다. 그리고 상상의 나래를 펼 수 있어야 한다. 바다의 매골(埋骨)이 해기사들의 최종 목표가 될 수는 없다. 남들이 하지 않는 해상에서 선박을 조종할 수 있고 화물의 흐름과 화물을 다룰 수 있는 기술을 몸에 익힌 다음, 이를 바탕으로 세계로 뻗어나갈 수 있어야한다.

전혀 다른 분야로 나가라는 말이 아니다. 해상운송을 중심으로 여러 다양한 방면으로 나갈 수 있다. 그 길을 찾아나갈 수 있는 혁신적인 개척정신을 가져야 한다. 승선에만 얽매이지 말고, 경영진으로 성장할 수도 있고, 법학자로 성장할 수도 있다. 해양수산부의 공무원으로 진출할 수 있다. 모두 승선경험을 바탕으로 하는 것이다. 한국에만 머물지 말고, 싱가포르, 일본, 미국 등 세계 곳곳으로 나가서 영업을 하고 사업을 일으킬 수 있어야 한다.

판토스의 일본 법인 대표는 인천해사고를 졸업한 후 배를 타다가 대학에 진학했다. 현재는 굴지의 물류회사의 일본 법인장이다. 얼마나 멋진가? 로스쿨에 진학하여 변호사가 될 수도 있다. 선박감독으로 일본에 진출할 수도 있다. 김지수라는 학생은 부산해양고를 나오고 영국에서 대학을 나온 다음 현재 해상변호사가 되기 위하여 호주 로스쿨에 다니고 있다. 같은 해기사 출신인 나는 선장을 마치고 고려대에서 해상법 공부를 더해서 현재 고려대 로스쿨의 교수로 재직하면서 다양한 활동을 하고 있다.

상선 사관으로 불리는 해기사들은 개척정신의 DNA가 있다. 콜롬 부스 이후로 대항해시대에는 신대륙을 찾아 선원들은 바다로 나갔고, 새로운 세상이 펼쳐졌다.

우리나라 선배 해기사들도 그러한 개척 정신에 충만했다. 해방 후 해군참모총장 1대에서 5대까지는 해기사 출신이었다. 손원일 - 박옥규(진해) - 정긍모(진해) - 이용운(동경상선) - 이성호(진해) 참모총 장들이 그 주인공들이다. 얼마나 자랑스러운가. 한진그룹의 창립자인 조중훈 회장도 2등 기관사였다. 신성모 캡틴은 국무총리 서리를 지낸 분이다. 서병기 교수는 제자들의 취업을 위하여 한국해양대 교수를 그만두고 일본 산코라인에 들어가서 해외송출의 물꼬를 텄다. 해군 ROTC는 육군보다 2년 빨리 1957년부터 시작되었다. 이런 해기사 선배들의 개척정신을 학생들이 가지도록 해야 한다. 우리의 장점은 바로 이러한 진취적인 기상에 있다.

〈해사 고등학교 학생들에게 바란다〉

장기 승선 근무해야한다

해기사들이 가지는 장점은 승선근무경력에 있다. 누구나 해운회사 등 해운관련 직종에 종사할 수 있는 것은 아니다. 선박을 알아야 일을 제대로 처리할 수 있기 때문이다. 한국선급협회의 검사원, 로펌의 해사자문역, 해양안전심판원의 심판관이 바로 그런 자리이다.

그런데, 이런 자리에 앉아서 제대로 일을 처리하기 위하여는 선장과 기관장의 경력이 있어야한다. 너무 고령이 되는 것이 문제라면 1등 항해사 2년, 1등 기관사 2년을 마치고 1급 항해사 1급 기관사 면허를 취득하는 정도로도 족하다. 이 정도는 되어야 우리가 전문가라고 말할 수 있다.

제대로 된 전문가가 되고 사회에서 성공하기 위하여는 장기 근무를 해야 한다는 것이다. 해사고등학교 출신들은 3년 근무를 하면 병역도 필하게 되고 마에스트교의 학생들에게 걸린 조건도 해결되어 대학에 진학할 수도 있게 된다. 조금 더 승선하여 30세 정도까지 약 10년을 승선해도 된다.

장기승선을 목표로 하면 경쟁력을 가질 것으로 본다. 장기승선근무가 가져오는 혜택이 있다. 선장으로 진급하게 되면 우리 사회가 부여해주는 장점이 있다. 선장경력 3년이 지나면 도선사시험에 응시할 수 있고, 해양안전심판원에 심판관으로 응시할 수 있다. 여기는 대학 졸업장이 필요하지 않다.

대게 해기사들은 3년 근무 후 승선근무를 그만두게 된다. 더 많은 외국 해기사들이 그 빈자리를 채우고 있다. 해사고 출신들이 그 자리를 메우는 일을 하면 어떨까 생각한다.

내항 및 연안해운에 집중하자

우리나라 해기사 교육제도는 균형이 잡혀있지 않고 원양해운 승선에 집중되어있다. 한국해양대와 목포해양대 양쪽 대학의 졸업생은 원양해운에 승선한다. 전문대학과정이었던 목포해양대학이 4년제가 되면서 2년제 과정이 없다. 다음으로는 고등학교 과정의 해기사양성 과정이 있다. 고등학교 출신은 원양이 아닌 내항해운에 승선할 해기사를 양성할 것으로 기대된다. 그렇지만, 최근 졸업생들도 원양에 근무를 하고 있다.

원양과 내항에 근무하는 비율은 50:50으로 알려져있다. 이에 따라 내항해운에 근무하는 해기사는 고령의 비교육자들로 구성되어 체질을 허약하게 한다.

내항 및 연안해운의 근무 환경이 워낙 열악하기 때문에 외항해운으로 나가는 길을 막을 수는 없다. 그렇지만, 전체 해기교육의 구성으로 보아서는 해사고 출신 해기사는 원양을 제외하고 연안이나 내항의 선박에 근무하는 것이 맞다.

어느 산업군이던지 주력부대가 있고 엘리트가 필요하다. 집중과 선택이 필요하다. 해사고 출신들이 대형 해운회사에서 주력부대가 될 수는 없다. 해양대출신들이 주류를 이미 이루고있기 때문이다. 연안해운과 내항해운은 4년제 대학을 나온 해기사들이 오지 않는 곳이다. 연안해운과 내항해운은 무주공산인 셈이다. 기회가 열려있다.

홍아해운, 고려해운, 태영상선 등 방선을 해보면 선박이 잘 운영되고 있음을 알 수 있다. 해사고 출신들이 주력부대로서 승선을 한다. 이들이 육상에 내려서도 주력부대가 되도록 해야 한다.

이렇게 해서 연안해운과 내항해운의 육상직은 모두 해사고 출신이 진출하여 이 분야를 책임진다는 목표를 세워야한다. 연안해운과 내항해운은 국가의 인프라이기 때문에 정부로부터 지원을 얼마든지 받을 수 있다. 또한 미국과 같이 존스법과 같은 법을 만들어 카보타지(내항해운보호정책)를 보호할 수 있다.

3년 근무 후 대학진학, 다시 해운물류업에 천착해야한다

해사고 출신이 3년 동안 대학을 진학하지 못한다는 제도는 일견 불합리한 것 같으면서도 좋은 제도이다. 3년 동안 실무를 반드시 익힐 좋은 기회가 주어진다는 점에서 그렇다. 그런 다음 대학을 진학하면 된다. 고등학교를 졸업시 바로 어떤 전공을 택해서 나의 평생의 일로 삼기에는 나이도 어리고 너무 경험이 적다. 그렇지만 고졸후 3년 실무를 하면 내가 이제는 꼭 무엇을 해야겠다는 생각이 들게 된다. 그렇게 꼭 무엇을 해야겠다는 생각이 드는 그 무엇을 선택, 대학에서 전공하게 되면 크게 성공할 수 있다.

대학을 진학해서 평생을 좌우할 전공 공부를 한다. 예를 들면 경영학을 공부한다. 그런 다음, 대학원에서 박사를 할 수 있을 것이다.

이런 사람이 다시 해운회사에 와서 해운을 경영하면 얼마나 좋을 것인가? 실무와 이론을 모두 갖춘 사람이 된다.

해사고 학생들과 같이 고등학교 때부터 항해와 기관을 배우고 해운에 천착할 마음을 굳혔다면, 해운의 주력부대로 성장할 가능성이 굉장히 높다. 장차 대학에 진학할 학생들이 적어진다고 한다. 해사고등에서라도 학생들의 모집이 가능하다면, 이들의 3년 승선 뒤 대학진학을 의무적으로 국가가 지원해주는 제도의 도입을 고려할 필요가 있다. 일본의 해상보안대학을 졸업한 해양경찰간부들은 이런 제도를 가지고 있다. 희망하면 석사과정을 정부가 보내준다.

연안해운이나 내항해운은 바다의 고속도로로 보아야한다. 그렇다면 해운의 인적 설비인 선원의 양성은 필수불가결하다. 국가가 전액 해사고등학생을 국비로 양성해주는 것은 이런 의미이다. 여기에 더하여 이들 학생들이 평생을 거쳐서 해운과 물류에 종사하도록 제도를 마련할 필요가 있다. 희망자는 대학진학을 의무적으로 국가가 지원하고 그 지원받는 학생은 반드시 해운물류분야로 돌아와야 할 것을 조건으로 할 수 있을 것이다. 이렇게 함으로써 인력의 누수를 방지할 수 있을 것이다.

〈해기교육기관이 강조할 내용〉

해사고등의 장점을 극대화하고 단점을 극소화하자

세상은 경쟁이다. 해사고 졸업생들은 이대로 대학을 가지 않는다면 경쟁력이 떨어진다고 보는 것이 일반적이다. 졸업생들은 3년 의무 승선 후 대학을 진학하는 경우도 많을 것이다. 학력 사회인 우리나라의 사정을 투영한다면 이 점은 대단히 불리한 조건이다. 인문계 고등학교로 진학하지 못한 점, 대학을 포기하게 된다는 점, 배라는 험한 직업을 택했다는 것은 단점일 수 있다. 그러나, 이 모든 것은 자신이 하기에 따라 모두 극복이 가능한 점들이다.

그렇지만, 그런 중에서도 장점을 최대한 살릴 필요가 있다. 기숙사 생활을 통한 단체 생활을 하는 것은 대단히 큰 장점이다. 그렇지 않은 학생들보다 사회성을 크게 키우게 된다. 또한 리더십을 기르게도 된다.

냉정하게 생각하면 학생들이 고등학교를 진학할 때 중학교 동급생들과 비교하여 앞선 성적은 아니었다. 그렇지만, 해사고를 졸업하고, 3년 승선근무를 한 다음 병역을 필한 나이가 될 때 이미 상당한 현금도 모을 수 있게 된다. 20대 초반이지만, 대학을 들어갈 때 자신이 번 돈으로 공부를 할 수 있을 정도의 재력을 갖추는 것은 대단한 성취이기도 하다.

계속 승선을 하여 선장을 마치고 대학에 진학한다고 보면, 그가 선장 경력을 살릴 수만 있다면, 그는 자신의 중학교 동기들에 비하여 훨씬 앞서가 있게 된다.

그러나, 이런 장점은 해사고 졸업생이 상선사관으로서 선박에 3년 이상 승선함으로써 가능해지는 것이다. 10대 후반의 3년의 승선으로 인생에서 앞서갈 수 있는 기회를 가지는 것이다.

학생들은 아직 어리기 때문에 이런 장점을 극대화시키고 단점을 최소화시키는 설명이나 사례를 학교당국에서 많이 들려줄 필요가 있다. 선배특강을 많이 해주자. 선배특강은 해사고 선배만이 아니라 해기사 선배까지 모두 가능하다.

내항과 연안해운의 주인이 되도록 해야한다

희망하는 사람은 해양대학에 진학을 한 다음, 원양상선부분으로 진출할 수 있지만, 해사고 출신들의 1차 목표는 연안해운과 내항해운에 있음을 강조해야한다. 한중일을 운항하는 선박회사를 포함하여 연안과 내항해운에 특화하고 이 분야는 내가 책임을 진다는 엘리트

의식을 심어주어야한다.

20세를 전후하여 어떤 산업을 짊어지고 가는 엘리트 교육을 받는 다는 것은 대단히 중요한 것이다. 학생들이 자부심을 가지고 공부할 수 있도록 학교에서 환경을 잘 조성해야한다.

관련 선박회사와 자매결연을 체결하고 선배들과 유대를 갖도록 하고, 밝은 장래를 보여주어야한다.

일본의 내항해운은 너무나 모범적이다. 봉급도 높고 근무환경도 좋기 때문에 젊은 사람들도 많이 모이게 된다. 미국도 미국동부에서 파나마 운하를 통과하여 미국서부로 항해하는 것도 내항해운이다.

학교당국에서는 제자들이 내항과 연안해운에 보람을 느끼고 일할 수 있도록 좋은 제도를 연구하여 정부에 요구할 것은 요구해야한다.

승선시 필요한 교육을 철저히 시켜서 성실한 상선사관으로 만들어 주자

학생들은 3년 승선 후 하선하여 선박승선이 아닌 다른 일에 종사할 준비를 할 수 있다. 그러나, 학교에서 수업에 충실한 사람은 다른 분야의 공부도 잘 하게 된다. 현재 자신의 임무에 충실하는 것이 가장 중요하다.

육상에 내려서 어떤 자리로 갈 수 있도록 하기 위한 부차적인 과목은 최소한에 그쳐야한다. 승선시 성실하게 근무할 수 있도록 항해, 기관, 통신, 영어 등에 대한 교육을 철저히 시켜야한다.

인천해사고등학교를 졸업한 학생은 성실하다는 이미지를 잘 만들어갈 필요가 있다.

한국 해기사의 일원으로서 인정받고 보호받도록 해야한다

해기사협회가 있지만 그 주력부대는 한국해양대 및 목포해양대 출신이다. 각 대학 출신들이 자신들끼리 모이는 것도 있지만, 크게 보아 해기사라는 연대의식을 또한 가지고 있다.

한국해양대 해사대학이나 목포해양대 해사대학과 인천해사고는 경쟁하는 관계가 아니기 때문에 얼마든지 보호를 받고 도움을 줄 수도 있다.

이런 모임과 소통의 장은 학교에서 만들어 주어야할 것으로 본다. 한국해양대 동창회와 인천해사고 동창회 사이에 자매결연을 체결하는 것, 체육대회를 같이 하는 등으로 유대를 강화할 수 있다. 선주협회나 해운조합에서도 인천해사고 출신들은 중요한 자원이기 때문에 보호할 필요가 있다. 이들 기관의 협조를 받아서 유대를 강화해야한다. 이들은 대게 바다에 있으니 학교에서 소통의 방식을 도와주어야 할 것이다. 각종 해운관련 모임에 교장, 선생님들이 자주 참여하여 홍보해야한다. 이렇게 소통이 되고 서로 선후배관계로 포용되고 발전하면 해사고 후배들은 선배들의 나아간 발자취가 있으니까 진로 설정에 도움이 될 것이다.

나도 선생님들이 현재 지도하는 해사고 학생들과 같은 해기교육을 10대 후반에 한국해양대학에서 받고 자랐다. 20대에 배를 타고 오대양 육대주를 다니면서 신문물을 익히고 생각을 크게 하는 과정에서 성장했다. 그리고 좋은 기회가 주어져서 법학을 공부, 오늘에 이르렀다. 나를 포함하여 육상에 있는 선배 해기사들이 해사고등 출신 해기사 후배들을 잘 지도해서 해운물류분야의 간성이 되도록 하겠다. 선생님들께도 우리 후배 해기사들에 대한 지도를 잘 부탁드린다.

《한국해운신문》, 김인현칼럼(71), 2021년 2월 10일)

6. 자율운항선박이 해상보험에 미칠 영향

〈문제 제기〉

전 세계의 수·출입 화물의 80% 이상이 선박을 통하여 수송된다. 선박은 운항을 위하여 선원이 승선해야 한다. 선원들의 존재는 선박의 운항에 필수적이다. 그러나 이 선원들로 인하여 많은 선박사고가 발생하여 손해를 야기해왔다. 대부분의 해양사고는 선원들의 과실로 인하여 야기된 것이다. 최근에 발생한 허베이 스피리트 유류오염사고, 세월호, 골든레이호 등과 같은 사고는 예외 없이 선원들의 과실에 기인한 것이다.

최근 과학의 발달로 AI가 등장하여 사람의 기능을 대신하고 있다. 전자통신기술의 발달로 Navi는 우리의 위치를 10미터 이내로 정확하게 전달해준다. 빅데이터 기술의 발달로 수많은 정보를 분석하면 순간 순간 항해를 위한 결정에 큰 도움을 준다.

이런 4차 산업혁명의 결과물을 활용하면 현장에서 사람이 전혀 승선하지 않아도 전자적으로 선박을 바다에서 항해하게 하고, 그 목적인 수·출입 화물의 수송을 달성할 수 있게 된다.

이와 같이 사람이 전혀 승선하지 않고 AI와 전자식 프로그램에 의하여 운항되는 선박을 자율운항선박 혹은 무인 선박이라고 한다.

자율운항선박은 위에서 말한 인적 과실로 인한 해난사고를 크게 줄여줄 것으로 예상된다. 자율운항선박은 이외에도 선원이 거주하는 거주구역의 공간을 없애주게 됨으로써 선박의 무게를 가볍게 하고, 화물을 적재할 공간을 더 벌어주게 된다. 또한 원양어선 등 승선을 기피하는 선종의 경우 선원을 구하기가 어려운 상황을 타파할 해결책이 될 수 있을 것으로 기대된다.

자율운항선박은 기술적으로는 수 년 내에 상용화가 가능할 것이다. 그러나 선박은 법률적으로 사람이 승선할 것을 전제하기 때문에 법제도가 자율운항 선박에 합치되도록 개정되지 않으면 자율운항선박은 항해할 수 없다. 나아가 한건의 사고라도 대형사고가 발생할 우려가 있다면 선주들이 자율운항선박의 도입을 주저하게 될 것이다.

이런 걱정을 불식시켜주는 방안의 하나는 선박소유자들이 입게 되는 손해를 제대로 보상받도록 하는 것이다. 그 방법으로 대표적인 것은 보험제도이다. 이하에서는 자율운항선박이 해상보험에 미치는 영향에 대하여 알아본다.

해상보험

해상보험은 바다에서 선박과 관련하여 발생하는 위험으로 인하여 손해를 입은 피보험자에게 손해를 전보해주는 보험을 말한다. 여기에는 선박보험, 적하보험, 선주책임보험, 그리고 선박건조보험이 있다. 보험계약에는 보험계약자, 보험자 그리고 피보험자가 있다. 보험계약자와 피보험자가 분리되는 보험을 타인을 위한 보험이라고 한다. 해상보험도 보험의 일종이기 때문에 보험계약자 혹은 피보험자의 고지의무, 그리고 보험자의 설명의무 등도 모두 적용된다. 우리나라의 경우 해상보험의 준거법은 당사자들이 영국법으로 정하는 경우가 대부분이지만, 최근 한국법을 준거법으로 하는 경우가 증가하고 있다.

선박보험

선박보험은 선박소유자를 피보험자로 한다. 보험의 목적은 선박이다. 선박소유자가 선박을 소유하고 운항하던 중 선박자체가 침몰하거나 수리가 필요한 사고를 당하게 되면, 이 때 전손보험금이나 수리비를 지급하는 보험이 선박보험이다. 선체용선계약(나용선계약)

을 체결한 경우 선체용선자가 보험계약자가 되어 선박소유자를 위하여 보험계약을 체결하는 경우가 있다. 보험사고가 발생하면 피보험자인 선박소유자가 보험금을 수령한다. 선체용선자도 선박충돌약관(RDC)을 통하여 선박충돌손해로 인한 피해선박에 대하여 손해배상책임을 부담하게 되고, 이러한 한도에서 선박보험의 피보험이익이 있어서 선박보험에 가입하게 된다.

우리나라에서는 ITC(Hull)이라는 보험약관을 사용한다. 충돌, 좌초, 화재, 침몰 등이 대표적인 보험사고이다. 선원의 과실로 인한 사고도 보험금을 지급할 사유에 해당한다(6.2.3). 선장의 과실로 선박이 좌초하여 수리비가 발생한 경우, 항해사의 과실로 복원성 계산이 잘못되어 선박이 전복한 경우 등은 피보험자인 선박소유자의 고의 혹은 중과실이 개입되지 않은 한 보험자는 보험금을 선박소유자에게 지급하게 된다. 피보험자인 선박소유자의 고의 혹은 중대한 과실로 인한 사고는 보험자의 면책사유가 된다. 그러나 선원의 고의는 보험자의 면책사유가 아니다.

출항 시 유능한 선원을 승선시키지 못한 것은 불감항의 문제를 야기한다. 영국 해상보험법에 의하면 불감항은 담보특약(Warranty)으로서 보험자는 면책된다. 담보특약은 약속된 사항을 위반하는 순간 보험계약은 무효가 되어 보험자는 책임이 없어진다. 항해보험에는 담보특약이지만, 기간보험에서는 출항 시 선박소유자가 불감항 사실을 안 경우에 보험자는 책임을 부담한다. 그러나 우리 상법에 의하면 불감항은 인과관계가 있는 경우에만 보험자는 면책된다(상법 제706조).

적하보험

수출입업자들은 운송물(적하)을 선박을 이용하여 목적지로 이동하게 한다. 적하보험은 이들 운송물의 소유자를 피보험자로 한다.

보험의 목적은 운송물(적하)이다. 해상운송 중 운송물에 손상이 있게 되면 보험자는 운송물의 소유자에게 손해를 전보하는 보험금을 지급하게 된다. 우리나라는 영국법을 준거법으로 하는 ICC(A), (B), (C) 약관을 사용한다. 이에 의하면 보험사고는 굉장히 넓게 규정되어있다. 침몰하던 선박 혹은 화재가 발생한 선박에 실려 있던 운송물은 피해를 입게 된다. 또한 갑판적된 컨테이너 박스가 투하되어 유실되게 되면 그 박스에 들어있던 운송물의 소유자는 피해를 입게 된다. 이런 손해는 모두 적하보험자가 보상해주는 손해이다.

이런 사고들은 선원의 과실에 기인하는 경우가 대부분이다. 피보험자의 고의 혹은 중과실로 인한 사고가 아닌 한, 선원들의 고의 혹은 중과실로 인한 사고라고 하여 보험자가 면책이 되는 것은 아니다. 다만, 보험자는 피보험자에게 보험금을 지급하는 순간 피보험자가 손해를 야기한 불법행위자인 선원에 대하여 가지는 손해배상청구권을 대신하여 행사하게 되는 관계에 놓이게 된다.

선주책임보험

선박보험에서 담보하지 않는 손해가 선박의 운항 중 발생하는 경우가 있다. 유류오염손해, 여객의 사망에 대한 손해, 난파물 제거비용의 발생, 운송물에 대한 손해, 선원보상 등이 대표적인 것이다. 이들 손해는 선박 자체에 발생한 것이 아니기 때문에 선박보험의 대상이 되지 않는다. 그렇지만, 법률에 의하여 선박을 운항하는 선박소유자가 책임을 부담하는 손해이다. 이를 담보하는 보험을 선주책임보험이라고 한다. 선주책임보험에서 보험의 목적은 선박소유자가 부담하는 손해배상책임이다. 세계적으로 선주책임보험은 P&I 클럽이라는 곳에서 담보한다.

유류오염손해, 난파물의 발생, 운송물 손상 등은 선원들의 과실로 인하여 발생하는 경우가 대부분이다. 피보험자는 선박소유자이기 때문에 선원들의 고의 혹은 중과실이 피보험자의 사주에 의한 경우가 아니라면 보험자는 면책이 되지 않는다.

선박건조보험

선박은 조선소에서 건조를 거쳐서 선박소유자에게 인도되어 운송에 활용된다. 건조 중 화재가 발생하거나 시운전 중 충돌사고가 발생하여 선박이 침몰되거나 수리비가 발생하기도 하고, 재건조 되어 추가비용이 발생한다. 이런 경우를 대비하여 건조자가 피보험자가 되어 선박건조보험 계약을 체결하게 된다. 보험사고는 조선소의 피용자인 도크 마스터 등 근로자의 과실로 인하여 발생하는 경우가 많다. 시운전 중에는 조선소의 피용자들이 승선하여 선박을 운항하게 되고 이들의 과실에 기인하여 사고가 발생한다. 조선소의 근로자의 과실로 인한 사고도 보험금이 지급되는 보험사고에 해당한다. 이들의 고의 혹은 중과실이 있어도 보험자는 보험금을 지급한다.

청구권대위

대부분의 해상보험에서 보험사고는 선원들의 과실로 인하여 발생한다. 피보험자인 선박소유자나 운송물의 소유자는 불법행위를 저지른 선원과 그 사용자인 선박소유자에 대하여 손해배상청구권을 가진다. 이들 피보험자는 한편으로는 자신이 가입한 보험을 통하여 보험자에 대하여 보험금 청구권을 가진다. 손해보험에서는 이들에게 두 가지 청구권 모두 행사하도록 하지 않는다. 손해보험을 통하여 이익을 얻도록 하는 것은 손해보험의 취지에 맞지 않기 때문이다.

손해보험은 피보험자가 입은 손해를 전보하는 것에 그치는 것이기 때문에 우리 보험제도는 이 경우 보험자로 하여금 피보험자가 가지던 청구권을 대신하여 행사하도록 하였다. 이를 청구권 대위(Subrogation)라고 한다(상법 제682조). 불법행위를 저지른 선원들은 보험자에 의한 구상청구의 대상이 되기도 한다.

공동해손분담금과 해난구조료

바다를 항해하는 선박은 항상 큰 위험에 처한다. 선박의 안전항해가 위험에 처하게 되면 선장은 선박과 운송물을 모두 구하기 위하여 운송물의 일부를 바다에 투하하거나 예인선을 요청하는 결단을 내리게 된다. 이 결단에 의하여 선박과 운송물이 모두 안전하게 목적지에 도착하게 된다.

이 과정에서 희생을 본 선박소유자 혹은 운송물의 소유자는 그렇게 생존하게 된 측에 공동해손분담금 청구권을 행사할 수 있다. 비용 부담자가 선박소유자인 경우에는 선박보험에서, 운송물의 소유자인 경우에는 적하보험에서 그 비용을 부담해준다(상법 694조). 이를 공동해손(General average)라고 한다. 이런 공동해손제도는 선장의 공동해손을 위한 의도적인 결정이 필수적인 요소이다.

선박이 항해 중 위난에 처하게 되어 해난구조를 요청하게 되면 지나가던 선박이 구조를 해주게 된다. 이는 임의구조이다. 임의구조는 계약구조와 달리 구조계약 없이 이루어진다. 계약을 통하여 구조가 이루어지는 경우도 있다. 이런 구조계약에 의하여 발생하는 구조료는 법률에 의하여 보험자가 지급하도록 되어있다(상법 제694조의2). 해난구조는 구조 당한 선장의 요청에 의하여 보통 체결되게 된다.

〈자율운항선박에서 예상되는 해상보험의 변화〉

자율운항선박의 운항 시 해상보험에 어떤 변화가 올 것인지 이에 따라 보험제도는 어떻게 변경되어야하는지 살펴본다. IMO에 의하면 자율운항선박은 제4단계를 가지는데, 제3단계는 선박자체는 무인으로 운항되지만 육상의 조종자가 선박을 원격으로 조종할 수 있다.

선박보험

선박보험에서 보험의 목적은 선박이다. 사람이 승선하지 않고 자율로 운항하는 선박도 여전히 선박보험의 목적인 선박으로 볼 수 있는가? 선박은 추진력을 가지고 바다에서 항해할 수 있다면 비록 사람이 승선하여 운항하던 AI가 운항하던 장소적 이동이 가능하다는 점에서 차이가 없다. 그러므로 선박보험의 목적이 됨에 변화가 없다.

자율운항선박에 대하여 피보험이익을 선박소유자가 가지는가? 피보험이익은 보험의 목적과 피보험자가 될 자와의 경제적인 이해관계이다. 자율운항선박이라고 하여도 선박의 소유자는 높은 경제적 가치를 가지는 선박을 소유하고 있고, 이 선박이 침몰되면 재산을 잃게 되는 손해를 보게 된다. 그렇기 때문에 여전히 선박소유자는 자율운항선박에 대하여 피보험이익을 가지고 피보험자의 자격을 가지게 된다. 다만, 선체용선자가 자신의 선원을 승선시키지 않기 때문에 선박충돌로 인한 책임을 부담하지 않아서 선박충돌약관(RDC)에 의한 피보험이익이 없어질 것이다.

보험사고의 하나로 기술된 ITC(Hull)의 선원의 과실이라는 항목은 더 이상 적용이 없게 될 것이다. 이를 AI로 변경할 필요성이 있다. 자율운항선박은 제3단계에서는 육상의 원격조종자가 있다. 그의 과실이 개입되어 사고가 발생할 수 있다. 그러므로 자율운항선박용 선박보험의 6.2.3.에는 "자율운항선박의 경우 AI 혹은 육상의 원격조종자"의 과실을 보험사고로 추가해야 할 것이다.

조문	현행	수정
6.2.3.	선장 고급선원 또는 도선사의 과실	선장 고급선원 보통선원, 도선사의 과실, **육상의 원격조종자 또는 AI**
6.2.5.	선장 고급선원 보통선원의 악행	선장 고급선원 보통선원 혹은 **육상의 원격조종자**의 악행
6.3.	선장 고급선원 보통선원 또는 도선사는 이 선박에 지분이 있어도 이 약관의 해석상 선주로 간주하지 아니한다.	선장 고급선원 보통선원, 도선사 혹은 **육상의 원격조종자**는 이 선박에 지분이 있어도 이 약관의 해석상 선주로 간주하지 아니한다.

　제3단계에서 육상의 원격조종자의 고의 침몰의 경우를 대비하여 그의 고의는 보험자의 고의와 다른 것이라서 여전히 보험금은 지급되는 것임도 명기해야 한다.

　보험자의 면책사유로 상법에 의하면 감항능력결여가 있다. 선박이 출항 시 감항능력을 피보험자가 갖추지 못하고 이로 인하여 보험사고가 발생하면 보험자는 면책이 된다.

　제3단계에서는 육상의 원격조종자의 자격이 전혀 없는 자를 선박소유자가 선임한 경우에 보험자는 면책 사유가 될 것이다. 자율운항선박에서 선박소유자의 감항성 확보에 따른 선체능력은 이전과 변함이 없을 것이다. 운항능력이 영향을 받게 되는데 모두 조선소에서 부착된 바대로 운항에 종사하게 되므로 감항성의 이슈는 없을 것으로 본다. 다만, 공급될 필요가 있는 부품이나 장비의 공급이나 수리를 소홀히 한 경우에는 감항성의 문제가 있을 수 있다.

　공동해손은 선장의 의도적인 결정이 전제가 되어야 한다. 그러나 자율운항선박 하에서 선장이 없다고 하여 공동해손이 불가하다고 해석할 수는 없다. 따라서 선박소유자, 대리점, AI가 그러한 결정을 내리게 되면 이를 공동해손으로 인정해주는 규정을 상법에 두게 될 것이다. 보험자는 희생된 적하의 소유자가 청구하는 공동해손분담금을 보험금의 형식으로 선박소유자에게 지급해야하는 점은 변함이 없을 것이다.

적하보험

적하보험에서 피보험자는 운송물의 소유자이고, 운송물에 손해가 발생한 경우에 보험금을 지급하는 것이므로 선원에 의하건 AI에 의하건 육상의 원격 조종자에 의하건 보험자의 보험금지급의무는 발생하게 될 것이다. 다만, 적하보험자는 운송 중 손해를 야기한 운송인에게 청구권대위에 의한 구상청구가 가능한데, 그 청구의 기초가 되는 이행보조자 혹은 피용자로서 선원이 없기 때문에 그 연결고리가 문제된다. 그러나 어떤 방법을 택하던지 운송인이 채무불이행책임이나 불법행위책임을 부담하게 되는 것에 문제는 없을 것이다. 자율운항선박 하에서도 운송인은 보험자에 의한 청구권대위의 대상이 되는 점에 변함이 없을 것이다.

선주책임보험

선주책임보험은 상당한 변화가 예상된다. 선주책임보험에서 피보험자는 선박소유자이다. 선박소유자가 피해자에게 가한 손해를 배상한 다음 자신이 입은 손해를 책임보험자에게 청구하면 책임보험자가 보험금을 지급하게 된다. 우리 상법에 의하면 피해자는 책임보험자에게 직접청구가 가능하다(상법 제724조 제2항).

유류오염사고, 운송물에 대한 손해, 난파물제거 비용 등이 선주책임보험의 보험사고가 됨에는 자율운항선박 하에서라도 변함이 없다.

다만, 선주책임보험의 큰 보상영역인 선원에 대한 책임은 없어지기 때문에 이에 대한 규정의 삭제 등이 요구된다. 제3단계에서 육상의 원격조종자가 선원을 대체하는 자로서 선주책임보험의 대상이 될 것인지 논란이 된다. 육상의 원격조종자는 해상의 위험 하에 놓여있지 않기 때문에 비록 선장의 기능을 대신한다고 하여도 선원으로 간주될 수 없다고 본다. 그는 육상의 일반근로자로서 근로기준법의 적용을 받게 될 것이다. 제4단계에서의 AI는 사람이 아니기 때문에 선원의 지위를 인정받을 수 없다.

우리 법에 의하면 피해자는 책임보험자에게 직접청구가 가능하다. 이 경우 선주책임보험자의 책임은 피보험자인 선박소유자의 항변을 그대로 원용할 수 있기 때문에 책임제한이 가능하면 책임제한 액수만큼만 책임을 부담하게 된다. 자율운항선박 하에서도 동일하다. 책임제한이 배제될 수 있는데, 책임제한을 신청한 자인 선박소유자의 고의 혹은 무모한 행위가 사고에 영향을 미친 경우에 그러하다. 선장의 고의 혹은 무모한 행위는 선박소유자의 책임제한배제에 영향을 미치지 않는다. 그러므로 자율운항선박 하라고 하여도 변화는 없을 것으로 판단된다.

자율운항선박 하에서는 선박소유자의 귀책사유가 아니라 조선소가 설치한 프로그램의 작동오류 혹은 해적의 사이버 공격으로 인하여 사고가 발생한 경우도 있을 것이다. 이 경우에도 선주책임보험자가 먼저 피해자에게 보상할 것인지 문제된다. 자율운항선박의 운항과 관련된 책임이 선박소유자의 무과실책임으로 확정된다면 선주책임보험의 보상범위가 되도록 해야 한다.

선박건조보험

선박건조보험은 선박의 선체보험과 책임보험을 결합한 형태이다. 건조 중 화재나 시운전 중 침몰사고를 당하면 보험자는 건조가에 대한 보험금을 지급해야 한다.

조선소에서 자율운항선박을 시운전하는 중에 충돌사고가 발생하면 선박건조보험에서 배상금이 지급될 것이다. 화재의 원인이 조선소의 근로자에 의하건 AI에 의하건 피보험자인 조선소에게 보험금이 지급될 것이다.

손해방지의무

선박보험 등에는 피보험자의 손해방지의무가 있다(상법 제680조). 보험사고가 발생한 경우에 손해를 최소화할 의무가 피보험자에게 있고, 나아가 현장의 선장 등 선원에게도 부과된다. 선박보험과 적하보험 등은 피보험자인 선박소유자와 적하의 소유자의 대리인도 손해방지의무를 부담한다고 한다. 제3단계의 경우 육상의 원격조종자가 그들의 대리인으로 인정될 수 있을 것이다.

〈결 론〉

자율운항선박의 도래가 목전에 있다. 현재의 법제도와 보험제도는 선원들이 승선하여 운항하는 선박을 전제로 한다. 해상보험의 경우 피보험자인 선박소유자, 운송물의 소유자, 선박을 건조중인 조선소의 손해를 전보함을 목적으로 한다. 선원이 승선하던 하지 않던 관계없이 목적은 변함이 없기 때문에 보험제도는 유지되어야 한다.

선박보험에서 선원의 과실로 인한 사고도 보험자가 보험금을 지급하는 사유가 된다. 그 선원은 자율운항선박 하에서는 육상의 원격조종자, AI 등으로 변화되므로, 보험계약에서 이를 반영해야할 것이다.

선주책임보험에서 가장 큰 변화가 있을 것으로 보인다. 선원의 사상에 대한 손해를 보상해줄 것을 목적으로 하는 보험이지만 선원이 더 이상 승선하지 않기 때문이다. 보험자의 면책사유는 피보험자인 선박소유자, 운송물의 소유자 등에게 고의 혹은 중과실이 있어야 하고 선원의 그것과는 무관하므로 변함이 없을 것이다. 선주책임보험은 선주가 법률상 부담하는 책임이 전제되어야하므로, AI나 설계의 잘못으로 인한 경우에도 선박소유자가 책임을 부담하는 무과실책임이 될지가 보험자의 책임의 범위를 결정할 것으로 예상된다.

《손해보험》, 2021년 12월호)

7. 선원들 하선 때 일률적 자가격려 재고해야

바다에서 일하던 선원이 항구에 도착해 육지에 나가는 것을 '상륙(上陸)'이라고 표현한다. 망망대해에서 좁은 공간에 갇혀 있던 선원들은 이때 잠시나마 육지에서 필요한 일을 보고 다시 승선해 바다로 나간다.

그런데 코로나-19 이후로는 항구가 속한 국가의 방역당국과 선원 고용자인 선박회사 방침 등에 따라 선원들이 상륙을 하지 못한다. 상륙 없는 승선 생활은 선원들에게 큰 스트레스다. 콜럼버스가 범선을 타고 서인도제도를 발견할 때까지 항해 일수는 70일이었다. 그 기간 선원들은 육지에 상륙하지 못했다. 우리 선원들은 그보다 두 배 이상이 긴 180일을 바다에만 떠있게 됐으니 딱하기 그지없다.

우리 선원들이 국내 항구에서 휴가 차 하선하는 경우 음성 판정을 받았다 해도 14일간 자가격리를 해야 한다. 다만 하선 전 14일 이상 항해했다면 자유롭다. 선박의 선원 생활구역은 철문으로 격리돼 외부와 출입이 통제된 상태로 항상 깨끗하다는 점을 감안한 조치다. 특히 선원들은 선상에서도 마스크를 착용하고 사회적 거리를 두고 일한다.

그런데 공교롭게도 우리 선원들 대부분은 일본, 중국, 미국 서부 등에 많이 기항한다. 연속 항해 일수가 짧다 보니 자가격리 면제를 받지 못하는 경우가 많다. 따라서 미국 서부에서 일본 도쿄까지 12일간 항해하고, 다시 도쿄에서 부산항으로 사흘간 항해했다면 사실상 15일간 자가격리를 한 셈이니 상륙 때 격리 조치를 면제해주는 것이 바람직하다. 상륙 전에 선원이 신체적으로 문제가 없다는 사실을 선장이 확인해주면 될 일이다. 선원들에게는 휴가가 꼭 필요하다.

　코로나-19 사태 이후 우리 국민은 생필품과 원재료 공급에 어려움이 없다. 부존자원이 부족한 나라가 어떻게 공급에 어려움이 없을까. 그것은 우리 선원들이 선박을 통해 자원을 날라 주기 때문이다. 이렇게 고마운 산업의 역군인 선원들이 선박에 승선해 해외를 다니는 직업을 선택했다는 이유만으로 열악한 환경에 놓이는 것은 안타까운 일이다. 선박에서 생활하는 선원들의 특수한 환경을 반영한 방역 조치가 이뤄지도록 정부 당국과 선박회사들이 노력해 주기를 바란다.

〈매일경제〉, 2020년 7월 28일)

제2장
바다의 중요성

1. 부산이 해양수도가 되려면

바다에서 이루어지는 해양산업은 해운업, 조선업, 수산업, 해양과학산업 등으로 분류할 수 있다. 그렇다면 '해양수도 부산항'이란 어떤 의미인가? 바다를 이용한 활동이 부산을 중심으로 혹은 부산이 매개하여 이루어진다는 의미일 것이다. 해양수도 부산은 인근 항구도시와의 관계에서 중심에 있고, 그들을 선도하는 지위에 있어야 한다. 경제적인 효율이나 전략적 차원에서 부산에 유리한 것을 부산에 모으면서 시너지 효과를 내어야 한다. 반면, 다른 지역이 수월성을 갖는 경우 부산은 해양수산 클러스트의 중심으로서 각종 인프라를 그 지역에 제공하고 네트워킹의 중심에 서면 된다. 부산이 지니는 강점을 찾고 더 특화시켜 부산항이 진정한 해양수도가 되도록 해보자.

첫째, '선박특구법'으로 부산에 선박을 치적하도록 하자. 우리나라 원양상선의 대부분은 파나마 등 해외에 편의치적을 하고 있다. 한국에 등록하는 것보다 선박금융에 유리하기 때문이다. 원양어선의 경우 어업 쿼터 관리상 연안국은 자국의 깃발을 단 선박이어야 하기에 편의치적을 할 수 없다. 크루즈 선박도 자국민을 보호하기 위하여 마찬가지이다. 이러한 종류의 선박은 한국에 반드시 등록해야 한다. 그런데, 우리나라에 등록하면 선박금융이 불리하다. 부산에 선적을 두어도 편의치적을 할 경우와 동일한 혜택을 주는 선박특구법을 만들자. 특구가 설치되는 곳에 등록하면 우리 상법상 혜택을 주는 내용을 담아 금융을 유리하게 해주는 것이다. 외국 선박도 한국에 대리인을 두는 조건으로 우리 선박특구법에 따라 등록하도록 하자. 이렇게 되면 우리나라에 치적하는 선박이 늘어날 것이다. 부산은 선박 건조, 선박금융, 선주업, 선박 운항에 선박 등록업까지 발전시켜 시너지 효과를 창출할 수 있다.

둘째, 선원 보조금 지급으로 부산항이 다시 선원 송출 산업의 중심이 되게 만들자. 부산항은 우리나라 선원 관리 중심지 역할을 오랫동안 해왔다. 1970년대와 1980년대 선원들은 해외로 나가서 일자리를 창출했고 소중한 달러를 벌어와 산업 발전에 크게 이바지하였다. 한때 연간 5만 명에 이르는 송출 선원이 5,000억 원의 수입을 창출했다. 그 숫자는 현격히 줄어 이제는 3,000명에 지나지 않는다. 부산에는 선원 양성 고등교육기관이 집결되어 지금도 우수한 선원들이 배출되고 있다. 만약, 우리 선원들의 임금이 높아서 외국 선주와 계약이 체결되지 않는 장애가 있다면 약간의 보조금을 지급하자. 선주가 지급하는 임금이 지금보다 낮게 책정이 된다면, 다시 한번 송출의 길이 열리지 않을까. 이 일에 부산항이 중심이 되어야 한다.

셋째, 한계에 이른 잡는 어업이 스마트 양식, 심해 양식으로 변화하는 중심지로 부산이 되게 하자. 정부가 준비하고 실험 중인 심해 양식에 필요한 대형 구조물의 제작, 해양금융의 제공, 기타 법 제도의 확립이 필요하다. 이를 선도하는 부산이 되어야 한다. 부산 인근에는 깊은 수심의 바다, 심해 양식을 하고자 하는 어민단체, 구 조물을 제작할 조선소, 고가의 구조물 제작에 금융을 제공할 전문 선박금융기관, 해양 전문 변호사들이 존재한다.

넷째, 크루즈 산업의 육성에도 부산이 중심이 되게 하자. 현재 우리나라에서 이루어지는 크루즈 산업은 외국의 대형 크루즈선이 입항하면 입항료와 관광 수입을 취하는 형태이다. 크루즈선을 직접 소유하거나 아니면 운항사가 되어야 한 번에 수천 명에 이르는 여 객의 운임을 직접 수령하여 더 큰 부가가치를 창출할 수 있다. 부산 항에 세계 굴지의 크루즈 운항선사를 두도록 하자. 부산에는 크루즈 선을 전세 운항한 경험이 있는 선사가 있다. 또한 잘 갖추어진 크루 즈 터미널과 KTX 교통망이 있다. 크루즈 선박은 약 2,000개의 객실 이 있다. 아파트와 같이 객실에 대한 구분 소유권을 갖도록 할 수 있을 것이다. 예컨대, 2척의 크루즈 선박을 이처럼 분양하면 4,000 명 정도가 부산항에 등록되고 등기된 선박 일부에 대한 소유자가 되는 것이다. 한 척당 연간 1,200억의 매출과 척당 1,000명 이상의 고용 창출도 이루어진다. 이러한 제도의 도입은 부산항이 명실상부 한 해양수도의 중심이 되는 데에 일조할 것이다.

(《부산일보》, 오션 뷰, 2019년 7월 14일)

2. 육지보다 4배 넓은 대구경북 바다

내륙의 중심인 대구에 집중시킨 대구경북인 시야는 육지바라기 긴 해 안선을 갖고 있는 대구경북해양 자원 충분히 이용해야 번영

대구경북은 긴 해안선에 면해 있다. 대구경북지역이 갖는 육지

면적보다 바다 면적이 4배가 더 넓다는 사실을 아는 사람은 많지 않다. 대략 생각해보자. 포항의 해변가에서 충청남도 경계선까지는 약 100㎞이다. 우리나라의 영해가 3마일까지였던 때에는 바다 면적이 오히려 육지의 20분의 1에 지나지 않았다. 그렇지만 1982년 유엔 해양법(이하 '82년 해양법)이 적용되는 지금은 기선(해안선)에서부터 200해리(약 370㎞) 바다를 가질 수 있다. 바다가 육지보다 약 4배가 더 많다.

공해에는 항해의 자유가 있어 왔다. 영해가 넓어지면서 공해는 줄어들어 연안국의 힘이 세어지고 자유 항해는 제약을 받게 됐다. 82년 해양법 체제에서는 영해가 3해리에서 12해리로 늘어났다. 또한 배타적경제수역(EEZ)이라는 새로운 제도가 만들어졌다. 기선에서 200해리까지 연안국이 어로, 환경 등에 대한 제한적인 관할권을 가진다. 선박이 항해할 자유는 보장되면서도 생물자원의 보호, 환경, 안전적인 측면에서만 연안국에 배타적 관할을 인정한 것이다. 우리나라도 이러한 유엔 해양법의 적용을 받는다. 82년 해양법 체제하에서 동해안은 그 전에 가지지 못했던 넓은 바다의 주인이 되었다. 과연 이렇게 4배나 넓어진 우리의 바다를 우리가 제대로 활용하고 있는지 생각해보자.

바다는 오랫동안 어업인들의 생활 터전이었다. 각 군에는 1, 2개의 단위수협과 어촌계가 존재하고 바닷가에서 김이나 미역 등을 채취하여 왔다. 또 배를 타고 바다로 나가 수산물을 획득했다. 오징어를 건조하거나 꽁치나 청어를 과메기로 건조하여 판매하는 수산물 가공업도 발달했다.

이제 우리가 조업할 수 있는 수역이 EEZ로까지 확대되었다. 다른 국가의 어선들은 우리의 허가 없이는 들어와서 조업을 할 수 없다. 우리는 작년 러시아의 EEZ 허가권을 14억원에 사서 오징어를 잡아왔다. 이렇게 바다는 재산적 가치를 창출해 낸다.

바다를 이용한 상품의 이동, 즉 해운업은 바다 위에서 이루어지는 운송 활동이다. 포항의 바다는 미국이나 중국으로 포스코의 철강 제품을 수출하는 데 중요한 수로가 된다. 후포와 같은 경우 국내 해운의 항구로서 기능을 해오고 있다. 울릉도로 향하는 여객선이 다닌다. 포항항이나 후포항, 축산항은 어선의 건조가 일어나는 곳이기도 하다. 크루즈 산업도 이런 기능 중 하나이다.

(《매일신문》, 세계의 창, 2020년 1월 13일)

3. 국회의원 선거구제도 유감 - 바다영토를 고려하자

주민등록 주소지 근거한 선거구 총선 출향인의 표심 반영 어려워 고향 선거구에 유권자 등록하면 부재자 투표 가능하도록 보완하자

나는 경북 영덕 출신이다. 내가 어릴 때에는 우리 군에서 한 명의 국회의원이 배출되었다. 몇 해 지나니 청송·영덕이 같은 선거구로 조정되었다. 그러던 것이 언제부터인가 울진·영덕에서 이제는 영양·영덕·봉화·울진이 한 선거구가 되었고, 이번에는 여기에 울릉군이 포함된다는 말도 나온다.

이런 선거제도에 대하여 나는 최근 큰 의구심을 가지게 되었다. 과연 한 명의 국회의원이 이렇게 넓은 지역을 어떻게 관리하며 각 지역 주민의 뜻을 수용 반영하고, 그 지역의 현안을 해결할 것인가? 더구나 유엔해양법 체제하에서 경북 동해안은 해안에서 200마일(322km)까지가 우리 영토와 같은 개념으로 포섭이 되어서 수산 쪽의 업무도 엄청 늘어났다고 보아야 한다. 서울이나 부산의 선거구를 보자. 영덕군과 같은 땅의 크기보다 작은 구에도 국회의원이 2, 3명 있다.

왜 이런 현상이 일어나는가? 국회의원 선거구는 인구를 기준으로

하기 때문이다. 서울이나 부산은 인구밀도가 높다. 젊은이들이 상당수 도시로 이주한 시골에는 인구가 매우 적다. 영덕군의 경우 1950년대 10만 명이던 것이 현재는 4만 명이다. 반면에 서울이나 경기도에는 인구가 폭발적으로 증가했다. 경북의 국회의원은, 한 군에 한 명씩 있던 때인 1950년대 그 수가 수십 명이었다. 지금은 13명에 지나지 않는다. 그 대신, 서울, 부산, 대구는 급격히 국회의원의 숫자가 늘었다. 2014년 11월 헌법재판소는 국회의원 지역 선거구 획정 인구수 편차를 3대 1로 한 것은 헌법에 불합치한다는 결정을 내렸다. 2대 1로 하라고 했다. 지역 대표성보다 국민주권주의에 따른 1표의 등가성에 더 초점을 맞추었다. 선거구 하한선인 약 12만 명 유권자를 맞추다 보니 4개의 군이 하나의 선거구가 된 것이다. 경북의 여러 선거구가 영덕군의 사정과 같다.

그렇지만 우리는 이런 제도가 현실에 맞는지, 출향인의 뜻에 맞는지, 국가의 지속가능한 발전의 목표에 맞는지 다시 생각해보아야 한다. 현재 제도의 기본이 되는 인구는 주민등록의 주소지를 근거로 한다. 경북 사람들이 서울 등 도시에 주소지를 둔 것은 사실이다. 그렇지만 그 출향인들의 일상을 보자. 그들은 각종 향우회와 동문회 모임에 한 달에도 2, 3차례 참석한다. 고향의 각종 행사는 물론이고 각종 길흉사에 고향 까마귀를 찾아다닌다. 정작 자신이 살고 있는 지역의 국회의원이 누구인지, 누가 되는지 관심이 별반 없다. 그보다는 자신이 태어나 자랐고, 부모님이 살고 계시고, 정년퇴직 후 자신이 여생을 보낼 고향에 더 관심이 많다. 그럼에도 불구하고 국회의원 선거일에는 주민등록을 이전할 수 없으니, 현재 자신이 살고 있는 주소지의 후보자에게 투표하게 된다.

〈매일신문〉, 세계의 창, 2020년 2월 10일)

4. K-방역 브랜드, 해양에도 적극 활용하자

금년 3월부터 본격적으로 시작한 코로나-19로 인한 어려운 시절을 우리는 참 잘 견뎠다. 조금 더 잘 견디고 나면 K-방역의 효과로 국격은 높아지고 수출도 많아져서, 우리나라가 한 단계 더 도약하게 될 것이다. 지금은 묵묵히 자신의 직무에 충실하면서 다가올 호황을 철저히 준비해야 한다. 코로나로 인해 피해를 입은 산업 분야도 있지만, 호황을 누리는 분야도 있다. 전자는 피해를 최소화하고 후자는 성과를 최대화하자.

최근의 선박 대란은 미국으로 향하는 수출물량의 회복세에 힘입은 것이다. 사람이 의식주를 해결하기 위해서는 자국에 부족한 것을 해외로부터 수입하지 않을 수가 없다. 여기에 재택근무를 하면서 필요한 가전제품, 그리고 사람을 만나지 않음으로써 비축된 자금이 소비로 향하고 있다. 우리나라는 K-방역이 성공하여 상품 생산에 지장이 없다. 한국은 깨끗한 국가라는 이미지에 힘입어 가전제품 등 수출주문이 많이 늘어났다. 이렇게 늘어난 수출품을 실어나를 선박이나 컨테이너가 부족하게 된 것이 선박 대란의 원인이다. 무역 관점에서는 긍정적인 신호다. 우리가 지금과 같이 성공적인 K-방역을 유지하고 미국이나 유럽 등은 실패한다면 무역·해운·조선·물류 분야에 큰 기회가 올 것이다.

크루즈 산업을 다시 보자. 사람들이 당분간 크루즈를 타지는 않겠지만 상황이 좋아질 6개월~1년 뒤를 생각하자. 억눌렸던 크루즈 여행 수요가 되살아났음에도 우리가 준비가 되어 있지 않다면 크루즈 산업은 성장하기 어렵다. 우리나라가 K-방역으로 깨끗하니까 외국 여행객은 한국 방문을 선호하게 될 것이다. 기존의 크루즈선은 중앙식 통풍이라서 코로나-19를 오히려 키워 버렸다. 이를 개인통풍장치로 만들어야 한다. 넓은 식당에 칸막이를 쳐서 대면접촉면을 최소화해야 한다. 크루즈선 자체가 방역체가 되도록 개조, 관리되어야 한다. 크루즈선에 환자가 발생하면 바로 처리가 가능하도록 육상에도 치료시설을 마련해야 한다.

크루즈선이 전염병으로 긴급피난을 요청하면 부산, 제주, 인천, 포항에서 의료, 식수, 식료품 등을 제공할 채비를 해야 한다. 이런 제도적 장치들이 법률로써 보장되어야 한다. 이렇게 되면 우리나라는 크루즈선을 위한 K-방역 국가로 신뢰받아 크루즈선들의 모항이 될 수 있다. 크루즈선에서 여객 수천 명이 하선하면 경제적 효과가 상당할 것이다. 또한 이 참에 크루즈 운항사를 육성, 이들이 직접운송인이 되도록 하면 지금처럼 전세선박을 이용하는 것보다 수십 배의 수입을 더 올릴 수 있다. 남해안에 연안 크루즈를 준비해서 워밍업을 할 필요도 있다. K-방역 덕분에 생긴 무형의 자산인 깨끗한 항구, 깨끗한 국가라는 이미지를 철저하게 활용해야 한다.

K-방역의 효과를 해운·조선·물류 산업의 매출 확대에 활용할 수도 있다. 우리나라의 이들 산업 매출은 각각 40조·30조·40조 원으로 총 100조 원 규모다. 현재 중국과 우리나라의 수출량이 늘어나고 있다. K-방역의 성공으로 인한 수출량의 급증으로 선박을 구하지 못한 국내 화주들은 수출입화물을 실어나를 우리 정기선사들의 필요성에 공감하게 되었다. 현재는 북미행 수출물량의 20%만 우리 정기선사들이 실어나른다. 우리 화주들이 우리 정기선사를 선호하지 않았기에 외국 정기선사들이 시장을 주도했다.

선박 대란으로 인한 높은 운임과 납기 맞추기에 어려움을 겪고 있는 화주들은 충성도가 높은 우리 정기선사들의 필요성에 공감하게 되었다. 이제 우리 화주와 선사들은 장기운송계약을 더 많이 체결해 안정적인 운송을 하게 될 것이다. 북미행 수출물량의 50%를 우리 정기선사들이 실어 날라야 한다. 화주와 선주들이 힘을 합하면, 해운 매출은 2007년 달성했던 최고 매출 55조원을 곧 회복할 것이다. 늘어나는 수요에 맞추기 위하여 우리는 선박과 컨테이너를 더 많이 보유해야 한다. 늘어난 수입으로 재무구조가 개선된 선사들이 신조선 건조를 늘려 가면, 우리 조선사들의 매출 증대로 이어진다.

늘어나는 수출 수요는 자연스레 통관·창고 보관·하역·운송과 같은 물류 수요를 창출해 우리 물류 기업의 매출을 늘리게 된다. 늘어난 국내 물류 수요로 경쟁력을 가지게 된 물류회사들은 제3국으로 진출해 규모를 확대할 수 있다. 이렇게 하여 수년 내에 해운·조선·물류 산업에서 총매출 200조 원을 달성하자. GDP 10%에 해당하는 규모다. 위기가 기회다. 코로나-19를 오히려 전화위복의 계기로 삼자. K-방역이라는 국가 브랜드를 철저히 활용, 해운·조선·물류 산업이 도약할 수 있도록 선제적으로 준비하고 노력하자.

《〈부산일보〉, 오션 뷰, 2020년 11월 29일》

5. 바다 선거구, 바다 국회의원 만들자

1982년 유엔해양법의 제정으로 바다 지형이 크게 변화되었다. 가장 큰 변화는 배타적 경제수역이라는 해역에 대하여 연안국이 일정한 관할권을 행사할 수 있게 되었다는 점이다. 우리나라도 동해, 남해, 서해에 상당한 배타적 경제수역을 가지게 되었다. 영해는 우리가 오롯이 사용할 수 있는 바다이다. 새롭게 가지게 된 배타적 경제수역은 우리 국토보다 5배나 큰 영역이다. 공해는 모든 국가가 자유롭게 사용할 수 있으니 우리나라도 무한대로 사용할 수 있다. 이런 바다를 우리가 제대로 잘 활용하고 있는지 돌아보자.

바다의 수면 위는 해운업에 활용된다. 수출입 상품 이동은 선박을 통하는 것이 95% 이상이다. 바다는 또한 수면 하에 있는 고기를 포획하는 수산업에 활용된다. 해운업은 3차 산업이지만 수산업은 원

시산업으로서 1차 산업이다. 바다를 과학적으로 이용하는 해양과학
도 있다. 동해안 깊은 곳에서 심층수를 개발하여 음용으로 판매하는
사업, 해저에서 석유를 개발하거나 망간을 캐거나 수력 발전을 하는
게 해양과학의 대표적인 사례다.

　그런데, 이런 바다에 대한 개발과 관리, 국제경쟁력 강화는 누가
담당하는 것일까? 동해안, 서해안, 그리고 남해안의 해안선을 따라
각 시·군이 배치되어 있다. 여기에 있는 시·군의 해양수산과가
행정을 담당한다. 국가 사무는 해양수산부가 담당한다. 영해 내는
시·군·구에서 그리고 영해를 넘어서는 배타적 경제수역은 해양수
산부, 외교부, 해양경찰청이 담당한다. 정치망 어장의 설치와 관리
는 군청의 사무이고, 러시아 선박이 울릉도와 동해 사이를 항해하다
가 운반 중이던 원목을 바다에 떨어트려 항해에 지장을 주는 경우
그 처리는 해양수산부의 사무이다. 해적에 의한 선박 나포는 외교부
와 해양수산부가 처리해야 할 사항이다. 중국 혹은 러시아와 어업협
정을 체결하는 것은 수협중앙회, 해양수산부의 사무이다. 이들 기관
은 만들어진 법률을 집행하는 기관이다.

　그런데, 이들이 집행하는 바다 관련 법률은 누가 만드는가? 예를
들면 심해에서 연어 양식을 장려하기 위한 지원을 위한 법률, 해적
에게 피해를 보지 않도록 선박에도 총기를 갖도록 하는 법률, 해운
업을 장려하기 위한 각종 보조정책을 위한 법률…. 시·군이나 해
양수산부 등에서 법안을 만들어 국회에 제출하면 국회에서 논의된
다음 법률이 된다. 의원들이 스스로 법안을 발의하는 경우가 더 많
다. 절차가 더 간소하기 때문이다. 결국 5배나 넓어진 우리의 바다
영토를 충분히 활용하는 법적 기초는 국회에서 이루어진다.

　그러면 과연 우리 국회가 그런 기능에 충실한가? 직능별로 전문
가를 국회로 진출시킨다는 목적을 가진 비례대표제도는 해방 이후
단 한 명도 바다 전문가를 배출하지 못했다. 그러면, 지역구 의원들

이 더 바다를 잘 관리하게 되었는가? 우리 헌법재판소는 지역선거구의 인구 편차를 도시와 농어촌에 대하여 과거 4대 1에서 2대 1로 줄였다. 과거에는 도시 인구 20만 명에 농어촌 인구 5만 명이어도 국회의원 1명을 농어촌에 배당했다. 이제는 도시 인구 20만 명에 농어촌 인구 10만 명이 되어야 국회의원 1명이 배당된다. 그 결과 과거 2곳의 농어촌 군이 한 개의 선거구를 이루다가 이제는 4곳이 되어야 한 개의 선거구를 이루게 되었다. 한 명의 국회의원이 더 많은 농어촌을 돌보아야 한다는 말이 된다. 해안선은 동일하고 돌봐야 할 지역은 더 넓어졌다. 그렇기 때문에 바다에 쏟아야 할 업무시간이 더 적어지게 되었다고 할 수 있다.

비례대표는 바다 전문가에 배당되지 않는다는 것이 헌정사에 의하여 증명되었다. 따라서 지역구에 바다 선거구를 두어야 한다. 바다에서 일하는 선원들이 선거구민이 될 수 있다. 선원들은 바다 위의 선박에 기거하면서도 자신의 가족이 있는 곳을 선거구로 두고 부재자 투표를 한다. 1년 중 10개월을 바다에 있는 사람들이다. 사실상 실질적인 관련성도 없다. 오히려 삶의 터전이고 일터인 바다에 선거구를 갖는 것이 맞다. 인구 편차는 도시의 10분의 1로 해도 될 것이다. 바다 선거구 국회의원의 담당 영역과 해야 할 일은 오대양 육대주를 항해하는 상선과 어선의 안전, 국제경쟁력을 갖추는 방안, 어족의 보존 등 산더미 같다. 동해, 서해, 남해로 관할을 나누어 세 군데 바다 선거구를 두는 것이 더 효율적일 수 있다.

육지보다 5배나 넓은 바다 영토를 충분히 활용하여 부강한 나라가 되도록 해 보자. 바다 선거구의 설치가 좋은 시발점이 될 것이다. 바다 국회의원이 국회에 최소한 세 명이 상주하면서 외면당한 바다를 통괄하는 입법과 예산 지원 기능을 맡도록 하자. 분명 우리의 바다와 바다 관련 산업은 크게 발전할 것이다.

《부산일보》, 오션 뷰, 2021년 2월 14일》

6. 바다는 넓고 할 일은 많다

일본에서 6개월 연구 학기를 보낸 적이 있다. 당시에 일본이 진취성을 상실해 앞날이 걱정된다는 말을 많이 들었다. 일본은 내수 경기가 좋고 일자리가 많아 청년들이 해외에 진출하지 않는다고 했다. 우리가 국제무대에서 더 활약하면 일본을 이길 수 있겠다고 생각했다. 해운산업의 연간 매출은 40조 원에 이른다. 사람들은 이 액수가 모두 국내 수출입 운송으로 발생한다고 생각하기 쉽다. 절반인 20조 원은 3국 간 운송에서 나온다. 동남아 각국끼리의 원유와 케미칼 운송, 호주에서 중국으로의 석탄 운송, 미국에서 브라질로 가는 반도체 수출에 우리 선박이 투입되어 매출을 올린다. 지금도 원양어선들은 고기를 잡아서 우리 식탁에 올려 주는 고마운 일을 한다. 조선업의 국제성은 말할 것도 없다. 국내 선주 선박은 10% 정도일 뿐이고 나머지는 외국 선주로부터 수주받아 선박을 건조한다. 해양플랜트는 모두 외국에 있는 바다에 설치하는 것이다.

1960년부터 시작된 선원 송출도 외국으로 진출하여 달성한 위대한 업적이다. 한국에 승선할 선박이 없자 선배들은 일본과 미국에서 우리 선원의 송출 길을 개척했다. 글로벌 스탠더드를 갖추어 세계적인 권위를 인정받는 선박검사기관인 한국선급도 있다. 2~3년간 바다에서 사투를 벌이면서 라스팔마스, 사모아 등에서 원양어선 기지를 개척한 선배들의 이야기는 눈물겹다. 1980년대 세계 일주 정기선 항로를 개척한 조양상선과 한진해운 선배들의 개척정신도 잊을 수 없다. 국가에 대한 충성과 가족에 대한 헌신, 희생과 봉사 정신으로 가득 찼던 바다의 선배들에게 절로 고개가 숙여진다. 세계 1위를 달성한 지 이미 20년 된 조선업은 해양플랜트사업의 부진으로 어려움을 겪었고 중국과 치열한 경쟁을 하고 있다. 해운산업이 5~6위권을 유지한 지도 오래되었지만, 한진해운 파산 등 역시 어려움을 겪었다. 국제성은 동시에 경쟁을 의미한다. 국제경쟁력을 갖추지 못하면 우리 산업은 낙오하게 된다. 그래서 정부로부터의 보호, 다른 산업과의 협조체제가 필요한 것이다. 바다 관련 산업은 국내에서는 외국기업들에게 적게 내주면서 해외에서는 많이 벌어들여야 한다.

해운산업보다 더 큰 규모의 국제성을 가지는 것은 종합물류업이다. 해상, 항공, 육상운송 그리고 현지의 물류센터까지 포함한다. 국내 2자 물류회사는 주로 모기업과 함께 해외로 진출, 현지 시장에서 성장해 왔다. 그러나 DHL과 같은 글로벌 종합물류회사에 비하면 10분의 1 규모이다. 국내 2자 물류와 3자 물류 회사의 해외 동반 진출과 현지에서의 성장을 더욱 장려하자. 늘어난 현지 물류 중 해상운송 구간은 우리 정기 선사들이 담당하도록 하면 2자 물류 회사와 정기선사의 매출이 동시에 증대하여 상생하게 된다. 과거 한진해운이 스페인의 알제시라스항을 모항으로 이태리와 아프리카를 잇는 항로를 개설해 3국 간 운송을 했다. 우리 정기 선사들은 선배들이 개척했던 이 항로를 복원하여 대한민국의 위용을 과시하고 매출을 올려야 한다. 조선산업은 환경규제에 부응하는 선박추진연료의 교체, 4차 산업혁명을 반영한 무인선박의 건조라는 큰 시장을 만났다. 부울경 해사크러스트의 완성으로 선주사를 육성하여 그 밑에 100척만 둬도 연간 2조 원의 용선료 매출을 올릴 수 있다. 20명의 우리 선원을 태우면 2,000명의 고용 효과도 있다.

바다 관련 산업의 해외 진출에 금융의 역할도 중요하다. 현재 해운산업에 한정된 해양진흥공사의 지원영역을 확대하면, 바다 관련 산업의 든든한 금융 조력자를 두게 되는 것이다. 선박금융, 조선, 해운과 물류 분야가 대한민국 원팀이 되어 해외로 진출한 사례로는 카타르 LNG선 100척 운항 위탁 수주사업이 있다. 항만하역, 예선, 선박급유, 조선기자재 등 분야의 외국 진출도 장려되고 시도되어야 한다. 소프트웨어인 해상보험, 해상법, 바다 관련 4차 산업혁명 플랫폼의 해외진출도 유망한 사업이다.

좁은 국내에서의 시각에서 벗어나 해외로 나가야 한다. 해외로 더 나갈 때 매출은 확대되고 고용은 창출될 것이다. 바다 관련 산업이 해외로 쉽게 진출할 수 있는 이유는 바다 산업의 국제성이 갖는 동일성 덕분이다. 해운, 조선, 해상법은 국제 공용화되고 표준화되었기 때문이다. 제대로 된 인력이 양성되면 바다 산업의 해외 진출은 더 가속화될 수 있다. 한편, 해외시장의 진출에는 위험이 따른다. 그 위험을 회피하려면 법무와 보험 영역도 함께 고려해야 한다는 점을 유념하자. 부산에도 해사국제상사법원의 설립이 필요한 이유이기도 하다.   (《부산일보》, 오션 뷰, 2021년 5월 9일)

7. 차기 대선에 바다공약을 넣자

나는 부산항발전협의회(공동대표 박인호·이승규)가 주축이 된 신해양강국운동에 동료 교수들과 함께 기획연구위원으로 참여하면서 사업을 수행했다. 한진해운 파산에서 얻은 교훈에 대한 발표, 해양수산산업 발전을 위한 100대 과제 발굴, 1,000인회 모임 결성 등이 그 성과물이다. 지난주에 1년을 정리하는 모임을 가졌다. 성과물은 '청서'라는 제목의 책자에 수록되었다. 기획위원들은 차기 정부에 바라는 100대 과제 중 20개씩을 제출했다.

공통으로 제시된 몇 가지를 소개한다. 첫째는 바다 관련 국회의원을 배출하자는 제안이다. 비례대표제가 헌정사상 쭉 있었지만 해양에서 비례대표 의원을 배출한 적이 없기 때문에 바다 관련 지역구를 두어야 한다고 나는 <부산일보>(2021.2.14.)에 제안했다. 우리는 주거하는 주소지를 근거로 선거구를 가진다. 그렇다면, 선원들의 선거구는 자신들이 주거하는 선박이거나 바다여야 할 것이다. 북태평양, 남태평양 그리고 대서양을 각각 상징하는 동해, 남해, 서해

선거구를 두면 될 것이다. 바다 출신 전문가들이 국회에 진출, 바다 관련 입법 활동을 해야 한다.

두 번째는 해양수산부를 물류 및 조선과 통합하여 시너지를 창출하자는 제안이다. 국제적 경쟁력이 요구되는 해운산업은 조선과 물류 그리고 선박금융이 상호 협업하는 체제가 되어야 한다. 이에 따라 정부 부처도 일원화되어야 한다. 각 부서를 통합하기는 쉽지 않은 일이다. 차선책으로 대통령 직속에 해운, 조선, 물류, 선박금융, 수산을 총괄하는 위원회를 구성하자는 것이 필자의 생각이다. 현재의 부서를 그대로 두면서도 기능을 통합하고 조절하여 국제 경쟁력을 갖추려면 총괄 위원회가 필요하다.

세 번째는 선주사의 육성으로 부울경의 해사크러스트를 완성하자는 제안이다. 현재 해상운임은 폭등했고, 운송인은 선박이 없어서 빌려 올 선박을 구하느라고 분주하다. 선주 사업을 크게 하는 일본이나 그리스 선주들은 크게 호황을 누리고 있다. 우리나라는 선주사를 전업으로 하는 회사가 없다. 선주사 체제하에서 선주는 선박을 소유하고 빌려주는 영업을 하여 임대료 수입을 얻는다. 선박 임대사업과 더불어 자사 소속 선원을 승선시키기도 하는데, 이 경우 선원 고용 효과도 발생한다. 현재 우리나라 외항상선대는 약 1200척이다. 이것을 장차 1500척으로 늘리고 부울경에 본사를 둔 선주사가 300척 정도를 소유하게 되면, 해사크러스트가 완성된다는 것이 필자의 생각이다. 선주사는 매년 일정한 수량의 신조선을 할 것이고 기자재도 필요하다. 이렇게 하면 해운과 조선이 상생한다.

네 번째는 해운사가 사업 영역을 확장해 종합물류 체제를 시급히 구축해야 한다는 제안이다. 우리 정기선사들은 바다 운송에만 국한하여 영업한다. 육상·해상·항공운송을 한 사람의 운송인이 인수한 것을 복합운송이라고 한다. 현재는 이런 운송은 물론이고 제품의 출하부터 시작되는 물류의 모든 흐름 즉, 포장, 라벨링, 통관, 하역

등의 업무를 한 사람의 상인이 모두 인수하는 종합물류업이다. 우리 정기선사들이 종합물류 분야로 진출하여 머스크, DHL과 경쟁할 수 있도록 금융 지원, 행정 일원화 등이 있어야 한다는 제안이다.

다섯 번째는 바다의 안전에 관한 지적이다. 세월호와 같은 해양 사고를 예방하는 한편, 우수한 선원과 신조선의 확보에 도움이 되도록 공영제를 실시하자는 제안이다. 우리나라 해역에서 고착화된 어선 사고를 줄이기 위한 공적 교육제도의 도입도 시급하다.

안으로는 선주, 화주, 조선, 선박금융이 서로 상생하는 '착한' 해양수산, 밖으로는 국제경쟁력을 갖추는 '강한' 해양수산이 되어야 한다.

신해양강국운동은 정부에게 요구하는 것만으로 그쳐서는 안 된다. 산업계, 학계, 연구자들이 스스로 해양강국운동을 펼쳐야 할 것이다. 바다의 날과 조선해양의 날 행사를 같이하는 것, 선박금융대출 이자율을 1% 포인트 내리기 위한 운동을 펼치는 것 등이 민간이 할 수 있는 일이다. 필자는 회원 500명인 '바다, 저자 전문가와의 대화' 모임을 작년 9월부터 매주 토요일 저녁 가동하여 비대면 공간에서 공부하면서 신해양강국 운동을 측면 지원하고 있다. 신해양강국의 길은 분명히 열려 있고 우리에게 기회가 있다. 우리는 수출입화물이 충분하고 선박 건조도 잘 되고 있기 때문에 해운업과 물류업을 크게 발전시킬 수 있다. 《부산일보》, 오션 뷰, 2021년 10월 10일)

8. 바다를 이용한 산업

바다는 다양한 형태로 사용된다. 바다는 크게 나누어 보면 수산업, 해양산업 그리고 해운산업에 사용된다(해양에 해운이 포함되는 것으로 보기도 한다). 수산업은 어민들이 바다에서 수산물을 어획하는 것이다. 우리 국민들에게 가장 친숙하다. 수산업은 1차 산업이다. 어민들이 잡아오는 생선들로 우리의 식단이 채워진다. 해양산업은 바닷물과 바다 깊숙이 있는 것을 활용하는 것이다. 우리는 매일 식용수를 마신다. 바다 깊숙이에서 식용수를 뽑아내어 시판을 하고 있다. 식용수 판매산업이 해양산업의 대표적인 예이다. 바다 밑에 있는 광물이나 에너지자원을 캐내는 산업도 해양산업의 하나이다. 부산항은 컨테이너 화물의 처리가 많은 항구이다. 수출자와 수입자는 상품을 사고 판다. 이 상품의 95%는 선박을 이용한다. 그 선박은 바다 위를 항해한다. 이런 산업을 해운업이라고 한다. 해운산업은 3차산업이다.

해운사업을 하는 방법은 크게 용선과 운송이 있다. 용선이란 선박소유자가 용선자에게 선박을 빌려주는 것을 영리활동으로 하는 것이다. 운송계약은 항해용선계약과 개품운송계약이 있다. 항해용선계약은 옥수수를 2만톤 사와야 하는 식료품회사가 선박 한척을 빌려 운송하는 것을 말한다. 개품운송계약은 개개의 물건에 대한 운송을 약속하는 계약을 말한다. 운송인은 수출자와 수입자의 상품을 실어 날라주면서 운임을 얻게 된다. 해운업의 연관산업으로서 하역업과 창고업이 있다. 미국에서 부산을 거쳐서 중국의 여러 항구에 가야하는 화물은 우리나라 부산까지 큰 선박으로 싣고 와서 작은 선박으로 중국의 여러 항구로 날라준다. 큰 컨테이너 선박이 수심이 얕은 중국의 항루고 모두 들어갈 수 없기 때문에 이런 작은 선박을 이용한 제2의 부가운송이 필요하다. 이 작은 선박을 피드(feed) 선이라고 한다. 중국의 작은 항구에서 부산항으로 운송해와서 다시 큰 컨테이너 선박으로 미국으로 싣고 가는 경우도 마찬가지이다. 부산항은 이런 환적항으로서 하역작업을 해줌으로써 큰 수입을 얻게 된다. 터미널을 운영하면서 수입을 얻는 것도 해운산업의 부대산업의 하나라고 볼 수 있다. 선박을 운항할 선원들을 관리하는 선박관리업도 부대산업의 하나로서 유망하다.

해운업과 수산업 그리고 해양산업은 전혀 별개의 것으로 서로 연

관성이 없는가? 그렇지는 않다. 해운업과 수산업은 그 목적달성을
위하여 선박을 반드시 활용해야한다. 해운업에서는 그렇게 사용되는
선박을 상선이라고 부르고 수산업에서는 어선이라고 부른다. 해운업
은 상품이나 원료를 실어 나르는 것을 목적으로 한다. 원양수산업에
종사하는 수산회사는 자신이 잡은 수산물을 운반할 필요가 있다. 태
평양의 바다에서 부산항까지 냉동운반선이 투입되어 수산물의 이동
을 하게 되면 이는 전형적인 해상운송이 된다. 이렇게 운반된 수산
물이 가공되어 수출품이 되어 컨테이너 박스에 넣어진 상태로 수출
이 되기도 한다. 김의 수출액이 년간 5,000억원에 이른다고 한다.
김의 수출은 선박을 이용할 것이다. 이와 같이 수산업과 해운업은
연결이 된다.

풍력산업을 일으키기 위하여는 바다에 구조물을 세워야한다. 그
구조물을 만드는 재료들을 작업장까지 이동시키기 위하여는 선박이
투입되어야 하고 그러한 재료들의 이동은 운송이라고 보아야한다.
해양구조물 자체의 장소적 이동이 필요할 때에는 예인선이 투입된
다. 예선인과 예인계약이 체결된다. 예인계약은 운송계약과 유사하
다. 남극기지에 연구원을 보내기 위하여는 선박이 필요하다. 바다를
연구하기 위하여는 과학연구선이 필요하다. 이와 같은 방법으로 해
운은 해양산업을 지원한다. 바다 제주에서 채취한 식용수인 삼다수
를 상품화하여 서울로 이동시킬 때에도 선박이 필요하다.

조선업은 바다를 항해하는 선박을 만드는 산업이다. 해운업을 위
하여 필수적인 것이 조선업이다. 조선소에서 선박을 건조하지 않으
면 선박이 없으니 조선업과 해운업은 실과 바늘과 같은 관계이다.
선박의 건조는 조각 조각 블록으로 만들어 조선소로 이동시켜서 조
립을 하여 선박을 완공한다. 이런 조선용 블록의 이동은 해운이 맡
아서 할 수 밖에 없다. 예인선과 바지선이 활용된다.

이렇듯 바다를 활용한 해운산업, 수산업, 해양산업 그리고 조선

산업은 서로 독자적으로 발전해오지만 한편으로는 상호 의존적이면서 상부상조하는 관계이다. 부산에는 해운산업을 위한 해운회사, 원양수산 및 연근해 수산업을 하는 회사들 그리고 조선산업도 모두 존재한다. 그래서 부산이야말로 해양수도라고 부르는 것이다. 위 4가지를 모두 갖추고 있는 우리나라 항구도시는 없다. 외국에도 찾아보기가 어렵다. 이들 4개의 바다산업은 독자적으로 발전하면서도 상호 의존도를 높여가면 좋을 것이다. 스스로 내수를 창출하면 바다관련 산업은 시너지 효과가 나서 더 탄탄해질 것이다.

(해양산업협회 발간, 〈Sea&〉 2020년 12월호)

제3장
나의 체험과 기타

1. 로스쿨 제도 운영의 긍정적 측면과 부정적 측면

지난 4월 24일 제9회 변호사시험 합격자 발표가 있었다. 학교에 따라 조금씩 차이는 있지만, 전체 응시자 대비 합격률은 50% 정도이다. 응시자 2명 중 한 명이 합격하므로 사법시험과 비교하여 상당히 높은 합격률이라는 것이 변호사시험의 특징이자 장점이라고 할 수 있다.

로스쿨 제도의 가장 큰 장점은 변호사시험이 어느 정도 예측 가능성을 지닌다는 것이다. 사법시험 제도하에서 학생들은 학교의 법학수업은 뒷전으로 하고 학원가에서 혹은 깊은 산속에 들어가 시험 준비에 전념했었다. 비법학도들이 사법시험 열풍에 휩쓸려 시험 준비를 하느라 전공 공부는 소홀히 한 부정적 측면이 지적되었다. 그렇게 준비해도 합격률은 5%가 채 안 되어 합격 여부는 예측불가였다. 그런데, 로스쿨 제도하에서 상위권 학교에서는 학교성적이 50등 이상은 합격한다는 일정한 기준선이 마련되었다. 즉, 학교의 정규과정을 잘 따라와서 일정한 등수를 유지하면 합격권에 들어간다는 예측이 가능하게 되었다. 그래서 변호사시험은 양지로 나왔다고 말할 수 있다. 변호사시험에 합격 지표가 생겼으니 시험을 준비하는 수험생은 물론 학교 당국에게도 도움이 된다.

이와 반대로 로스쿨의 부정적 현상도 있다. 해상법과 같은 특정 과목은 이수자가 급격히 줄어들었다는 점이다. 과거 법대시절에는 보험해상법이 한 과목으로 강의가 되었고 입학정원 300명이 모두 필수과목으로서 해상법을 수강했다. 현재는 고려대학교 로스쿨에도 그 수강생이 10명 남짓이니 수강규모가 급감했다. 전체 로스쿨로 보아도 해상법이 개설되는 학교는 3개교에 지나지 않는다. 해상법 수업을 듣고 졸업하는 학생은 50명이 채 안 된다. 로스쿨로 전환한 학교의 과거 법대시절에는 어림잡아 1,000여명은 해상법수업을 조금이라도 들었다. 크게 퇴보한 것이다.

1월초에 변호사시험을 본 학생들은 4월 20일경의 발표시까지 약 100일간의 공백 기간을 갖는다. 로스쿨이 설계될 때에 변호사 시험은 졸업 후 5월경에 치르는 안이 있었지만, 최종적으로 졸업 이전인 1월에 시험을 보게 결정되었다. 이는 로스쿨에서 모두 책임지고 학생들에게 변호사 시험에 대한 수험준비를 시키는 결과를 낳게 되었다. 미국과 같이 졸업 후 5월경에 시험을 본다면 학교교육과 변호사시험은 약간은 분리되었을 것이다. 민법 등 기본과목이 법조인으로 성장하기 위해 중요하기 때문에 로스쿨에서는 이에 치중하여 교과과정을 운영하지 않을 수 없다. 사법연수원의 실무교육 기능까지 로스쿨에서 시행해야 하니, 실무과목을 교과과정에 편성하지 않을 수도 없다. 결국 상법이나 국제법 등 변호사 시험 비중이 상대적으로 낮은 이론 과목의 개설은 어려워진다. 이에 대한 보완책이 필요하다. 100일간의 공백시간을 잘 활용하는 것이 보완책이 될 수 있다고 본다. 이 기간 동안 각종 특화과목에 대한 강좌가 개설되면 로스쿨 제도의 부족함을 보충할 수 있을 것이다. 또한 실무교육 몇 과목을 이 기간동안 이수하게 하고, 그렇게 여유가 생긴 교육과정에는 이론 과목을 몇 과목 더 추가하면 좋을 것이다.

높은 합격률을 보이는 초시와 달리 재수, 삼수를 하면서 변호사 시험을 준비하는 학생들의 합격률은 급격히 떨어져서 20~30%대가 된다. 급기야 5번의 시험응시에도 불합격하여 낭인이 되는 학생들도 나타나고 있다. 이들 학생들의 합격률을 높이기 위한 제도적인 장치도 필요하다. 초시의 경우 로스쿨 재학 중 학교성적의 등수에 따라 합격가능성에 대한 잣대가 있지만 재수, 삼수를 하는 졸업생들에게는 이런 잣대가 없어 예측이 불가한 상태하에 있다. 학교 당국이 이들 졸업생에 대한 관리를 철저히 하여 전체로서의 변호사 시험이 예측 가능하도록 해야 로스쿨제도가 성공궤도에 오를 것이다.

3년 동안의 준비과정을 거쳐 합격의 영광을 안은 분들에게는 축하와, 불합격한 분들에게는 위로를 드린다. 다시 시험에 도전하는 학생들에게는 해낼 수 있다는 응원의 메시지를 전한다. 로스쿨 제도의 긍정적인 측면은 더욱 살리고, 부정적 측면은 조속히 시정하도록 해야겠다. 〈법률저널〉, 2020년 5월 7일)

2. 45년전 체험한 화랑도 교육과 그 현대적 의미

교장선생님께서 나를 찾으셨다. 경주의 교육기관에서 교육과정을 성실히 이수하여 반드시 우수상을 받아 오라고 말씀하셨다. 동해안 면 단위 영해고에 다니던 나는 친구 둘과 같이 1975년 가을 어느 날 1주일 과정에 입교를 했다. 설명을 들어보니, 수료하기 전에 시험을 본다는 것이었다. 대구를 포함한 경북 각 고등학교에서 학생

100여 명이 모였다. 당시 고2였던 나는 대학 진학을 꿈꾸고 있었다. 그러나 대학 진학에 대한 확신이 부족했다. 당시 모교의 대학 진학률이 높지 않았기 때문이다.

우수상을 받기 위해 1주일 교육 기간 내내 긴장했다. 명문 K고등학교 학생들과 같은 방에 배정받은 것도 해보자는 의지를 다지는 계기가 됐다. 그 학생들은 그렇게 생각하지 않고 편하게 나를 대했을지 모르지만, 나는 그들을 경쟁 상대로 보았다. 강사들의 강의를 듣고 복습에 복습을 거듭했다. 대부분은 쉬는 시간에 잡담을 하며 지냈지만 나는 그렇게 하지 않고 최대한 시간을 아꼈다. 보초 역할을 하는 당직을 서는 시간에도 쪽지를 만들어 시험에 대비했다.

드디어 5일차를 마치고 졸업시험을 보았다. 객관식 시험인데 잘 보았다. 수료식에서 기대했던 우수상을 받았다. 단상에 올라가서 메달을 목에 걸었다. K고 친구들도 진심으로 축하해 주었다. 학교로 복귀해 선생님들께 수상 결과를 말씀드리니, 크게 기뻐해 주셨다. 당시 경상북도의 동료 고등학생들과 경쟁을 하면서 시험을 본 것은 처음이었다. 여기서 일정한 성과를 거둔 나는 '하면 된다'는 자신감을 크게 얻게 되었다.

이때 체득한 경쟁하는 방법과 자신감은 그 후 인생을 살아오면서 나에게 큰 영향을 미쳤다. 나는 목표가 주어지면 경쟁자들보다 더 많은 시간을 냈고 열성을 보였다. 그때로부터 45년이 지났고 나는 세칭 성과를 거둔 인생이 되었다. 시골 면 단위 고등학교 학생으로서 열등감에 사로잡혀 있던 나에게 평생의 인생을 좌우할 자신감을 심어준 교육기관은 어디인가? 그 기관은 바로 화랑교육원이었다.

경상북도는 신라를 통일한 인재였던 화랑들의 정신을 오늘날을 살아가는 청소년들에게 심어주기 위해 1973년 화랑교육원을 설립했다. 2019년까지 40만 명이 교육을 받았다. 설립 초기에는 필자와 같은 고등학교 학생들을 모아서 교육을 시켰다. 신라시대에 화랑들이

익혔다는 세속오계(世俗五戒)를 가르쳤다. 경주 유역의 산야를 다니면서 호연지기(浩然之氣)를 길러 주었다. 다른 고등학교 학생들과 만남의 기회를 제공하기도 했다. 화랑교육원은 이러한 교육과정을 통하여 충효사상, 신의를 중시하는 행동 방식, 그리고 자신감을 학생들에게 길러 주었던 것이다.

현재 화랑교육원은 고등학생들에게만 교육의 기회를 제공하는 것은 아니다. 다양한 사람들에게 기회를 제공하고 있다. 화랑교육원은 대구경북인의 정체성을 확립하는 교육의 장으로서 기능해 왔다. 화랑이 익히고 실천했다는 세속오계는 오늘날에도 충분히 효용가치가 있다. 사군이충(事君以忠)과 사친이효(事親以孝)는 사익보다 공익을 우선하고 부모에게 효도하라는 가르침으로 오늘날도 여전히 의미가 있다. 교우이신(交友以信)은 친구들 사이에는 의리가 있어야 한다는 인간관계를 말하는 것이다. 임전무퇴(臨戰無退)는 주어진 일에는 최선을 다해 물러나지 않아야 한다는 것이다.

약 1천400년이 지난 지금에도 변함없는 삶의 자세를 포함하고 있어 오늘날에도 충분히 활용도가 높다. 전통적인 자기 수양과 행동 양식을 지역의 청소년과 시민들에게 전수하는 것은 화랑교육원의 핵심 기능으로 이어져 가야 한다. 경상북도와 대구의 정신적인 정체성이라고 하면 바로 이런 화랑정신이라고 말할 수 있을 것이다. 이런 우리만의 정신적인 정체성은 계속 지켜나가야 한다.

이제는 전 국민, 전 세계인을 교육 대상으로 넓힐 필요가 있다. 화랑교육원은 전통적인 화랑정신의 교육에 더하여 4차 산업혁명 시대에 요구되는 행동 방식도 교육과정에 가미하면 좋을 것이다. 전국의 학생들이나 외국 학생들과 교류할 수 있는 기회를 제공하는 것도 순기능이 될 것이다. K-팝(pop), K-방역이 세계로 뻗어가듯이, K-화랑정신이 세계로 뻗어가길 바란다. 그 중심에 화랑교육원이 있다.

《〈매일신문〉, 세계의 창, 2020년 12월 14일)

3. 나의 책 "해운산업 깊이읽기" 소개

2019년 안식학기를 6개월 가지게 되었다. 전공을 살려서 해운산업을 제대로 깊이 알아보기로 했다. 그래서 해운선진국인 일본의 도쿄대학에 6개월 방문교수 자격으로 출국했다. 나의 관심사는 일본의 해운산업은 어떻게 안정적으로 운영되는지 그 비결은 무언가를 찾아 이를 우리나라 해운산업에 반영해보는 것에 있었다.

일본은 약 3,000척 정도의 원양상선이 있다. 그 중에서 1/3인 1,000척은 순수하게 선주사가 소유하는 선박이다. 선박을 대여해주고 임차료(용선료)로 수입을 올리는 것이다. 일본 시고쿠 지방에 있는 인구 5만명 정도의 이마바리(今治)에는 100여명의 선주가 있고 이들이 소유하는 원양상선이 500척이나 된다. 이들은 선박을 건조할 때 자기 부담을 30%, 은행대출을 70%한다. 그리고 이자율은 1~2%이다.

NYK와 같은 튼튼한 정기선사가 10년동안 선박을 빌려줄 것을 주문하면 이를 바탕으로 선주사는 은행에 가서 대출금을 갚을 계획을 제시하고 자금을 빌려서 선박건조에 들어간다. 대출금을 갚을 임차료를 제공하는 정기선사가 워낙 튼튼하니 이자율도 더 낮아진다. 우리나라는 어떠한가? 선박회사는 자기자본은 10%, 은행대출을 90%까지 받는다. 그리고 이자율도 6~7%대이다. 일본 선주와 비교하여 높은 대출금과 높은 이자율을 부담한다.

금융부분에서 구조적으로 허약한 우리 해운은 불경기가 왔을 때 쉽게 무너지고 회생절차에 들어가고 만다. 2007년 이후 한국해운 매출규모로 3~4위였던 해운선사를 포함하여 10여개 사가 회생절차에 들어갔다. 급기야 한진해운은 파산이 되었다. 반면, 일본은 전혀 흔들림없이 어려움을 잘 헤쳐나왔다. 일본 해운이 튼튼한 이유가 선박금융구조에 있다는 것을 알게 되었다. 우리나라도 선주사를 육성하고 이자율을 낮추는 선박금융구조 변경이 있어야한다.

16세기부터 시작된 대항해시대에 유럽에서 오는 범선이 남중국해를 지나면 해류가 자연스럽게 그를 일본의 남부인 규슈에 도달하게 했다. 그 덕택으로 일본은 16세기부터 서양과 접촉하게 된다. 그래서 1592년 임진왜란 때 조총을 사용했다. 규슈를 중심으로 난학이 번성하기 시작하였고 신문물에 대한 이해도가 상당히 집결된 상태에서 메이지 유신이 일어나 일본은 산업화되고 서구화된다.

이 과정에서 신문물은 모두 바다를 통해서 왔다. 서양을 배우기 위한 대규모의 유럽시찰과 유학도 선박을 통해서 했다. 1857년 일본 상선을 몰고 태평양을 처음으로 건넌 선장은 일본에서 지금까지도 영웅시되고 있다. 이런 역사적 배경하에서 일본사람들은 해운과 바다를 아주 중하고 고맙게 생각하는 전통이 자리잡은 것으로 판단되었다. 나는 우리나라의 사정은 어떤가 생각을 해보았다. 우리는 장보고 대사와 이순신 장군만 알 뿐이다. 두 분의 역할이 워낙 크다.

그렇지만 구한말이나 해방이후 근대화과정에서 해운의 역할이 눈에 띄지 않는다. 19세기 말의 개화기에 우리나라는 쇄국정책을 펴서 신문물을 받아들이지 못했다. 개화는 외세의 힘에 의한 것이라서 국민으로부터 선박을 통한 신문물의 유입이 크게 긍정적으로 평가받지 못한다. 최근 해운은 허베이 스피리트 오염사고, 세월호 사고, 한진해운의 파산에 이르기까지 국민들에게 부정적인 이미지만 만들어주었다.

이러한 해운산업에 대한 부정적인 이미지를 탈피하여 긍정적인 것으로 바꾸어 가야한다. 국민적인 지지가 얼마나 중요한지는 2016년 한진해운 사태에서 경험하게 되었다. 마침 대한항공에 대한 국민적인 부정적 시각이 높았던 시절이었다. 정책당국자들도 같은 부정적인 여론에 영향을 받아 계열사인 한진해운을 살리자는 선택을 쉽게 할 수 없었을 것으로 사료되기 때문이다.

놀랍게도 통일신라시대에 우리는 이미 해운과 해군을 담당하던 선부(船府)라는 중앙관청이 있었다. 문무왕은 내가 죽으면 동해바다에 묻어달라고 했고 수중왕릉인 대왕암이 만들어졌다. 일본이 통일신라의 가장 큰 적이 될 것으로 문무왕은 예상했다. 그래서 자신의 무덤을 동해바다에 만들어두어 후손들이 일본을 경계하도록 했다는 것이다. 이렇게 바다를 중시했던 통일신라의 역사적 사실들은 잘 알려져 있지 않다. 이런 해양문화를 발굴하고 홍보하자.

외국에 나가면 모두 애국심이 쏟아난다. 나는 이미 50년 이상을 해운에 천착한 사람이다보니 일반인들보다 더 해운에 대한 애국심이 강한 것은 당연지사이다. 마침 최진석 교수의 "탁월한 사유의 시선"이라는 책 속에서 우리나라의 선진화에 대한 글을 읽었다. 그로부터 영감을 받아 '한국해운선진화'를 위한 고민을 했다. "해운산업은 위험한 산업이다.", "해운산업은 조선산업과 반대방향이다."는 등 8가지의 고정관념의 틀을 뛰어 넘고 우리 해운은 선진화의 길로 가야된다고 나는 강조하고 있다.

우리 해운은 다시 한번 국정의 중심, 산업의 중심에 서야한다. 그러기 위해서는 해운인 각자는 자신이 속한 다양한 분야에서 명품이고 일류로서 행동해야한다. 운송인으로 화주에 대하여도 일류 서비스 나아가 명품서비스를 제공해야한다. 자신이 운송을 약속한 화물을 외국항구에 내팽개치는 일은 다시는 없어야 한다. 학자로서 나는 내가 제공하는 해운관련 서적은 최고의 품질을 담아내야 한다. 그래야 나부터 일류로 평가받을 것이고, 이런 우리 해운인들의 노력이 하나씩 쌓이면 우리 해운산업은 수년 내에 산업의 중심된 자리를 되찾을 수 있을 것이다. 이 단행본은 이런 마음가짐으로 만들었다.

내가 연구한 내용이 가볍게 쉽게 그리고 빠르게 전달되도록 하자는 취지에서 200페이지 내외의 단행본을 기획했다. 얇지만 그러나 깊이 있는 해운산업이야기가 되도록 꾸며보았다. 이러한 내용과 기획을 가진 "김인현 교수의 해운산업 깊이읽기"가 해운물류산업 종사자는 물론이고 일반대중에게도 널리 읽히기를 희망한다. 이 책이 전 문가들에게는 우리 해운산업의 나아갈 방향을 제시해주고, 국민들에 게는 해운산업을 아끼고 사랑하는 마음을 갖도록 해주었으면 한다.

〈〈한국해운신문〉, 김인현칼럼(65), 2020년 7월 31일〉

4. 해인 배병태 박사님의 영면을 기도합니다

한국해운과 해법에 지대한 공헌을 한 배병태 박사께서 지난 2월 영면하셨습니다. 1932년 태어난 박사님은 호남의 명문인 전주고등 학교를 졸업하시고 1950년 한국해양대에 7기로 입학하여 졸업 후 해운업계에 천착하셨습니다. 박사님께서는 한국해양대학교 교수, 해 운산업연구원(현 KMI) 원장, 해난심판원 심판관, 한바다해운 사장, 한국해법학회 회장 등을 역임하면서 불모지였던 우리나라에 해운과 해법의 기틀을 마련하셨습니다. 영면소식이 늦게서야 알려져 주위를 더욱 안타깝게 했습니다.

저는 배박사님과 한국해법학회를 통하여 인연을 맺고 활동을 같 이 했습니다. 한국해법학회 회장직에 계실 때 저의 지도교수이신 채 이식 교수께서 상무이사를 하셨습니다. 박사과정에 재학중인 1996 년경 지도교수님을 도와주는 가운데 배박사님을 처음으로 뵙게 되 어 반갑게 인사를 드렸습니다.

2000년에 해사문제연구소에서 해운물류 큰 사전을 편찬하는 작 업을 진행하였습니다. 배박사님께서 법률분야에 합류하라고 저를 부 르셔서 배박사님과 제가 사수와 조수의 관계로 5년 정도 편찬작업 일을 했습니다. 이 작업은 해운, 항해, 법학 등으로 약 10명이 참여 했습니다. 이준수 학장님, 민성규 교수님, 허일 교수님 등도 참여하 였고, 당시 제가 40대 초반으로 최연소였습니다. 아직 초학자였던 저는 배박사님으로 부터 많은 공부를 배웠습니다. 여름과 겨울에 강원도 평창 등에서 1주일 정도 합숙을 하면서 작업을 했는데 배박사님을 포함한 대선배님들로부터 학문적인 지도를 받을 수 있었던 것은 그 후 저의 학문 활동에 큰 도움이 되었습니다.

박사님은 모르셨겠지만, 저는 이미 한국해양대학교 1학년 때부터 박사님을 알고 있었습니다. 한국해양대 학생들이 KOMASA라는 공부모임을 만들었습니다. 한국해사문제연구소의 설치에 자극을 받은 학생들이 해운과 해상법 두 개 분야를 두고서 학생 해사문제연구소를 운영한 것입니다. 저는 법률분과에서 활동을 했는데, 법률분야 지도교수님이 배박사님이셨습니다. 그래서 배박사님의 연구실에서 공부를 하기도 했습니다. 책으로 가득했던 배박사님 연구실의 모습이 지금도 눈에 선합니다. 그 이듬해에 배박사님이 한국해양대학교 교수직을 그만두게 되어서 교내에서 배박사님을 더 이상 뵙지 못했습니다. 그래서 진작 수업은 듣지를 못하여 무척 아쉬었습니다. 그 당시 배박사님은 연세대 법학박사이시면서 학사편입까지 해서 정통 해상법을 공부한 분으로 학생들의 선망의 대상이었습니다. 4학년이 되자 해상법과 국제해상운송법 강의가 개설되었는데, 마침 1977년에 발행된 배박사님의 주석 해상법을 가지고 공부를 하게 된 인연이 있다.

회장을 그만두시고도 명예회장으로서 한국해법학회를 잘 이끌어 오셨습니다. 한국해상법의 발전을 위하여 표준서식이 있어야한다는 점을 강조하셨습니다. 이의 실현을 위하여 상사중재원을 움직여 한국해사표준계약서 편찬을 주도하셨습니다.

배박사님은 세가지 점에서 한국해법에 큰 족적을 남기셨습니다.

첫째는 한국해법학회를 창립하신 일입니다. 1978년 서돈각, 손주찬 교수 등 상법교수님들과 박현규 등 실무자들을 규합하여 한바다 호에서 창립총회를 마쳤고 그 해법학회가 오늘까지 이어오고 있습니다.

둘째는 1991년 상법개정작업을 주도적으로 했다는 점입니다. 회의록을 읽어보면 서울대의 송상현 교수와 대립각을 세우면서 실무의 입장을 반영하려는 노력이 구구절절입니다.

세 번째는 "주석 해상법"이라는 해상법의 바이블과 같은 저서를 1977년에 편찬하신 점입니다. 이 책은 1980년, 1990년대 해상변호사들이 해상 일을 처음 시작할 때 지침서로서 큰 역할을 했습니다. 그 뒤에 여러 책의 해상법 단행본이 나왔지만, 배박사님의 책만큼 공이 많이 들고 외국의 법례까지 조사하여 종합적으로 기술한 책은 아직 없다고 판단됩니다.

해법학회 3대 회장(1992~2000)을 그만두시고서는 신년교례회 등에 참석하시어 후배들을 지도해주시었습니다. 최근 몇 년간 몸이 편찮으시다는 말씀은 듣고도 병문안을 하지 못한 채로 이렇게 갑자기 영면소식을 듣고 나니 죄송스런 마음이 가득합니다. 직접 문상도 하지 못하여 더욱 송구합니다.

미국에서 교수이신 두 번째 따님과 통화가 되었습니다. 박사님이 가장 자랑스럽게 생각하던 물리학 박사로서 서울대 교수임용이 결정되었던 큰 따님이 2000년대 초반에 교통사고로 세상을 떠난 일이 있었습니다. 둘째 따님의 말씀으로는 큰 따님이 세상을 떠나신 지 며칠 안 되어 위에서 말씀드린 해운물류 큰 사전의 편찬작업을 강원도에서 하였답니다. 여러 훌륭한 사람들이 단체로 작업을 하기 때문에 가정일로 불참을 하면 안 된다고 하시면서 박사님께서 합숙을 위하여 집을 떠나셨다고 합니다. 사모님을 비롯한 가족들이 상당히 섭섭해하셨다고 합니다. 그러나, 이를 통하여 배박사님이 한국해법이나 한국해운을 얼마나 사랑했는지 알 수 있습니다. 아마도 2002~2003년 경일 것으로 판단됩니다. 당시 저희들은 그런 내용을 몰라서 위로의 말씀도 드리지 못한 것이 부끄럽습니다. 따님께서도 해상법과 해운을 위한 아버지의 마음이 얼마나 깊었는지 알게 하는 일화라고 하면서 저에게 소개를 해주셨습니다.

해상법학자는 일반법대 출신과 해기사출신들로 구분이 됩니다. 배박사님은 실무를 체험한 해상법학자로서 해상법이 상아탑에 머물지 않고 현실의 문제점을 해결하고 해운의 발전에 기여할 수 있게 노력하셨습니다. 이제 박사님께서 유지로 남기신 한국해법의 발전은 저를 포함한 해상법 제3세들의 몫입니다. 최근 로스쿨 제도가 생기면서 해기사들이 20명이상 법조인으로 진출하였고, 해사법원의 설치도 가시화되고 있습니다. 로스쿨 제도하에서 해상법 교수의 숫자가 오히려 줄어드는 경향을 보이는 등 풀어야할 숙제도 많이 있습니다. 그러나 박사님께서 언제나 그러하셨듯이 매사를 긍정적으로 보면서 가일층 노력하여 한국해법이 세계 속에 우뚝 서도록 노력하겠습니다.

부디 영면하시기 바랍니다.

(〈한국해운신문〉, 김인현칼럼(73), 2021년 3월 12일)

제 2 부

해운물류

제 **1** 장
해 상 법

1. 다뉴브강 유람선 사고, 항법과 민사책임

우리 여행객 30여명이 다뉴브강을 유람하던 중 2019년 5월 29일
밤 9시 5분경 불행한 일을 당한 것에 대하여 슬픔을 함께 하며, 실
종자들도 하루속히 가족의 품으로 돌아오길 빈다. 이번 사건과 관련
하여 법률적인 쟁점 몇 가지를 간단히 검토한다.

항행방법 – 각 선박의 항행상 주의의무

다뉴브강은 한강보다 폭이 1/3로 좁은 것으로 알려져 있다. 그렇
다면, 가항폭이 수백미터에 지나지 않을 것이므로 협수로(좁은 수로)
에 해당할 것이다. 다뉴브강의 특별항법이 있을 수 있지만, 다뉴브강
은 흑해와 통하는 수역이므로 1976년 국제해상충돌예방규칙(COLREG,
이하 국제규칙)이 적용된다(제1조 a항). 이 점에서 한강과 다르다. 현

재 한강은 바다와 연결되지 않기 때문에 국제규칙이 적용되지 않는다. 협수로에서는 선박은 진행방향으로 보아 자신의 우측에 육지를 붙여서 항해해야한다(제9조 a항). 영상으로 보면 유람선(허블레아니호)은 이를 잘 지키고 있음을 알 수 있다.

앞서가는 선박을 뒤에서 따라가서 앞지르면 추월상태가 된다(제13조). 추월선이 피항선이 되고 피추월선은 유지선이 된다. 영상으로 보아 크루즈선(Viking Sigyn)이 유람선을 앞지르는 것으로 나타난다. 전형적인 추월의 모습이다. 따라서 추월선인 크루즈선은 피추월선인 유람선을 적극적으로 피해야할 의무를 부담한다. 해양안전심판원의 지침에 의하면 아무런 조치를 취하지 않은 경우 추월선이 85%의 원인제공비율을 부담한다. 이러한 기본적인 추월선의 의무에 더하여 협수로에서는 추월선이 추가적인 의무를 부담한다. 즉, 협수로에서는 추월은 위험하기 때문에 피추월선의 협조가 없으면 추월이 어려운 경우 추월선은 피추월선의 동의를 구하도록 하고 있다(제9조 e항). 상당히 좁은 수역이기 때문에 피추월선의 동의를 구할 상황이었다고 판단된다. 그렇다면, 피추월선인 유람선이 특단의 과실이 없는 한, 추월선의 지위에 있던 크루즈선은 위 85%의 과실비율보다 더 큰 과실비율을 부담할 것으로 보인다.

운송계약상 책임

유람선에 여객 30여명이 승선하고 있었다. 유람선의 운항자와 여객은 수상여객운송계약을 체결하고 유람을 하던 중이었다. 과연 누가 운항자로서 운송인이 되었는지 판단이 필요하다. 반드시 선박의 소유자가 운송인이 되는 것은 아니다. 여객으로부터 운송을 의뢰받아 운송을 인수하고 운임을 수령한 자가 운송인이 된다. 따라서 선박소유자가 선박을 빌려주었다면, 그 용선자가 운송인이 되었을 것이다. 이 경우 용선자는 운송계약상 채무불이행책임을 부담하고, 선

박소유자는 자신의 선장이 실제 선박조종을 하였다면 불법행위책임
상 그의 사용자로서 책임을 부담하게 될 것이다. 언론에 의하면 여
행사가 전세로 선박을 빌렸다는 언급이 있기 때문에 여행사가 운송
인이 될 가능성을 배제할 수 없는 상황이다. 누가 운송인이었는지는
여객들이 누구와 운송계약을 체결하고 운임을 누구에게 지급하였는
지에 따라 결정될 것이다.

우리 상법이 적용된다면, 내해의 강에서의 여객운송이므로 해상법
이 적용되는 것이 아니라 육상운송법이 적용된다(상법 제 125조). 운
송인이 여객의 운송에서 주의의무를 다했음을 입증하지 못하면 손해
배상책임을 부담하는 바(상법 제148조), 그러한 입증은 본 사안에서는
어려울 것으로 보이므로, 운송인의 책임은 쉽게 인정될 것이다.

운송인은 책임제한권이 주어지는 법제가 많기 때문에 헝가리법에
서 그러한 책임제한권이 있는지 운송인 측은 확인해야한다. 한국법
에서는 책임제한권이 없다. 다만, 당사자의 약관으로 책임제한권이
인정되는 경우가 대부분이므로 확인해야한다.

불법행위책임

크루즈선은 선박충돌을 야기하여 여객들을 사망에 이르게 하였기
때문에 불법행위책임을 부담한다. 선박충돌사고에 있어서 정박선이
아닌 이상 쌍방과실이 되므로, 유람선의 선장도 작지만 얼마간의 과
실이 있다고 보이고 그렇다면, 유람선의 선주와 크루즈선의 선주가
공동불법행위책임을 부담하게 될 것이다. 어느 측에게나 손해전액에
대한 청구가 가능하다.

1910년 선박충돌조약을 모법으로 하는 상법상 선박충돌인 경우
특별규정들이 적용된다. 이렇게 되려면 최소한 한척의 선박은 바다
를 항해하는 항해선(seagoing vessel)이어야 한다(조약 제1조). 크루즈
선이 바다를 항해하는 선박인지가 관건이다. 비록 유람선이 내해 항

행선(inland navigation)일지라도, 이러한 충돌에는 위 조약이 적용되고, 우리 상법의 선박충돌규정도 적용되는 상황이다(상법 제876조). 우리 상법상 선박충돌에 의한 손해의 경우 물적 손해는 분할책임이지만, 인적 손해는 여전히 연대책임으로 하고 있다. 유족의 선주들에 대한 배상책임은 인적 손해에 해당한다. 1910년 선박충돌조약도 동일한 입장이다(제4조). 헝가리법도 다르지 않을 것으로 생각된다.

상법 해상편이 적용되는 경우 각 선박의 운항자는 선박소유자 책임제한제도의 이익을 향유할 수 있다(상법 제769조). 소멸시효는 2년이다. 불법행위지법인 헝가리법 혹은 크루즈선의 선적국법의 입장은 어떠한지 살펴보아야 한다. 크루즈선의 운항자는 선주책임제한제도상 책임제한을 주장할 것이다. 하천을 포함한 육상구역에서는 책임제한제도가 없다(상법 제125조).

필자가 Viking Cruise의 홈페이지를 확인한 결과 본 크루즈는 헝가리의 부다페스트와 루마니아의 부쿠레슈티를 1주일간 항행하는 것으로 공시되어있다. 그렇다면, 바다로 항행하지 않는 선박이고, 내해 항행선에 지나지 않게 된다. 우리 상법의 입장에서는 상법상의 선박충돌이 아닌 것이 되고, 해상편이 적용되지 않는다. 그러므로, 위에서 본 책임제한 등은 적용되지 않을 것이다. 그렇지만, 국제항행에 제공되는 하천이므로 특별규정이 있는지 확인할 필요가 있다.

채권확보의 수단

유족들은 과실책임을 부담하는 자들에 대하여 손해배상책임을 묻기 전에 자신들의 채권을 확보하기 위하여 그들의 재산에 가압류를 해두는 것이 통상이다. 크루즈선사의 재산에 대하여 가압류 신청을 하게 되면, 크루즈선사는 선박의 운항의 지장을 피해야하므로, 신용 있는 보험사의 보증장을 제출하고 가압류를 피하는 것이 통상의 절차이다.

각국 상법이나 국제조약은 선박우선특권(maritime lien)이라는 강력한 피해자 보호수단을 가지고 있다(상법 제777조). 이는 선박이 가해자이고 피고가 된다는 관념이다. 그래서 선박의 소유자가 변경되어도 1년간은 선박우선특권이 그 선박에 붙어서 다니므로 피해자가 자신의 채권을 실행하기에 용이하게 된다. 선박충돌로 인한 손해배상청구권은 우리 상법상 선박우선특권(maritime lien)을 발생시킨다. 따라서 사고 당시 크루즈선의 선주가 선박의 소유권을 제3자에게 넘긴 경우라도 유족들은 크루즈선에 대하여 선박우선특권에 기한 임의경매를 신청할 수 있다. 선박우선특권 및 저당권에 대한 국제조약도 동일하다(1967년 및 1993년 조약 제4조 제1항). 이런 법리가 적용되기 위하여는 상법상의 선박 충돌이어야 하지만, 위에서 본 바와 같이 아닐 가능성이 더 높다.

사고발생지인 헝가리법, 혹은 크루즈의 선적국법이 적용될 가능성이 있으므로, 국내법의 입장을 살펴보아야한다.

보험관계

여객들은 국내 D보험사에 여행자보험을 가입한 것으로 알려져 있다. 여행자보험은 사망한 경우도 담보범위이므로 피보험자인 여객들의 유족은 보험금 수령이 가능할 것이다. 또한 여행사는 국내 S보험사에 전문가책임보험에 가입한 것으로 알려져 있다. 이는 여행사가 여행객(여객)들에게 과실로 손해를 야기하여 손해배상책임을 부담할 경우에 보험자가 그 손해를 보상해주는 책임보험이다. 그러므로, 여행사의 여행계약상 과실의 존재의 입증이 필요하다. 여객의 사고에 여행사의 과실이 있음이 입증되어야 할 것이다. 여객의 보호를 위하여 안전한 유람선을 선정할 의무는 있는 것으로 보이는데, 과연 동 유람선의 선정에 있어서 이러한 주의의무를 다했는지가 쟁점이 될 것으로 보인다. 이 두 보험의 준거법은 한국 상법이다.

유람선과 크루즈선은 모두 선박자체에 대한 손해보험에 가입해 있을 것이다. 선박의 침몰에 대하여 선가에 해당하는 보험금을 선주가 수령하게 될 것이다. 피해자인 여객측은 이 보험금에 대한 가압류를 하여 자신들이 먼저 수령할 수단을 마련할 필요가 있다. 유람선과 크루즈의 선주는 각각 선박운항중 제3자에게 피해를 야기한 경우 자신들이 부담하는 손해를 전보받기 위하여 책임보험에 가입한다. 선박의 경우 국제적으로 선주상호책임보험(P&I)에 가입한다. 먼저 피보험자인 선주가 피해자인 여객들에게 배상을 하고, 그 배상액을 보험자에게 청구하는 것이 원칙이다. 그런데, 이런 구조라면 선주가 도산된 경우 피해자로서는 배상받을 방법이 없다. 이에 우리 상법은 피해자로 하여금 이들 책임보험자에게 직접청구가 가능하도록 하고 있다(상법 제724조 제2항). 우리나라와 달리, 직접청구권이 허용되지 않거나 제한적인 경우가 통상이므로, 불법행위지인 헝가리의 법 혹은 책임보험계약상의 준거법은 어떤 입장인지 살펴보아야 한다.

기 타

본 사고는 헝가리의 다뉴브강에서 발생한 것이므로 헝가리의 영해내에서 발생한 것으로 불법행위지는 헝가리이고, 불법행위지인 헝가리법원이 재판관할을 갖고, 헝가리법이 적용될 여지가 많을 것으로 보인다. 운송계약상의 준거법, 직접청구권의 준거법 등은 모두 재판관할권을 갖고 재판이 실행되는 국가의 국제사법에 의하게 될 것이므로, 이에 대한 면밀한 검토가 선행되어야 한다.

상법상 선박충돌이라면 크루즈선은 책임제한권을 행사할 것이 예상되는 바 유족들이 충분히 배상을 받지 못할 가능성도 배제할 수 없는 상황이다.

통상 외국적 요소가 개입된 경우 해상사건의 당사자들은 영국 등 외국변호사의 선임을 선호하여, 영국 변호사가 주(主)변호사가 되고 필요시 우리나라 변호사의 자문을 구하는 형식을 취한다. 그렇지만, 이렇게 복잡한 사안일수록 우리나라 변호사를 주(主)변호사로 선임하고, 우리나라 변호사의 전체적인 지휘 하에서 헝가리변호사를 부(副)변호사로 선임할 것이 필요하다. 여객 및 그 유족들과의 의사소통, 전문성의 측면에서 보아 우리 해상변호사들의 존재가 필요하기 때문이다.

해운, 선박관련 국제조약들이 많이 만들어져서 통일화를 지향하고 있지만, 상선을 중심으로 할 뿐이지 내해는 적용범위의 밖으로 두고 있다. 이와 같이 각국의 관광객이 세계 각국을 관광하게 되므로 비록 내해에 있는 강을 항행하는 유람선이라고 할지라도 국제성을 띠게 되므로 안전규정이나, 해상법 혹은 수상여객운송법 등의 통일화가 필요한 것으로 보인다. 그리고, 여행사도 유람선에 대한 정보를 제공할 필요가 있다. 　　　　　　　　(《법률신문》, 2019년 6월 10일)

2. 정기용선자가 채무자인 경우 정기용선선박에 우선특권 행사 가능

사실관계

甲이라는 선주는 선박을 정기용선한 자이다. 인천에 그 선박이 입항하자 甲은 예선 서비스를 요청하여 원고의 예선이 제공되었다. 甲이 예선료를 주지않자 예선회사는 선박우선특권에 기해서 예선을 제공받은 바로 그 선박에 대한 임의경매 신청을 하였다. 1심법원은 이를 인정하였지만, 2심법원에서는 이를 부인하였다. 정기용선된 선박에 대하여 선박우선특권의 행사는 불가하다는 내용이었다. 이에 예선회사는 대법원에 결정을 구하였다.

우리 상법에 의하면 예선료, 도선료 채권을 가진 자는 채무자에게 청구를 할 수도 있지만, 예선료와 도선료가 발생한 바로 그 선박에 대하여 임의경매를 신청할 수 있는 소위 선박우선특권이 허락된다. 그런데, 채무자가 소유하는 선박과 선체용선(나용선)한 선박에는 상법의 규정(제777조, 제850조 제1항)에 의하여 이것이 가능한데, 과연 정기용선된 선박에는 가능한지 여부가 문제되었다. 1심법원은 가능, 2심법원은 불가능으로 각기 달리 판단하였고, 대법원은 아래와 같이 판시하였다.

대법원의 판시내용(대법원 2019.7.24.선고 2017마1442결정)

정기용선의 경우 제3자에 대한 법률관계에 관하여 상법은 아무런 규정을 두지 않고 있다. 그러나 다음과 같은 이유로 선체용선에 관한 제850조 제2항의 규정이 정기용선에 유추적용되어 정기용선된 선박의 이용에 관하여 생긴 우선특권을 가지는 채권자는 선박소유자의 선박에 대하여 경매청구를 할 수 있다고 봄이 타당하다.

가) 정기용선계약은 선체용선계약과 유사하게 용선자가 선박의 자유사용권을 취득하고 그에 선원의 노무공급계약적인 요소가 수반되는 특수한 계약관계로서 정기용선자는 다른 특별한 사정이 없는 한 화물의 선적, 보관 및 양하 등에 관련된 상사적인 사항의 대외적인 책임관계에 선체용선에 관한 상법 제850조 제1항이 유추적용되어 선박소유자와 동일한 책임을 부담한다(대법원 1992.2.25.선고 91다14215판결; 대법원 2003.8.22.선고 2001다65977판결).

나) 선체용선에서 선박의 이용에 관한 사항에 대하여는 선체용선자만이 권리 의무의 주체가 되고 선박소유자와 제3자 사이에는 원칙적으로 직접적인 법률관계가 발생하지 않는 것이나, 상법은 선박채권자를 보호하기 위하여 제850조 제2항을 두어 선박우선특권은 선박소유자에 대하여도 효력이 발생하고 그러한 채권은 선박을 담보로 우선변제를 받을 수 있도록 하였다. 이와 같은 선박채권자 보

호의 필요성은 선체용선과 정기용선이 다르지 않다.

특히, 상법 제777조 제1항 제1호에 규정된 예선료채권을 보면, 채무자가 선박소유자 또는 선체용선자인지, 정기용선자인지를 구별하지 않고 우선적으로 보호하여야 할 필요성이 크다. 예선업자는 특별한 사정이 없는 한 예선의 사용 요청을 거절하지 못하고(선박의입항및출항 등에 관한 법률 제29조 제1항), 정당한 이유없이 이를 위반하여 예선의 사용 요청을 거절한 때에는 형사처벌을 받는다(동법 제55조 제4호). 이처럼 예선업자는 대상 선박을 이용하는 자가 누구인지 여부와 상관없이 예선계약의 체결이 사실상 강제될 뿐만 아니라 현실적으로 예선계약 체결 당시 예선료 채무를 부담하는 자가 선박소유자인지 여부 등을 확인하기도 곤란하다.(주문: 원심결정을 파기하고 사건을 인천지방법원 합의부에 환송한다.)

의 견

본 대법원 판결은 해상법에서 가장 중요한 판결의 하나로 기록될 것이다. 정기용선계약은 선체용선(나용선)보다 늦게 도입된 것으로 그 법적 성질이 무엇인지에 대하여 공백상태로 남아왔다. 선박소유자와 용선자 사이의 법률관계는 용선계약에 따라 처리하면 되었다.

그렇지만, 화주나 충돌의 상대방에 대하여는 과연 선박소유자가 책임의 주체가 되는지 아니면 용선자가 되는지 지금까지도 의문으로 남아있다. 제3자와의 관계는 당사자들이 법률로서 정할 수 없기 때문에 권리와 의무의 주체를 법률에서 정함으로써 해결이 된다. 우리 상법은 독일, 일본의 예를 따라서 상법 제850조를 두어 선체용선의 경우 선체용선자가 제3자와의 관계에서 권리와 의무를 가진다고 했다. 그렇지만, 정기용선의 경우 규정이 없었다. 현재에도 마찬가지이다. 이러한 경우 법률의 공백을 메우는 방법으로 해당계약의 법적성질을 파악하여 이것이 관련 규정의 계약과 유사하다면 그것을 유추 적용하는 것이다. 정기용선계약이 선체용선(나용선)의 법적 성질인 임대차와 유사하다면 상법 제850조를 적용하게 된다.

상법 제850조(선체용선과 제3자에 대한 법률관계)

① 선체용선자가 상행위나 그 밖의 영리를 목적으로 선박을 항해에 사용하는 경우에는 그 이용에 관한 사항에는 제3자에 대하여 선박소유자와 동일한 권리의무가 있다.

② 제1항의 경우에 선박의 이용에 관하여 생긴 우선특권은 선박소유자에 대하여도 그 효력이 있다. 다만, 우선특권자가 그 이용의 계약에 반함을 안 때에는 그러하지 아니하다.

본 사안에서 문제가 된 것은 상법 제850조 제2항을 정기용선에도 유추적용할 수 있을 것인가에 있었다. 상법 제777조에 의하여 예선업자는 선박우선특권을 가진다. 서비스가 제공된 선박에 대하여 선박우선특권을 행사할 수 있는데, 우리 법은 대인소송이기 때문에 채무자와의 관련성을 고려하게 된다. 상법 제850조 제2항은 선체용선자가 채무자인 경우에도 선체용선된 선박은 선박소유자에게도 효력이 있어 선박우선특권 행사의 대상이 된다는 내용이다. 그러면 본 사례와 같이 정기용선된 선박에 대하여는 규정이 없는데, 어떻게 할 것인가? 원심(2심법원)은 정기용선된 선박에 대한 선박우선특권의 효력을 부인하였으나, 대법원은 이를 인정하였다.

이 문제는 결국 정기용선의 법적 성질이 선체용선(선박임대차)와 유사한지에 있었다. 본 판결에서 대법원은 1991년 대법원의 정기용선은 선박임대차와 유사하다는 판결, 정기용선에는 항해사항과 상사사항이 있는데 상사사항에 대하여는 정기용선자가 자유사용권을 가지므로 상법 제850조 제2항을 유추적용할 수 있다고 보았다. 본 판결은 대법원이 정기용선의 법적 성질을 선박임대차와 유사하다고 본 것이다(선박임대차는 2007년 개정상법에서 선체용선으로 용어가 변경됨). 대법원은 여기에 선박입출항법상 예선업자는 예선서비스의 강행성도 있으므로 예선업자의 보호필요성도 강조했다.

그렇지만, 정기용선에 대한 전체적인 대법원의 입장을 정리해보아야 한다. 대법원은 2003년 예인선판결에서 선박충돌사고의 손해배상책임은 선박소유자가 부담한다고 보았다. 정기용선의 사항을 항해사항과 상사사항으로 나누었다. 항해사항에서 선장은 선박소유자가 선임 관리 감독하므로 사용자 책임을 선박소유자가 부담하는 것이라고 본 것이다(상사사항은 정기용선자의 부담). 만약 정기용선의 법적 성질을 선박임대차라고 보았다면, 상법 제850조 제1항에 따라 정기용선자가 선박충돌책임의 주체가 되었을 것이다(현재 일본 최고재판소의 입장이다). 이번 판결은 이 2003년 판결의 연장선에서 선박우선특권의 발생 등은 선박의 사용에서 나온 것으로 상사사항으로 보았다. 정기용선자는 영업에 대하여 자유사용권을 가지므로 선박임대차와 유사하다고 볼 수 있다는 것이다.

정기용선과 관련하여 책임관계는 아래와 같이 정리할 수 있다.

(1) 선박연료유의 공급은 누가 해야하는가? − 용선계약에 따라 정기용선자 부담

(2) 선하증권이 발행된 경우 운송물 손해배상책임은 누가 부담하는가? − 대법원은 1991년 판결에 따라 정기용선자가 책임을 부담한다고 판단함. 상법 제850조 제1항이 유추적용됨. 그러나, 실무에서는 운송인이 누구인가에 따라 책임자가 결정되어야 한다고 입장이 주류임.

(3) 선박충돌사고시 책임의 주체는? − 대법원 2003년 판결에 따라 선박소유자가 부담.

(4) 정기용선된 선박에 선박우선특권이 허용되는가? − 대법원 2019년 판결에 따라 가능. 상법 제850조 제2항이 유추적용됨.

본 판결은 선박을 운항하는 선사에게는 불리한 판결이다. 정기용

선된 선박의 선적이 우리나라인 경우 도선료, 예선료 등이 발생하면 우선특권의 대상이 된다. 그러나, 상법 제850조 제2항 단서를 활용하여, 그들에게 본 정기용선은 선박우선특권을 허용하지 않는다는 점을 미리 알린다면 우선특권의 대상이 되지 않는다.

또한 외국적 요소가 있는 경우 선박우선특권의 허용여부는 국제사법상 선적국법에 의한다(국제사법 제60조). 러시아 선적의 선박이 우리 법원에서 문제가 발생되면 선적국법이 적용되는 바, 대법원은 정기용선의 경우는 선박우선특권이 불허된다고 판시한 바 있다.

정기용선의 대외적인 책임관계는 계속적으로 문제가 되므로 상법에 명확한 규정을 두는 것이 좋을 것이다.

※이와 관련 아래의 논문을 참고바람.

- 권성원, "선박우선특권의 실행방식 변경 및 피담보채무자의 범위 제한에 관한 고찰", 한국해법학회지 제39권 제2호(2017.11.)
- 김인현, "정기용선자가 발생시킨 채권의 선박우선특권 성립여부", 상사법연구 제37권 2호(2018.8.)
- 김인현, "선박우선특권상 채무자와 선적국의 의미", 상사판례연구 제28집 제4권(2015)
- 손점열, "선박우선특권에 의항 선박채권자의 보호 – 개선방안을 중심으로", 고려대학교 법학박사학위논문(2017.12.)

(〈한국해운신문〉, 김인현칼럼(55), 2019년 8월 7일)

3. 부산. 해사법률분야를 육성하자

어떤 세미나에서 세계 항만에 대한 통계자료를 봤다. 부산항은 물동량, 컨테이너 처리량 등에서 10위권 내였지만 해사법률 분야는 40위권이었다. 부산항과 경쟁 관계인 싱가포르와 홍콩은 자족도시다. 해상변호사, 해사법원, 해사법률 교육기관이 모두 자체적으로 해결되는 구조다. 부산항은 한국해양대와 부산대를 중심으로 하는 해사 법률 교육 분야를 제외하고는 그렇지 못하다. 우리는 계약의 준거법을 영국법으로 정하는 관행 때문에 외국에서 처리되는 사건 수가 90%에 가깝다. 나머지 사건도 선박회사의 본점 소재지이자, 해상로펌이 자리한 서울에서 처리된다. 그래서 부산의 해사법률 지수가 낮을 수밖에 없다.

해운, 조선, 선박 금융사들은 관련 계약에서 영국 변호사에게 영국 법에 대한 자문을 구하고 거액의 자문 비용을 지출한다. 2010년을 전후하여 국내 은행이나 보험사가 조선소에 선수금환급보증(RG)을 발급하거나, 국내조선소가 해양플랜트 계약 체결과 관련한 법적 분쟁에 휘말려 큰 손해를 보았다. 해사법률 분야가 발전되지 않았기 때문이다. 해사법률 수준이 높아지면 해외로 유출되는 법률 관련 경비가 절감되고 법적 분쟁이 감소한다.

우리 선사나 조선소의 법률문제는 영국, 싱가포르의 변호사들이 개입해서 대부분의 사건을 수임하고 있다. 지난 20년 사이에 무역 규모는 7배가 늘어났음에도 우리 해상변호사의 숫자는 변함없이 50명 수준에 머무는 이유 중의 하나다. 우리보다 인구나 무역 규모가 작은 싱가포르의 해상변호사는 300여 명으로 추산된다. 우리의 경쟁력 강화를 위해 부산의 해사법률 분야를 육성하자고 다음과 같이 제안한다.

첫째, 해사법률 분야의 첨병 역할을 하는 우리 해상변호사 수도 300명이 되도록 목표를 세우고 달성해나가자. 둘째, 우리 선사나 조선소들이 계약체결 전, 반드시 법률 검토를 하도록 제도화하자. 그렇지 않으면 불리한 조항을 사전에 배제하지 못하고 결국 법적 분쟁에 휘말리게 된다. 국내 회사 간의 계약이면 영국법을 준거법으로 하는 관행에서 탈피하고, 상대방이 외국회사인 경우에도 우리 법을 준거법으로 지정하도록 협상하자. 해운, 조선, 선박금융 단체에서는 이러한 준거법 약정을 담은 표준계약서를 만들어 상용화시키자. 셋째, 법학자와 연구자들은 영어로 된 국내 해상법, 선박금융법, 건조법 해설서를 작성해서 배포하자. 우리 선사나 조선소들이 외국의 상대방과 협상할 때 영문 해설서를 근거로 한국법을 준거법으로 선택할 수 있도록 도와주어야 한다. 지금까지는 영어로 된 한국법 해설서가 없어 한국법을 준거법으로 하자고 상대방을 설득할 수가 없는 처지였다. 넷째, 우리도 해사사건을 전담하는 법원제도를 확립하자. 현재 부산, 서울, 인천이 해사법원을 유치하려고 치열하게 경쟁하며 5개의 법안이 국회에 계류되어있을 정도이다. 해사사건 수가 적어서 해사법원을 여러 군데 설치하지 못하기 때문에 해사법원 설치는 답보상태이다.

그렇다면 독립된 해사법원의 설립을 1차 목표로 하면서도, 그 중간단계인 실질적 해사법원 형태를 만들자. 중국은 10개의 독립된 해사법원이 있다. 영국, 싱가포르는 여러 부서를 관장하는 법원장 하에 하나의 독립된 부서로서 존재한다. 그러나 그 기능은 실질적인 해사법원과 같다. 부산과 서울의 각급 법원에도 해사 전담재판부가 운영되고 있다. 이들을 더 발전시켜 실질적 해사법원이 되도록 만들어 보자.

구체적인 방법론은 다음과 같다. 첫째, 당해 법원에 접수되는 해사 사건은 해사 전담부가 전담한다. 둘째, 판사들은 부산과 서울의 해사 전담부에서만 보직 변경되어 해사 판사로 육성한다. 셋째, 우수한 해상변호사를 해사 판사로 일부 선발한다. 넷째, 휴일에도 선박가압류 사건을 처리해준다. 다섯째, 독립된 해사 전담부 대법원 규칙을 둔다. 해사 사건의 범위를 최대한 늘려주고 소장 접수 시부터 사건명 말미에 '해'라고 표시하여 특별히 관리한다. 발전된 해사 법률 분야를 기존의 부산 해사클러스트와 결합해 싱가포르와 경쟁하여 이길 때 명실상부한 세계의 해양수도 부산이 될 수 있다.

《부산일보》, 오션 뷰, 2019년 12월 30일)

4. 크루즈선의 바다에서의 법적 지위

선박, 공해상 항해의 자유 가지지만 영해 내에선 연안국 법령에 따라야 '크루즈선 전염병 피난처 제공 조약' 해양강국 한국 제정 앞장 국격 제고

국가는 자신의 영토에 대한 배타적 관할권을 가지기 때문에 외국인이 자국에 입국할 때에는 사전에 허가를 득하도록 한다. 선박도 이와 같다. 특정 국가의 항구에 선박이 입항하기 위해서는 연안국은 영해 내에서는 배타적 관할권을 가지므로 연안국의 허가가 있어야 한다.

한편, 선박은 바다에서 항해의 자유를 누린다. 기국(旗國)만이 원칙적으로 그 선박에 대한 관할을 가진다. 선박은 공해에서는 완전한 항해의 자유를 가지지만, 영해 내에서는 무해통항을 할 경우에만 자유롭다. 항구에 입항하면 선박 내부적인 문제를 제외하고 선박은 그 연안국의 관할에 복종된다.

크루즈선에서 전염병이 발생한 경우 선장은 입항에 대한 권리를 가지는가? 유엔해양법에 의하면 선박은 위험을 피하기 위하여 연안국의 영해 내에서 닻을 놓을 수 있다. 다만, 닻을 놓을 수 있을 뿐이지 항구 내에 들어갈 권리는 없다. 반대로, 영해 내에 있는 선박은 연안국의 항해 안전, 오염, 위생 관련 법령에 따라야 한다. 그러므로, 최근 여러 국가들이 크루즈선의 입항을 거절한 것이 유엔해양법의 위반은 아닌 것으로 보인다.

조난이나 표류당한 선박이 연안국에 들어온 경우 이를 받아들여 선원들을 본국으로 송환시켜주는 것이 오랜 국제적인 관행으로 자리 잡아왔다. 국제사회는 해난구조 조약 등을 만들어 바다에서 위험에 처한 선박과 선원을 지원해왔다. 그런데, 1990년경부터 유류 오

염의 위험을 가진 선박이 피난을 원하는 경우 입항을 거절한 사례들이 늘어났다.

스페인에서 발생한 유조선 프레스티지호 사건이 대표적이었다. 2002년 스페인 정부는 입항을 거부하였고 큰 오염사고가 발생하였다. 이에 각국은 유류 오염사고의 위험이 있는 유조선이라도 피난처를 제공할 의무를 연안국에 부과하고 연안국을 보호하는 제도를 포함한 국제조약을 만들려고 시도하였지만, 실패했다. 연안국들은 그러한 선박이 자국에 입항할 시 자국의 피해를 염려하여 입항을 거부하는 입장을 보인다.

크루즈선에서 전염병이 발생한 경우도 위 유류 오염사고의 경우와 유사하다. 크루즈선에는 4천여 명의 여객과 승조원이 승선하고 있지만, 자체 의료시설 등만으로 전염병의 확산을 막을 수는 없다. 연안국으로서는 전염병의 확산을 막기 위해서는 입항을 거부할 필요도 있다. 선박도 항구에 입항이 되지 않으면 전염병을 처리할 수도 없다. 그러므로, 충돌하는 이해를 해결하기 위한 국제적인 규범이 필요하다. 해운강국이면서 이번 코로나-19 전염사태를 경험한 우리나라가 가칭 '크루즈선에 전염병 발생 시 피난처 제공에 대한 국제조약'을 제정함에 앞장서면 국격도 높아지고 좋을 것이다.

〈〈매일신문〉, 세계의 창, 2020년 3월 9일〉

5. 모리셔스 유류 오염사고의 시사점

인도양의 조그만 섬나라 모리셔스에 7월 25일 일본 상선 와카시오호가 좌초하여 기름을 유출시키고 있다는 내용이 연일 언론에서 언급된다. 그 섬 주위는 천혜의 깨끗한 환경을 자랑하는 곳인데 기름 유출로 환경 파괴가 심하다. 이 사건을 보면서 우리나라에서 있었던 1995년 시프린스호 및 2007년 허베이 스피리트호 오염사고가 떠올랐다. 두 사고 모두 유조선에 의한 오염사고로 운송 중이던 원유가 바다로 유출되어 큰 피해를 주었다.

만약 경북 동해안에서 동일한 유류 오염사고가 발생하면 어떻게 될 것인가 하는 걱정이 앞선다. 동해안은 다행히 섬이 별로 없어서 선박의 좌초 사고 위험이 낮고, 대형 유조선들이 입출항하지 않기 때문에 대형 사고의 위험은 낮은 편이다. 그러나, 1988년 묵호로 향하던 유조선 경신호가 영일만 앞바다에서 침몰하여 해안이 오염되는 사고가 발생한 바 있다.

선박에 의한 유류 오염사고는 두 가지 유형으로 분류할 수 있다. 유조선에 의한 사고와 일반 선박에 의한 사고이다. 전자는 원유를 실은 선박이 좌초하는 경우에 발생한다. 모든 선박은 추진력을 위한 기관에 사용되는 선박연료유(벙커)를 싣고 다닌다. 그 선박연료유가 바다로 유출되는 경우가 후자이다. 이번 모리셔스에서의 사고는 바로 후자의 경우이다. 포항, 후포 등에도 상선들이 입출항하고 각종 어항에도 어선들이 입·출항하므로 이런 유의 사고는 언제든지 일어날 수 있다.

유류에 의한 사고가 발생하지 않도록 선박에서 선장은 조심하여 운항해야 한다. 일단 사고가 발생하면 피해를 최소화해야 한다. 우리나라는 유류 오염사고 처리를 위하여 해양환경공단을 두고 있고 포항 등에도 지사가 있다. 유류 오염사고 발생 시 펜스를 설치하거나 청소선을 투입해 유류 오염이 확산되지 않도록 조치를 먼저 취한다. 선박에 남은 유류를 다른 곳으로 이적하여 피해를 최소화해야 한다. 　　　　　　　　　　　　　　(〈매일신문〉, 세계의 창, 2020년 8월 24일)

6. 제13차 동아시아 해상법 포럼 참가기

〈들어가며〉

일본의 와세다 대학, 한국의 고려대학 그리고 중국의 대련해사대학은 동아시아의 해상법의 상호이해의 증진과 발전을 위하여 2008년 동아시아 해상법포럼을 발족했다. 1년에 한번씩 포럼을 열기로 했다. 이에 따라서 3년에 한번씩 일본, 중국, 한국을 돌아가면서 포럼이 개최되어왔다. 2019년 12회 포럼을 한국 고려대에서 개최했다. 그러나, 작년 2020년에는 코로나로 인하여 모임을 가지지 못하고 이번에 제13회 포럼을 일본 가고시마대학에서 준비하여 9.25. 개최하게 되었다.

포럼은 해마다 해왔듯이 제1부에서는 각국의 해상법의 동향, 제2부에서는 주어진 주제에 대하여 발표 및 토론을 하였다. 금년은 유류오염손해배상에 대한 주제가 선정되어 심도있는 논의를 하게 되었다.

〈각국의 해상법의 동향〉

각국의 해상법 동향은 본 포럼의 하이라이트에 해당한다. 한국에서는 김인현 교수가, 중국에서는 제임스 후 교수가 예연과 같이 발표를 했다. 일본은 세대교체가 되어 40대 초반의 사사오카 교수가 발표했다.

중 국

상해해사대학의 호정랑(胡正郞) 교수(제임스 후)가 발표했다. 그는 대련해사대학 출신으로 로테르담 규칙 제정시 중국대표로 참석했다.

중국의 민법이 개정되어, 2021.1.1.부터 발효되어 적용되기 시작하였다. 운송편과 환경손해가 추가되었는데, 각각 해상운송과 유류오염의 적용에 영향을 미칠 것으로 본다. 해양경찰법이 제정되어 2021.2.1.부터 적용되기 시작했다. 중국의 바다를 지키는 무장한 바다경찰을 규율하는 법이지만, 안전과 환경의 문제는 관할이 없는 점에서 일본의 해양경찰과 다르다. 해남도를 자유무역항만지역으로 지정했다. 중국에 자유경제체제를 발전시키기 위한 것이다.

중국은 170만명의 선원이 있다. 외항에 80만명 내항은 90만명이다. 선원관련 소송이 많은데, 선원관련 법률적용에 대한 사법해석을 중국 대법원이 발표했다. 21개 조항이다. 2020.9.부터 적용된다.

2019년에 결정을 내린 10개의 중요한 해상법 사례를 정리해서 발표했다. 해난구조, 항해용선계약, 선주책임제한등 다양한 잇슈들이 포함되어있다. 중국에는 해사법원이 설치되어 해사사건을 독점적으로 처리한다. 이번에 난징(南京)에 11번째 해사법원이 설치되었다.

한 국

한국의 김인현 교수(고려대)는 대법원의 판결 중에서 5개를 별도로 설명했다.

첫째, 서렌더 선하증권은 상환성이 없기 때문에 선하증권과 상환없이도 운송물의 인도가 가능하다는 대법원 판결이 나왔다. 실무를 잘 반영한 것이다. 선하증권의 상환성을 없애기 위한 목적으로 서렌더 선하증권이 사용된다.

둘째, 스위치 선하증권에서 원 선하증권을 발행한 운송인도 아니고 운송인으로부터 위임도 받지 않은 자가 스위치 선하증권을 발행한 것은 위법이므로 전혀 선하증권으로서의 효력이 없고 결국 상법 제854조의 간주적 효력도 부담하지 않는다는 대법원 판결이 나왔다.

셋째, 종합물류계약을 처음으로 한국 대법원이 인정했지만 그 핵심은 복합운송이라고 하여 상법 제816조를 적용했다. 종합물류계약은 해상운송을 포함하면서 포장, 통관, 보관, 하역 등을 모두 포함하는 개념이다. 이를 규율할 별도의 법규정이 필요하다.

넷째 정기용선자가 채무자가 되어 예인선을 사용한 경우에도 채권자는 선박우선특권을 행사할 수 있다는 점이 인정되었다. 상법에는 이에 대한 규정이 없기 때문에 대법원은 정기용선의 법적 성질이 선체용선과 유사하다고 보아 상법 제850조 제2항을 유추적용하였다.

다섯째, 선체용선자가 보험증권에 피보험자로 기재되지 않은 사항에서 문제의 국취부선체용선은 상당금액을 용선계약의 만료시 납부해야하는 것으로 일반적 국취부선체용선과 달랐다. 이에 대법원은 이 경우 그는 피보험이익이 없을뿐더러 대리의 법리가 적용될 여지도 본 사안에서 없다고 보아 보험금수령권을 부인했다.

한국은 전자선하증권을 사용할 법규정인 제862조를 상법에 두고 있지만 등록처가 국내의 고객에 한정되므로 범용성이 없다는 문제가 있다. 무인선박과 관련하여 다양한 논의가 있지만, 아직 상법개정에 대한 논의로까지 이어지지 못하고 있다.

일 본

일본 요코하마 대학의 사사오까 교수는 2018년 일본 상법의 개정에서 두가지를 보고했다.

첫째는 내항해운에 적용되는 내용들이 최신화된 것이다. 일본 상법 해상편은 1899년에 제정되었다. 그래서 1924년의 헤이그 규칙 및 1968년 비스비 규칙을 반영하지 못하고 있다. 일본은 국제운송에 적용되는 해상물품운송법이라는 단행법(COGSA)를 만들어 적용해왔다. 그래서 내항해운은 감항능력주의위반은 운송인이 무과실책임을 부담하고 항해과실면책규정도 없으며 포장당책임제한도 할 수 없는 상황이었다. 내항과 외항에서 차이가 나는 간극을 줄이려고 시도했다.

감항능력주의의무는 이번 개정으로 과실책임주의로 변경되었다. 항해과실면책은 COGSA에 있지만, 상법에는 규정이 없었다. 그러나 약정으로 항해과실면책을 둘 수 있었는데, 강행규정으로 운송인이 중과실로 인한 사고의 경우에는 약정이 무효로 되는 규정이 있었다. 그래서 그 약정이 무효로 될 가능성이 상존했다. 이번 개정으로 이를 삭제하여 약정으로 항해과실면책이 작동하도록 했다. 포장당 책임제한도 이와 같이 약정으로 가능하게 되었다.

두 번째 1899년에 제정된 일본 상법은 정기용선계약이라는 실무를 반영하지 못하고 있었다. 이번 개정에서 정기용선에 대한 정의규정을 두었다. 그러나, 제3자에 대한 책임은 여전히 규정화시키지 못했다. 다만, 선박우선특권과 관련 정기용선자가 발생시킨 채권도 채권자가 우선특권을 행사할 수 있도록 했다.

다음은 전자화에 대한 논의이다. 전자화가 진행되어 일본에서도 사용되는데 이것은 유통성이 없는 것들이다. 해상화물운송장(sea waybill)과 같은 것이다. 운송물을 증서의 제시없이도 수령할 수 있는 것이다. 그런데 최근 국제적으로 전자선하증권을 사용하기 시작했다. 분산기장방법(distributed ledger technology)을 사용하는 것이다. Bolero, essDOCS, TradeLens가 대표적이다. P&I클럽에서도 전자선하증권에 대한 책임을 인수하기 시작했다. 일본에서도 Trade Waltz 사가 블록체인을 이용한 전자선하증권이 가능한 플레트폼을 제공하기 시작했다. 이에 일본 정부는 비공식 모임을 갖고 필요성이 인정되어 정식으로 전자선하증권 사용에 대한 공식적인 작업을 2021.4. 부터 시작했다.

자율운항선박에 대한 것도 중요하다. IMO에서는 이를 MASS선박이라고 부른다. 일본은 2025년에 제2단계 선박을 출항시킬 예정이다. 제3단계와 4단계에서 적용되는 법적 책임문제는 현존하는 법체제의 활용이 가능하는지 확인하는 것이다. IMO의 MSC(해사안전위원회)와 LEG(법률위원회)의 결정을 일본 정부도 따라 갈 것이다.

〈유류오염손해의 문제〉

중 국

중국 대련해사대학의 한(韓) 교수는 선박충돌로 인한 유류오염배출 사고시 유출선과 비유출선 사이의 처리가 문제가 있다는 점을 지적했다.

유출선이 충돌로 오염사고가 발생하면 과실이 있는 비유출선과의 손해배상 문제에 대하여 중국에서는 다양한 견해가 표출되어있다. 양 선박이 연대책임을 부담한다는 설, 유출선만 책임을 진다는 설, 양 선박이 과실비율에 따른 책임만 진다는 설 등이 있다. 2019년 CMA CGM Florida호는 컨테이너 선박인데 충돌사고로 중국에서 선박연료유가 흘러나와 오염사고가 났다. 이에 중국당국이 방제조치를 취하고 유출선과 비유출선 모두에게 청구를 했다. 1심과 2심은 유출선에게만 책임을 물었다. 중국 대법원은 유출선이 100%, 비유출선이 과실비율인 50%의 책임을 부담한다고 판시하였다. 50%를 부담하는 것은 중국해상법에 따른 분할책임의 결과이다. 중국 대법원은 벙커협약에서 비유출선에 대하여 책임을 면제하는 내용이 없고, 벙커협약은 기름을 유출한 선박의 책임만 다루고 있기 때문에 비유출선은 국내법에 따라 책임을 물을 수 있다는 것이다.

한교수는 CLC나 벙커협약등은 유출선박에 무과실의 책임을 집중시키고 있으므로 피해자에 대하여 100% 책임을 먼저 부담하고(비유출선은 책임을 묻지 못하고), 유출선이 과실비율에 따른 책임을 비적재선에 구상하는 것이 올바르다고 중국대법원의 판결에 비판적인 입장을 취하였다.

국제적으로 유류오염과 관련하여 국제조약은 제3자인 피해자가 손해배상이나 비용청구할 때에는 유출선박에 대하여 100% 청구를 하고 가해선박이지만 비유출선에는 청구를 하지 않는 것이 일반적인데, 중국대법원은 이 사건에서 비유출선에게도 직접 청구가 가능하다고 한 점에서 논란이 이어지고 있다.

한 국

한국의 박요섭 실장(스파크 인터내셔널)은 2007년 허베이 스피리트 오염사고와 2014년 우이산호 사고를 비교해서 설명했다. 스파크 인터내셔널은 우이산호 사고에서 피해에 대한 사정업무를 담당했다.

허베이 스피리트 사고는 지속성 유류가 유조선에서 흘러나온 전형적인 사고로 CLC와 IOPC 펀드 협약 및 이들의 한국 국내법인 유류오염손해배상법이 적용되는 사안이었다. 사건 초기에 피해자들은 약 4조원에 달하는 손해를 청구한 바 있다. 동 사건에서 배상되어야 할 사정가능한 손해는 법원에 의하여 4,329억원으로 판시되었다. 허베이 스피리트호의 선주는 책임제한신청을 한국법원에서 했고 책임제한이 인정되었다. 선주와 국제기금이 합하여 약 3,000억원을 배상 및 보상하고 나머지는 정부가 보상하는 것으로 종결되었다. IOPC 펀드의 매뉴얼은 내부에만 효력이 있고, 국내법원이 우선권을 가진다고 한국 대법원이 판시한 바 있다.

이에 반하여 우이산호 사고는 우이산호가 여수지방의 GS 칼텍스의 정유설비를 충격하여 정유설비에서 유류가 배출된 사고로 유배법이나 CLC가 적용되지 않는 사고였다. 민법에 의한 책임제도가 적용되지만, 가해자인 우이산호는 상법상 책임제한이 가능하였다. 그러나, 책임제한액수의 1.5배로 약 300억원을 GS 칼텍스에 배상금으로 지급하여 합의하였다. GS 칼텍스는 어민들 피해자들과 법원의 분쟁으로 가지 않고 99%를 합의로 잘 처리했다.

일 본

일본의 고바야시 변호사는 2020.10.1. 발표된 일본 유배법의 내용을 설명했다. 일본은 2020.7. 선박연료유(Bunker)협약과 나이로비(난파물제거)협약을 비준했다. 이에 따라 유배법이 개정되었다. 피해자를 보호하기 위하여 유배법에 직접청구권을 인정했다.

그는 유배법의 책임의 주체인 운항자(opertor)의 개념에 대하여 깊게 논의했다. 운항자에 정기용선자가 포함되는지가 의문이라고 했다. CLC에서는 채널링에 의하여 등록선박소유자만 대외적인 책임의 주체로 하고 용선자는 책임의 주체가 아니다. 실무에서는 운항자라고 하면 용선자도 포함되지만, 유류오염손해에서는 운항자에는 용선자를 포함시키지 않고 책임을 집중시키고 있으므로 제외하는 것이 맞다.

일본의 풍력발전의 설치와 관련하여 건설사들은 부속들의 공급을 위하여 선박소유자로부터 선박을 빌리게 되는데 유류오염사고가 발생하여 공사지연이 되면 발주자에게 손해를 배상해야한다. 만약 선박소유자에게 구상청구를 하게 되면 과연 이 때 선박소유자는 책임제한을 할 수 있는지가 문제된다. 가능하다고 본다.

〈마치면서〉

행사는 줌으로 비대면으로 진행되었는데 한국, 중국, 일본에서 약 50명이 참여했다. 폐회의 인사말을 주최자인 하코이 교수와 다음 제14차 주최자인 대련해사대학의 추 교수가 했다. 추 교수는 내년의 행사는 상해해사대학에서 열린다고 했다. 제임스 후 교수가 대표단을 초청하는 인사를 했다.

전자선하증권과 무인선박에 대한 일본 정부의 움직임이 발빠르다. 일본은 한국과 중국에 비하여 해상법에서도 완전히 세대 교체가 이루어졌다. 사사오카, 미나미 젠코와 같은 40대 초반의 교수들의 활약이 돋보인다. 우리나라도 일본에 뒤지지 않도록 서둘러야할 것으로 보았다.

중국과 일본대표들이 발표하고 소개한 주제는 우리나라 해상법의 해석에도 큰 시사점이 있는 것으로 이 모임이 유익하다는 점을 다시 한번 깨닫게 했다. 《한국해운신문》, 김인현칼럼(79), 2021년 10월 6일)

7. 해운항만분야의 중대재해 처벌법

〈서 론〉

중대재해 발생을 예방할 목적으로 중대재해처벌법이 제정되었다. 최고경영자가 쉽게 징역형을 받을 수 있다는 지적에 전 산업계가 충격에 빠졌고 이런 저런 준비를 많이 했다. 이제 2022년 1월 27일 실시를 앞두고 있다.

중대재해처벌법은 산업안전보건법 등 단행법과의 관계가 문제된다. 산업안전보건법은 실제 현장에서 안전보건 실무자들의 처벌에 방점이 있다. 반면, 중대재해처벌법은 그 보다 앞선 단계이면서 더 광범위한 분야인 안전보건관리체계를 구축하고 이행할 것을 경영책임자에게 부과하면서 그를 처벌의 대상으로 한다.

해운 항만 분야는 특수성이 존재한다. 특수성이 충분히 중대재해처벌법의 운용과 해석에 반영되어야 한다. 동법에 의하여 부과된 의무를 잘 이행하여 처벌의 대상이 안되도록 해야한다. 필자는 해운분야의 복잡한 선박운항구조에 대한 해석과 법의 적용을 시도한다.

본 법은 고의로 범죄를 범한 자만을 처벌하는 법이다. 실질적으로 현장을 지배운용관리하는 자를 처벌대상으로 하는데, 과연 복잡한 선박의 운항 체인에서 누가 그러한 자인지, 그리고 해운항만업계는 어떻게 대처해야하는지 알아본다.

〈중대재해 처벌법상의 쟁점〉

고의범

고의범만 처벌하는 것이 형사법의 대원칙이다. 과실범은 특별한 법규정이 있어야 처벌의 대상이 된다. 중대재해처벌법도 고의범만 처벌한다. 그러므로 과실로 사망사고가 발생했다면 용의자는 처벌대상이 아니다. 이 경우는 형법상 과실치사상죄로 의율될 뿐이다.

본 법에 의하면 안전보건 관리체계를 구축하고 이행할 의무가 사업주나 경영책임자에게 부과되어있다. 안전보건 관리체계를 일부러 취하지 않아서 사고발생을 의도하는 것은 있을 수 없다. 안전조치가 취하여 지지않았음을 경영책임자가 알면서도 방치하여 사고가 발생하면 미필적 고의가 성립하여 처벌의 대상이 될 수 있다. 주로 이런 사례가 많이 나타날 것으로 본다. 사례를 통하여 알아본다.

(1) 법 제4조 제1항은 "재해예방에 필요한 인력/예산 등 안전보건 관리체계의 구축/그 이행에 관한 조치"를 취할 것을 부과하고 있다.

어떤 선박이 왕복 항해를 하게 되어서 3항사가 2명 필요한데도 1명만 승선시켜, 사고난 경우를 본다. 만약, 안전관리체계구축이 없음을 알면서도 출항을 지시하여 3항사가 과로사로 사망하였다면 처벌대상이 될 것이다. 회사의 절차에 의하면 이런 경우 2명을 승선시키도록 되어있고 그런 절차가 잘 이행되었지만, 마지막 단계에서 담당자의 실수로 1명이 승선하게 되었다면, 경영책임자에게는 의무불이행에 대한 고의가 없으므로 처벌이 되지 않는다.

코로나예방을 위한 환기장치를 갖추지 않고 영업을 한 여객선에서 사망사고가 발생했다고 가정한다. 코로나 예방과 같은 보건관리체계구축과 이행조치가 없었음을 알면서도 괜찮겠지 하는 방심으로 선박을 출항시켰고 이로 인하여 여객이 사망한 경우는 처벌대상이 된다. 절차를 모두 갖추고 이행의 보고까지 받았지만 선원들의 실수로 이행되지 않았고 이로 인하여 사망사고가 발생했더라도 처벌대상이 아니다.

(2) 제4조 제1항은 또 "재해발생시 재발방지대책의 수립 및 그 이행에 관한 조치"를 취할 것을 요구하고 있다. 한번 사고가 발생하였다면 다시는 그 사고가 발생하지 않도록 의무를 부과한 것이다. 원목작업중 갑판상 불워크에 올라갔다가 갑판선원이 추락한 사고가 발생한 경우를 가정한다. 선박회사는 재발방지대책을 수립(불워크에 올라가지 말도록)하여, 그 이행을 조치해야한다. 재발방지대책이 수립되지 않았음을 알면서도 괜찮을 것으로 보고 동일 작업을 지시하여 선원이 사망한 경우는 고의가 있으므로 처벌이 된다. 재발방지대책(확인절차, 선원교육후 서명, 작업보고)을 세우고 지켰지만, 선원이 마음이 급해서 불워크에 올라가서 동일 사고를 낸 경우라면 경영책임자의 고의는 없으므로 처벌이 되지 않는다. 아무런 보고체계도 없이 또 다시 사고가 발생한 경우라면 이 법은 고의범만 처벌하는 것이므로 형법에 의하여 업무상과실치사죄가 성립되지만, 경영책임자가 아니라 현장의 선장 등이 지휘책임을 부담할 것으로 본다. 안전체계를 전혀 갖추지 않은 것은 사고가 나도 좋다는 것을 인용하는 것이므로 미필적 고의로 처벌될 가능성도 있다.

인과관계와 결과범

안전보건관련체계 구축과 이행의 불이행에 대한 고의와 사고사이에 인과관계가 있어야 처벌이 된다. 의무위반에 의하지 않고 다른 이유로 사고가 발생하였다면 인과관계가 없게 된다. 여객선 사고의 경우 코로나대책이 미비했지만 충돌로 인하여 여객이 사망했다면 코로나 대책의 위반 행위는 여객사망과 무관한 것이다. 구성요건에 대한 고의가 있다고 하여 처벌되는 것이 아니라 사망 등의 결과가 나와야한다. 교통위반의 경우 위반사실만으로 처벌받지만, 본법은 구성요건에서 규정된 1명이상의 사망이나 부상 등의 결과가 있어야 처벌대상이 된다.

실질적으로 지배, 운영, 관리하는 자

영업관련 장소(선박 등)를 지배, 운영, 관리하는 자에게 안전보건 관리체계를 설립할 의무가 부과되어있고 이는 범죄를 구성하는 요건에 해당하는 것이므로 본법에서 가장 중요한 개념요소이다. 형식적으로 지배할 것이 아니라 실질적으로 평가된다는 점이 중요하다. 선박에서는 형식적 소유자와 실질적 소유자로 분류될 수 있다. 법문의 규정에 의하면, 형식적으로 지배하는 자는 해당되지 않고 실질적으로 지배운영관리하는 자가 처벌의 대상이 된다. 일본의 선주사-운항사 개념에서 선주사는 형식적으로만 선박을 소유한다. 실질적으로 지배운영관리하는 자는 BBCHP, 선체용선자 혹은 선박관리인이다. 항해용선에서 용선자는 전혀 선박을 지배, 운영, 관리하지 않는다. 그러므로 선박소유자가 책임의 주체가 된다.

중대산업재해와 중대시민재해

중대산업재해는 피해자가 주로 자신의 근로자인 경우이다. 경영책임자는 작업장의 안전과 보건에 대한 체계를 유지하고 이행할 의무를 부담한다. 중대시민재해의 대표적인 것은 세월호와 같은 경우이다. 작업장의 도구의 하자로 시민들이 사망한 경우에 해당한다.

얼마나 더 쉽게 크게 처벌되는가?

산업안전보건법에 처벌의 대상이 아니던 경영책임자가 처벌의 대상이 된다. 경영책임자의 경우 7년 이하의 징역형 혹은 1억원 이하의 벌금이, 1년 이상의 징역 혹은 10억원 이하의 벌금으로 처벌이 강화되었다. 피해자가 입은 손해액의 5배까지 가해자인 사업주가 배상해야하는 징벌적 손해배상이 추가되었다.

산업안전보건법의 경우 개별작업이나 공정에 대하여 산업안전보건규칙에서 요구하는 안전보건에 대한 조치를 취하지 않은 경우에 처벌받았다. 중대재해처벌법에서는 이를 포함하여 인사와 예산등 안전보건관리체계의 구축 및 그 이행에 관한 조치를 취하지 않은 경우에도 처벌이 되므로 더 쉽게 처벌대상이 된다.

〈해운분야에서의 쟁점〉

다양한 선박의 운항형태

선박은 다양한 방법으로 보유된다. 등기 선박소유자가 직접 선박을 운항하는 경우도 있다. 등기 선박소유자 이외의 자가 실질적으로 선박을 보유·운항하는 경우가 있다. 이 경우에는 형식상 선박소유자(SPC)는 배제되고 선박관리인 혹은 BBCHP가 실질적으로 선박을 지배운영관리하는 자가 된다. 다만, 일본형 선주사의 경우 주의를 요한다. 일본의 선주사에서 SPC로부터 선박의 관리를 위임받은 선박관리인(manager)이 선박을 지배운영관리하는 자이다. BBCHP는 존재하지 않고 바로 정기용선자에게 용선이 되어진다.

선체용선자(나용선자)가 선박을 운항하는 경우 선박에 대한 지배관리운영은 선체용선자가 가진다. 그러므로, 선박소유자는 배제되고 선체용선자가 책임을 부담한다. 다만, 선체에 문제가 있는 경우에는 선박소유자도 책임의 대상이 된다.

정기용선자가 선박을 운항하는 경우, 용선자는 빌려온 선박과 선장을 가지고 선박을 운항한다. 정기용선자는 전혀 선박을 지배운영관리하지 못한다. 선박소유자 혹은 선체용선자가 책임을 부담한다. 정기용선자는 책임의 부과 대상이 아니다.

COA계약의 경우 실질적으로 선박 지배운영관리자는? 선박의 운항에 대한 지배운영관리는 선박소유자가 할 것이다. 위험화물이 컨테이너박스에 들어있다가 폭발사고가 발생한 경우 화주는 실질적으로 사업장을 지배운영관리하는가? 내용물에 대한 보고를 운송인으로부터 계속 받고있다고 하더라도 선박이라는 사업장을 화주가 지배운영관리하는 것은 아니다. 화주는 다른 법률에 의거 처벌될 것이다.

선박관리의 경우

선박은 소유, 운항과 관리가 분화되어있다. 선박에 대한 관리를 제3의 독립된 법인에 맡기는 경우이다. 제3자가 관리하는 경우에도 제3자의 종사자를 안전하게 보호할 의무가 도급인에게 있다는 것이 중대재해처벌법 제5조의 내용이다.

선박관리는 두 가지 유형이 있다. 자회사형과 독립형(제3자형)이다. 자회사형에서는 선박관리회사는 모회사의 선원관리와 선박의 관리를 위탁받는다. 수리, 관리 등 결정을 모회사가 한다. 자회사형에서는 모회사가 선박을 지배운영관리한다. 따라서 모회사가 책임을 부담한다. 독립형에서는 선박에 대한 지배운영관리를 독자적으로 하는가 여부에 따라 책임관계가 달라진다. 일본의 선박관리회사 형태의 경우는 완전히 지배운영관리한다고 본다. 수리결정, 선용품의 공급, 선원의 채용은 완전히 선박관리회사가 맡아서 하므로 이 경우 선박소유자는 탈락하고 선박관리회사가 책임을 부담한다. 그렇지 않은 경우에는 선원에 대한 관리를 제외하고 선박에 대한 지배운영관

리는 모회사가 한다. 그러므로 여전히 선박소유자가 책임의 주체가
된다.

다양한 선박형태를 가진 선박회사의 경우

선박회사는 모든 선박을 직접소유하거나, 혹은 모든 선박을 용선
하여있는 것도 아니다. 일부는 소유하고 일부는 용선해있다. 이 경
우에 각 선박마다에 따른 이행이 필요하다. 소유는 하지만 용선을
준 경우에는 선체와 관련된 것을 제외하고는 모두 용선자가 지배운
영관리하므로 용선자가 본법하의 의무를 이행해야한다. 용선해온 경
우의 선박이라면 용선자로서 의무이행이 필요할 것이다. 반면 항해
용선을 한 화주는 전혀 선박과 관련하여서는 책임을 질 일이 없을
것이다.

이와 관련하여 선체용선이 된 경우 선박소유자가 책임을 부담하
는지 선체용선자가 부담하는지 애매할 수가 있다. 일본 선주사형태
의 선박관리사는 책임을 모두 부담하지만, 한국형 선박관리의 경우
선박소유자도 책임을 부담한다. 수범자의 입장에서는 진정 자신의
책임범위를 알기가 어렵다. 이를 해소하기 위하여는 노동부와 해양
수산부가 같이 이행의무자를 고시로 정하고 이를 사전에 확정해주
는 심사를 받도록 하면 좋을 것이다.

지리적 및 인적 적용범위

한국적 선박이 공해 혹은 외국의 항구에서 사고가 발생한 경우에
도 형법 제4조에 의하여 중대재해처벌법이 적용된다. 외국선원이 한
국국적의 선박에 승선하는 경우에도 중대재해처벌법은 적용되는가?
보호의 대상에 내국인과 외국인의 구별이 없으므로 적용대상이 된
다고 본다. 파나마국적의 선박이지만 한국회사가 선체용선을 한 경
우 중대재해처벌법이 적용될 것인지? 속인주의 원칙(형법 제3조)에

의하여 죄를 범한 자가 한국의 사업주 혹은 법인인 이상 외국에서 범한 경우에도 처벌되므로, 이 경우에도 적용대상이 된다.

도선사와 같이 외부의 인력이 승선하여 사고가 발생하면 이들은 사업주의 사업영역에서 일하는 종사자가 아니다. 도선사는 일시 선장의 피용자로 볼 수 있다. 그렇다면 중대산업재해에서 보호의 대상인 사업주의 종사자에 포섭될 것이다. 도선사의 사고는 중대시민재해에 속할 것이다.

사례연구

(1) 가스프리가 되지 않거나, 산소부족한 원목선의 탱커에 들어가서 사망한 경우

선박소유자가 운항하는 경우, 실질적으로 선박을 지배운영관리하는 자는 선박소유자이므로 그가 책임의 주체가 된다. 선박관리회사가 관리하는 경우, 탱커진입전 확인체제, 장비착용체제가 안 갖추어졌다면 관리회사의 경영책임자가 책임을 부담한다. 선박소유자가 관리지시를 준 것만으로는 아니되고, 선박소유자도 법 제5조에 따라 수급인의 종사자에 대하여도 의무를 부담한다. 따라서 안전관리체계가 갖추어지고 운용된다는 보고확인을 받았어야 고의가 탈락하여 책임이 없어진다. 국취부선체용선의 경우 선박을 소유하는 금융사나 SPC는 실질적으로 선박을 지배관리하지 않으므로 책임이 없다. 국취부선체용선자만이 책임을 부담한다. 단순선체용선의 경우에도 안전과 보건에 대하여 실질적으로 선박을 지배관리하는 자는 선체용선자이다. 선박소유자는 책임에서 탈락된다. 정기용선자의 경우, 실질적으로 선박을 지배운영관리하는 자는 선박소유자 혹은 선체용선자이다. 정기용선자는 책임이 없다.

(2) 선박이 선체결함으로 대양에서 침몰한 경우

어떠한 경우에도 선박소유자가 책임의 대상이 된다. 인적 결함이 아니고 선박자체에 대한 것이기 때문이다. 선체용선에서 이전되는 안전에 대한 요소중 선박자체의 안전은 이전되지 않고 선박소유자에게 남는다. 선체용선자는 안전에 대한 점검과 수리 등을 게을리 했고, 그러한 체계가 갖추어지지 않았다면 처벌의 대상이 된다. 안전관리체계가 유지되고 있고, 안전검사를 받고 이상없다고 판단하여 출항했다면 고의가 없으므로 처벌이 없다. 즉각적인 수리가 필요하다는 지적이 있었음에도 다음 항차에 수리할 것으로 결정하였지만 이로 인하여 침몰사고가 발생한 것으로 판단되면 미필적 고의가 인정되어 처벌대상이 될 것이다.

(3) 선박충돌사고로 대형사망사고가 발생한 경우

선박소유자가 운항하는 경우, 사고를 야기한 선장을 지배관리하는 선박소유자가 책임을 부담한다. 선박을 선박관리회사가 관리하는 경우, 선장을 지배관리하는 자는 관리회사이고 선박소유자도 안전관련 교육 등에 대한 의무가 있다. 선박소유자가 교육미비, 음주 등을 알고 있으면서 방치한 경우라면 미필적 고의가 인정될 것이다. 안전관리체계가 갖추어지고 운용된다는 보고를 받았다면 고의가 탈락하여 책임이 없어진다. 국취부선체용선의 경우 금융사나 SPC는 선원과 무관하므로 책임이 없다. 선원을 고용하고 관리하는 국취부선체용선자만이 책임의 대상이 된다. 단순선체용선의 경우 선원에 대한 지배관리는 선체용선자가 행한다. 선박소유자는 완전히 탈락된다. 선박이 정기용선이 된 경우, 선원의 사용자는 선박소유자 혹은 선체용선자이다. 정기용선자는 책임이 없다.

〈항만분야에서의 쟁점〉

하역회사의 구조

항만공사와 항만운영자(GTO)와의 관계가 문제된다. 우리나라의 경우 항만공사로부터 부두를 제공받아 항만운영자가 자신이 크레인 등 설비를 설치하여 운영하는 것이 대부분이다. 이 경우 항만공사는 항만운영자의 운영에 전혀 관여를 하는 것은 아니다. 그러므로 항만공사가 실질적으로 부두하역시설을 지배운영관리하지 않으므로 중대재해처벌법상의 책임을 부담하지 않는다. 다만, 항만공사가 스스로 갖춘 장비를 항만운영자에게 빌려준 경우 항만공사는 안전보건에 대한 관리체계를 갖추어야하는 부담을 안게 된다.

선박소유자와 화주사이에 FIO계약이 체결된 경우

운송인은 스스로 하역작업까지를 부담하는 것이 원칙이다(상법 제795조). 그런데 FIO(Free In and Out)계약에서는 하역작업에 대한 비용과 책임을 모두 화주가 부담하게 된다는 것이 국내외 법원의 입장이다. 그렇다면, 하역회사와 하역계약을 체결하여 도급을 주는 자도 화주인 것이지 선박소유자는 아니다. 크레인도 선박의 것이 아닌 육상의 것을 사용할 것이다. 작업장은 화주가 지배운영관리한다고 보아야한다. 하역인부가 사망한 경우 화주와 하역회사가 연대하여 책임을 부담하게 될 것이다. 그러나, 선박에서의 하자로 인하여 발생한 하역인부의 사망에 대하여는 선박소유자가 지배운영관리하는 공간이므로 그가 책임의 주체가 된다.

사례연구

(1) 갠트리 크레인이 낙하하여 선원이 사망한 경우

낡아서, 혹은 조짐이 보임에도 불구하고 수리보고를 묵살한 경우라면 항만운영회사의 고의가 인정되어 중대재해처벌법상의 처벌이 될 것이다. 만약 방지체계(크레인 내용기간조사, 확인, 평가)가 구축되고 이행이 되었고 경영책임자가 보고를 받았음에도 불구하고 사고가 발생한 경우라면, 고의가 탈락하여 책임을 부담하지 않을 것이다.

(2) 도선사가 승선 중 사다리에서 추락하여 부상을 입은 경우

도선사의 승선은 정기용선자가 도선사의 승선을 요청한 결과이다. 그러면 정기용선자가 중대재해처벌법상의 책임을 부담하는가? 실질적으로 도선사승선에 대한 안전보건관리를 책임지는 자가 누구인가를 보아야한다. 도선사협회는 육상에 존재하여 실질적으로 안전관리주체가 아니다. 선박소유자 혹은 용선된 경우 선체용선자가 도선사승선시 안전관련 절차를 확립하고 매 항차 이행을 확인할 의무를 부담한다. 절차가 제대로 되었음을 경영자가 확인하고 있었다면 이는 단순한 선원들의 실수로 인한 사고이므로 경영책임자는 고의가 없으므로 처벌받지 않는다.

(3) 도선선의 선원이 추락사/선박충돌한 경우

전국의 도선구에는 도선사가 승선 및 하선시 이동에 필요한 선박이 상당수 존재한다. 도선선은 도선사들이 별개로 설립한 법인의 소유이다. 도선선을 실질적으로 지배운영관리하는 자는 별개의 법인이다. 경우에 따라서는 도선사 개인이 소유자로 된 도선선도 있다. 별개의 법인은 안전보건관리체계를 구축하고 이행해야한다. 경영책임자가 중대재해처벌법의 처벌대상이 된다. 충돌방지를 위한 안전체계, 도선선의 선원들이 구명조끼를 입도록 지시하고 확인하는 절차

등을 가져야한다.

(4) 예인선의 선원이 본선과 충돌로 사망한 경우

예인선 선원의 사용자는 예인회사이다. 도선사의 일시고용이 있지만, 예인선을 도선사가 지배운용하지는 않는다. 예인선사는 스스로 안전보건체계를 구축해야한다. 충돌방지를 위한 안전체계, 구명조끼입는 지시사항 등을 예인회사가 스스로 구축하고 이행해야한다.

〈대책 및 결론〉

모든 운항자가 처벌대상이 되는 것도 아니고 모든 사망사고에서 경영책임자가 처벌의 대상이 되는 것도 아님을 유의해야한다.

고의범만 처벌되므로 사고시 선박측의 고의가 인정되지 않도록 사전에 준비가 필요하다. 모든 안전조치를 취해서 발생가능성을 전혀 예상하지 못한 사고라면 중대재해처벌법상의 구성요건에 해당하지 못하고 고의가 탈락되므로 처벌받지 않는다. 경영책임자가 모든 조치에 대한 보고를 받고 알고 있어야 한다. 사고방지를 위해서 이런 저런 조치를 취했다고 입증할 자료준비를 해야한다. 수리요청이 있었다면, 수리요청을 합리적으로 검토 후 아직 실시하지 않아도 된다는 결정내용을 기록해두어야한다.

선박소유자는 선박을 용선주었거나 선박관리를 주었다고 해서 책임이 없어지는 것도 아니다. 실질적으로 선박을 지배운영관리하지 않는 경우도 있다. 선박금융 소유자, 민간형 선주사에서 SPC와 같은 자들이다. 책임의 주체가 아님에도 예방을 위한 준비를 하게 되면 추가적인 비용이 소모되고 인력이 낭비되게 된다.

해상기업의 경우 복잡한 선박보유형태와 운항형태를 취하고 있다는 점이 일반기업의 경우와 다르다. 누가 책임의 주체인지 시행규칙에 분명히 할 필요가 있다. 고용노동부에 책임의 주체를 특정해줄 것을 건의해야한다. 해운산업은 바다의 특수성이 있기 때문에 거의 모든 법이 특별한 규정을 두고 있다. 상법의 특별법으로 해상법이 있고, 부동산등기법의 특별제도로 선박등기법이 있고, 근로기준법의 특별법으로 선원법이 있는 것과 같다. 이런 선례를 따라 중대재해처벌법에도 특별규정을 가지도록 하자. 이 법의 입법취지처럼 사고를 미연에 방지하도록 최선을 다하고 설사 사고가 발생해도 경영책임자의 처벌이 0(제로)이 되도록 준비하자.

《한국해운신문》, 김인현칼럼(81), 2021년 12월 27일》

8. 수에즈 운하 에버 기븐호 좌초 사고의 법적 쟁점

수에즈 운하에 에버그린(Evergreen)사의 에버 기븐(Ever Given)호가 2021.3.24. 좌초된 지 1주일만에 구조되어 출항하여 수에즈운하는 다시 정상상태로 돌아왔다. 이번 사고는 국제물류의 흐름에 해운이 얼마나 중요한지 다시 한번 입증을 했다. 이제는 사고의 재발방지와 손해배상의 문제를 남기고 있다.

사고의 개요

에버 기븐호는 컨테이너 박스 20피트짜리 24,000개를 실어나를 수 있는 선박으로 길이가 400미터 선폭이 59미터로 현존하는 초대형컨테이너의 하나이다. 이 선박은 에버그린이라는 대만의 정기선사가 운항하고 있었다. 에버그린은 중국의 COSCO, 프랑스의 CMA-CGM과 얼라이언스 관계를 맺고 있었다. 얼라이언스는 공동운항을 하는 관계로서 하나의 선박을 효율적으로 가입선사가 공유를 하게 된다. 따라서 에버 기븐호에는 단순히 에버그린이 운송인인 화물뿐만 아니라 COSCO 및 CMA-CGM이 운송인인 화물도 같이 실려 있게 된다. 즉 에버 기븐호에는 3명의 운송인이 있다.

에버 기븐호는 일본선주로 언론에 보도되었다. 선주로 알려진 쇼에이기센(正榮汽船)은 일본의 최대 조선소인 이마바리 조선소의 자회사로 널리 알려져있다. 일본은 선박운항은 하지 않고 선박만을 소유하고 관리하는 것을 영업으로 하는 회사들이 있는데 이를 선주사라고 한다. 이들 선주사는 선박을 대형운항사에게 임대하여주고 임대료를 받는다. 통상 정기용선(time charter)을 하여준다. 정기용선계약하에서는 선주사가 자신의 선장을 고용하여 선박과 같이 공급하게된다. 따라서 선장의 사용자는 정기용선자가 되는 것이 아니라 선주사가 된다. 이번 사건에서도 에버 기븐호의 선장 이하 선원은 에버그린사의 피용자가 아니라 쇼에이 기센의 피용자가 되게 된다.

통상 이런 구조하에서는 에버그린사가 쇼에이 기센에게 접근하여 동 선박을 건조하여 10년간 정기용선해줄 것을 청하면 쇼에이 기센은 자기 자본을 30% 투자하고 이요 은행 등에서 건조자금의 70%를 빌려서 선박을 건조한다. 금융권은 해외인 파나마 등에 치적을 요구하여 해외의 종이회사가 등록선박소유자가 되고, 실제소유자인 쇼에이 기센은 관리인(manager)으로 나타나는 것이 통상이다. 쇼에이 기센은 선원의 고용과 교육, 수리 등의 선박관리업을 행하게 된다. 파나마의 등기상 선박소유자는 형식상 금융권과 금융대출계약을 체결하고 또한 에버그린사와 동 선박에 대한 정기용선계약을 체결한다.

파나마 운하와 함께 수에즈 운하는 세계2대 운하 중의 하나이다. 아시아에서 유럽으로 가는 선박들은 희망봉을 돌아서 가게 되면 7일에서 9일 정도 항해일수가 길어진다. 수에즈 운하를 통과하는 것이 그 만큼 항해일수가 단축되어 비용도 적게 들고 수출입화주들도 납기가 단축되어 선호된다.

수에즈 운하는 특별한 해역으로 이를 통과하기 위해서는 도선사(pilot)가 승선하게 된다. 수에즈 운하를 통과하는 중에는 선교(bridge)에는 선장과 도선사가 존재한다. 도선사가 선박을 안내하면

서 운항을 하지만 선장의 운항상의 지휘권이나 책임이 없어지는 것
도 아니다.

에버 기븐호는 컨테이너 선박의 특성상 갑판 위에 가득 컨테이너
박스가 실려 있기 때문에 옆에서 바람을 맞으면 풍압면적이 넓어서
반대방향으로 선박이 밀려는 힘이 크게 작용하게 된다. 대형선이기
때문에 선박의 조정이 쉽지 않아서 조심스런 운항이 요구된다. 통상
운하 등에서는 감속하여 조심스럽게 항해할 것이 요구된다.

운송계약관계

화물은 모두 컨테이너 박스 안에 들어있다. 그래서 물적 손해가
발생하지는 않았을 것이다. 다만, 1주일 지연되어 부식되는 화물이
있을 수 있다. 화주들이 입은 손해는 물적 손해와 지연 손해일 것이
다. 물적 손해는 어느 경우에나 손해를 배상하여야하는 손해이지만,
지연손해는 운송인이 확정적으로 언제 도착한다고 명기하지 않은
이상 배상이 쉽지 않은 손해이다.

컨테이너 운송은 선하증권(B/L)으로 운송계약을 대신하므로 선하
증권의 소지인이 원고로서 운송인에게 손해배상청구를 하게 된다.
운송인은 스스로 과실이 없음을 입증하기가 쉽지 않다. 선하증권의
발행인이 운송인이 되므로 동 선박에는 적어도 3명의 운송인이 있
을 것이다. 예컨대 에버그린이 아닌 COSCO가 발행한 선하증권을
가진 화주도 에버그린에게는 실제운송인으로서의 법정책임을 물을
수 있다(함부르크 규칙). 그는 또한 계약관계가 없는 에버그린에게도
불법행위책임을 물을 수 있다. 어느 경우에나 화주에 대한 에버그린
의 책임은 쉽게 인정된다. 다만, 에버그린과 다른 운송인은 도선사
의 과실 혹은 선장의 운항상의 과실에 기한 손해임을 들어서 항해
과실면책을 주장할 수 있다. 도선사나 선장의 과실이 있다고 하여도
운송계약상 상대방인 화주의 손해에 대하여는 면책을 인정해주는

제도이다(헤이그 비스비 규칙). 불법행위청구를 해도 동일하다. 이 경우에도 감항성을 갖출 것이 전제가 된다. 감항성이 없다고 보기는 어려울 것이다. 만약, 기관의 고장 등이 원인이라면 항해과실면책을 주장하지 못하고 오히려 감항성이 없다는 이유로 운송인은 책임을 부담하게 된다. 운송인은 또한 포장당 책임제한이 가능하다. 불법행위 청구를 해도 포장당 책임제한이 가능하다. 따라서 운송계약상 운송인들이 부담하는 손해배상금액은 일부 언론이 생각하는 것보다 크지않아 보인다. 준거법은 선하증권에 약정된 법과 재판관할이 적용될 것이다. 대만법, 중국법 혹은 프랑스법이 될 여지도 많다. 그렇지만 해상운송법은 거의가 국제조약인 헤이그 비스비 규칙을 적용하거나 이를 수용한 국내법이 적용되므로 어느 나라 법이나 거의 유사하다.

불법행위책임

수에즈 운하 당국이 수에즈 운하를 통과하는 선박들에게 통항료를 받고 있다. 운하가 막혔기 때문에 1주일간 통항이 되지 않아서 받지 못한 수입의 감소분을 청구할 수 있을지 문제된다. 그 원인은 에버 기븐호가 제공을 한 것이기 때문에 수에즈 당국은 에버 기븐호 측에 불법행위를 청구원인으로 하는 청구가 가능할 것이다. 그런데, 피고는 누가 되어야 할 것인지가 문제된다. 위에서 본 바와 같이 동 선박은 정기용선된 선박이라고 한다. 그렇다면 선장의 사용자는 쇼에이 기센이 된다. 과실은 도선사가 저질렀다고 해도 통상 도선사는 도선 중인 선박의 일시적 피용자로 간주된다. 따라서 통항료 감소분에 대한 청구는 쇼에이 기센이 지급해야할 책임이 된다.

수에즈 운하 당국은 에버 기븐호를 구조하기 위하여 예인선을 동원하는 등 비용이 많이 발생했을 것이다. 그 비용은 누가 부담할 것인가? 정기용선자인 에버그린사인가 아니면 쇼에이 기센인가에 있다. 구조의 문제는 선박의 소유 혹은 점유와 관련된 문제이다. 에버 기븐호는 여전히 쇼에이 기센이 실제로 소유하고 점유하고 있던 선박이다. 따라서 쇼에이 기센이 소유자 및 점유자로서 제거 의무를 부담하고 구조료를 지급해야한다. 이 때 선박소유자가 가지는 수단이 하나있다. 에버 기븐호의 구조는 단순히 선박소유자를 위한 것이 아니다. 위험공동체를 구성하는 화주를 위하여도 유익한 것이다. 공동위험단체 모두를 위한 선장의 의도적인 조치는 공동위험(General Average)을 구성하게 된다. 선장이 선박소유자와 화주 모두를 위하여 구조작업을 결정하게 되고 이를 실행에 옮긴 것이 된다. 이렇게 되면 일단 구조료는 선박소유자가 지급하지만, 화주와 선박소유자의 공동위험에서 차지하는 가액의 비중에 따라 분담하게 되므로 화주에게 공동해손비용분담금을 청구할 수 있다. 상당액수를 선박소유자는 화주로부터 환급받을 수 있다. 다만, 2만개가 넘는 컨테이너 박스이므로 수만명의 화주가 존재할 것으로 보여 번잡하고 오랜 시간이 걸릴 것으로 보인다. 공동해손 제도도 모든 해운국이 가지고있는 국제공통의 제도이다.

수에즈 운하에서 1주일을 대기하고 있던 선박도 추가비용이 발생했다. 선박을 빌린 용선자는 용선료를 7일간 더 지급해야한다. 하루 용선료가 10만 달러이면 1억원이니 7억원의 손해배상을 에버 기븐호측에 청구할 수 있는지가 문제된다. 또한 수에즈 운하에 진입전 사고 소식을 듣고 희망봉을 돌아서 운항을 결정한 선박도 추가비용이 발생하게 되었다. 모두 불법행위를 청구원인으로 하지만, 전자의 경우는 인과관계가 인정되고 예측가능한 손해이므로 배상의 가능성이 높지만, 후자의 경우는 예견가능성의 존재 여부로 다투어질 가능성이 높다고 본다.

선주책임제한

해상법은 선박소유자 및 운항자로 하여금 자신의 선박 운항상의 손해배상책임을 일정하게 제한하는 법제도를 가지고 있다. 1976년 선박소유자책임제한제도의 체제하에 있다. 쇼에이 기센은 자신이 부담하는 손해배상과 비용 등에 대하여 책임제한이 가능하다. 일본은 76년 조약의 의정서를 채택한 국가라서 책임제한액수가 상당히 높다. 쇼에이 기센은 일본이나 이집트 등에 선박소유자책임제한절차의 개시를 신청할 것이다.

책임제한절차가 개시되면 모든 채권자는 이 절차에 들어와서 제한된 금원을 나누어가지게 된다. 다만, 국가에 따라서는 선박의 제거구조비용은 책임제한이 되지 않는 손해로 하고 있다. 1976년 조약에서는 제거구조비용도 책임제한이 가능한 채권으로 하지만 우리나라는 비제한채권으로 분류하고 있다. 언론에 의하면 이집트도 이와 같다고 한다. 일본법도 비제한채권으로 하고 있다.

실제로 쇼에이 기센은 선박관리인으로 나타나고 선박소유자는 파나마의 종이회사일 것이다. 사실상 책임은 쇼에이 기센이 질 것이므로 선주책임제한조약도 관리인도 책임제한권이 있는 것으로 인정하고 있다. 운송인도 책임제한을 주장할 수 있다.

책임제한을 신청한 자가 고의 혹은 무모한 행위로 사고를 발생한 경우에는 책임제한을 인정해주지 않는다. 선장의 고의 혹은 무모한 행위는 쇼에이 기센의 책임제한에 영향이 없다. 사고발생의 염려가 있음을 알고서 무모하게 사고를 발생시켰다고 보지 않으므로 책임제한이 배제될 사유는 없다고 본다.

책임제한액수가 문제가 되는데, 총톤수가 22만톤이라면 1976년 조약에 의하면 330억원이다. 일본은 1996년 의정서의 2012년 인상액을 반영하고 있다. 이에 의하면 1200억원으로 물적 책임이 제한될

수 있다. 따라서 선주인 쇼에이 기센은 일본이 아니라 책임제한액수
가 더 낮은 국가를 찾아서 책임제한절차를 개시할 가능성이 높다.

보험관계

위와 같은 위험에 대하여 선박소유자 혹은 운항자 혹은 관리인은
보험에 가입한다. 선박과 관련하여서는 피보험자인 선박소유자 혹은
관리인이 피보험이익을 가지므로 선박보험에 가입한다. 구조비는 선
박보험에서 지급하는 손해이다.

운송인은 선주책임보험에 가입하여 화주가 자신에게 청구한 손해
를 전보받게 된다. 화주도 화물에 대하여 적하보험에 가입하고 있
다. 사고가 발생하여 손해를 입게 된 화주는 먼저 손해를 보험자로
부터 받고 적하보험자가 운송인에 대하여 보험자 대위에 기하여 구
상청구를 하게 된다. 해상에서의 선주책임보험은 P&I보험사가 담당
한다.

공동해손이 선포되어 선박소유자 및 화주가 비용을 분담하게 된
다. 그 비용은 선박보험과 적하보험에서 보험자가 부담하는 비용으
로 되어있다. 우리 법의 경우는 상법 보험편에 규정되어있다.

채권자 보호수단

채권자들은 어떻게 하여 자신을 보호할 것인지가 문제된다. 피고
가 될 자는 일본의 쇼에이 기센과 대만의 에버그린이다. 이집트의
수에즈 당국 혹은 유럽의 화주가 자신의 채권을 보존해야한다. 피고
의 주소지에서 소송을 제기하는 것이 원칙이다. 이런 원칙에 따르면
채권자는 대단히 불리한 지위에 서게 된다. 가장 확실한 방법은 현
재 문제가 된 선박을 가압류하는 것이다. 그렇지만 현실적으로 불가
능한 것이 채무자의 재산에만 가압류가 가능하다는 국가의 법에 의
하면 소유자는 파나마의 종이회사이므로 에버 기븐호는 채무자인

쇼에이 기센과 에버그린의 소유가 아니므로 이것이 불가하다(가압류 조약에 의하면 가능한 경우도 있다). 또 하나의 수단은 선박우선특권을 이용하는 것이다. 해양사고로 인한 채권은 선박우선특권이 인정되므로 채무자와 무관하게 그 선박이 가해자이고 피고라는 관념이므로 선박에 대한 임의경매가 가능할 것이다. 그렇지만, 컨테이너 선박은 주어진 일정하에서 운송되는 것이기 때문에 채권자들도 선박에 대한 강제집행을 하지 않는 것이 관행이다. 선박소유자의 책임보험자(P&I Club)가 법적 책임이 인정되면 자신이 부담해 준다고 약속하는 보증장을 제공하는 것으로 갈음한다.

마치면서

선박이 대형화되면서 한번 발생한 사고도 대형화되고 국제적인 물류의 흐름에 큰 영향을 미치게 된다. 이러한 대형사고를 미연에 방지할 필요성이 있고, 사고의 경우에 손해배상의 문제가 원활하게 처리되도록 해야 한다. 전자는 해사안전에 관한 법률로서 규율되고 후자는 해상법의 고유의 영역이다. 이번 사고도 국제조약으로 관련자의 책임문제는 잘 처리되도록 입법화된 것으로 확인된다. 각국은 국제조약을 받아들이거나 국내법화한 것이기 때문에 쉽게 법적 처리를 가늠해 볼 수 있었다. 해상보험제도, 공동해손제도, 선박소유자책임제한제도 등이 그러한 것이다. 다만, 선박은 다양한 형태로 운항되고 있기 때문에 운항자와 그 선박이 어떤 관계에 있는지 잘 파악하여 법률관계를 파악해야하는 점은 해상법의 특유한 점이고 묘미라고 할 수 있다. 〈〈법률신문〉, 2021년 3월 31일〉

9. 코로나-19 이후 해운산업의 환경변화와 법적 대처방안

들어가면서

코로나-19(COVID-19, 이하 코로나) 사태 하에서 사람과의 만남은 최소화할 것이 요구되고 이에 따라 사람들의 활동은 줄어들고 있다. 따라서, 근로자들에 의한 상품의 생산도 줄어들 것으로 예상된다. 국제상품운송의 물동량은 줄어들 것이다.

그러나, 온라인 만남을 위한 노트북이나 집에 머무는 것에 관련된 생활가전제품과 같은 특수한 항목에 대한 수요는 증가하고 있다.

이러한 변화가 해운산업에 어떠한 영향을 미칠 것인지 그리고 법적 관점에서 이러한 해운산업에 대한 해답은 무엇이 되어야 할까? 이러한 환경변화를 수용할 것이 필요하다. 해상법 교수로서 나는 코로나를 어떻게 대처할 것인지 몇가지 아이디어를 제공하고자 한다.

리쇼어링과 니어쇼어링

국가의 많은 영리활동은 코로나로 인하여 방해받고 있다. 코로나의 전염을 막기위하여 각국은 이웃국가와의 국경을 봉쇄했다. 사람들은 외국에 너무 많이 의존하면 어려움을 경험하게 될 것임을 알게 되었다. 생산공장을 해외에 두어서는 안 되겠다는 생각이 나타나기 시작했다.

리쇼어링이란 외국에서 생산된 상품이 자신의 국가 안에서 생산되는 것을 말한다. 그러므로, 생산공장은 자신의 국가에 건설될 것이다. 한편, 니어쇼어링이란 아주 먼 국가에서 만들어지는 상품이 가까운 이웃에서 생산되는 것을 말한다.

이러한 두 가지 영업환경의 변화는 상품 수송의 필요성을 줄이게 될 것이고 결국 운송수요를 감소하게 만들 것이다.

운송에서 수요의 감소는 여러 방면에서 해운업에 영향을 미치게 될 것이다. 니어쇼어링 효과에 의하여 추가된 상품을 실어나르기 위하여 중형 및 소형 선박의 수요는 증가할 것이다. 한편, 24,000TEU 컨테이너 선박과 같은 대형컨테이너 선박에 대한 수요는 감소할 것이다.

리쇼어링에 영향을 받은 내해운송에 대한 수요가 증가할 것이다. 추가하여 환경보호와 비용의 감축의 측면에서 해상운송은 육상운송보다 장점이 있다. 그래서 모달 변경(modal shift)로 알려진 바와 같이 선박을 이용한 내해운송이 증대될 것이다.

또한 상인들은 육상운송에 주의를 기울일 것이다. 육상운송은 한국에서 상대적으로 낙후되어있다. 육상운송인은 포장당 책임제한을 주장할 권리가 없다.

복합운송인이 육상과 해상 혹은 항공을 연결하는 운송을 인수하는 것이 통상이다. 한사람의 운송인에 의하여 단일 운임에 의한 화물이 손상을 입게 될 수 있다.

따라서 동일한 책임제도를 가지는 것이 바람직하다. 한국상법의 관련 조항이 개정되어야 한다.

니어쇼어링 때문에, 작은 규모의 선박에 대한 수요는 증가할 것이다. 허브항구(큰 항구)에서 양륙된 화물은 스포크항구(작은 항구)로 이동될 것이 요구된다. 그러므로, 피드선박의 사용이 늘어나게 된다. 피드선박에 대한 법적 쟁점이 깊이있게 검토되어야 한다.

운송인 A는 미국의 한 항구에서 중국에까지 어떤 화물의 운송을 인수했다. 운송인은 부산항을 허브항으로 사용할 것이다. 화물은 부산항에서 양륙되고 운송인 B에 의하여 피드선박으로 중국의 항구로 이동될 것이다. 운송인 A에 의하여 발행된 선하증권은 미국에서 중국항구까지 모든 범위의 항해를 커버한다. 운송인 B는 단순히 운송인 A의 이행보조자에 지나지 않는다. 그러므로 운송인 B의 과실에 의한 계약위반상의 책임을 부담하는 자는 운송인 A가 된다. 선하증권의 소지인은 운송인 B에 대하여 불법행위에 기초한 손해배상책임을 제기하게 된다.

중국, 일본, 대만과 러시아와 같은 이웃국가 사이의 법률 분쟁이 증대할 것이다. 각 국가는 각기 다른 자신의 국내법을 유지하고 있다. 이 점은 상인들에게 예측가능성을 부여하지 못한다. 상인들에게 예측가능성을 부여하기 위하여 4개국의 해상운송법을 통일할 필요가 있다.

줌을 통한 해사지식을 전파함

필자가 경험한 코로나가 가져다 준 가장 큰 장점은 온라인 강의에 사용하는 줌의 마술과 같은 힘이다. 줌을 이용한 방식으로 학생들을 가르치는 것이 이제 수업의 일상이 되었다.

학생들은 직접 강의실에 출석할 것이 더 이상 요구되지 않는다. 그들은 집에서 교수들의 강의를 듣는다. 이것은 교수와 학생 모두가 교실에 갈 시간을 줄여주는 기능을 한다. 교수라고 하더라도 집에서 강의를 하지 사무실이나 교실에서 강의를 하지 않는다. 그렇게 함으로써 교실에 나갈 시간을 줄이도록 한다.

줌을 사용한 방법은 부산, 제주 그리고 홍콩에서도 사람들이 서울에서 개최되는 세미나에 참석이 가능하게 한다.

국제해상법 세미나를 개최하기 위하여는 외국에서 여러 명의 해상법 교수를 초대하는 것은 필요했다. 필자는 그들을 위해서 서울에서 비행기 티켓과 숙소를 구해줄 것이 필요했다. 대신, 이들은 이제 온라인으로 초대된다. 그들은 자신의 국가에서 자신의 사무실에서 연설을 하게 된다. 그들은 더 이상 한국에 여행을 할 필요가 없다. 그들은 자신이 실제로 연설을 하기 위하여 한국을 방문했어야 하는 경우에 비하여 절약된 시간을 향유할 수 있다.

이런 변화는 고등학교의 선생들, 해상기업의 사장과 같은 직업군에게도 적용될 수 있다. 근로자들도 집에서 머물게 되는 것이 일상이 되어 시간과 금전을 절약하게 된다.

우리는 이러한 변화된 환경을 선용할 수 있다. 해운, 해양, 수산분야에 종사하는 사람들은 지식의 범위를 넓힐 필요가 있다. 해운업은 복잡해졌다. 최근 많은 수의 해상기업이 회생절차를 신청했다. 정기선은 경쟁법의 적용대상이 된다. 선박건조를 위한 금전을 제공해주는 선박금융이 없다면 선박회사는 유지될 수 없을 것이다. 따라서, 해운과 물류업의 전문가는 해상법에 추가하여 도산법, 선박금융법 그리고 경쟁법을 알 필요가 있다.

과연 어떻게 이런 광범위한 지식을 얻을 수 있을 것인가? 우리는 직장에서 근무 후 밤에 특별한 과정에 다니기에 충분한 시간이 없었다. 그러한 주제에 대한 공부를 할 시간을 할애할 수가 없었다. 그러나, 지금은 우리가 공부할 충분한 시간을 가지고 학교에 나가지 않고도 공부할 좋은 수단을 가지고 있다.

더 많은 사람들이 해운과 관련분야에 대한 지식을 얻으면 얻을수록 해운업은 더 강해질 것이다.

회고해보면, 한진해운은 적절한 준비없이 회생절차신청을 하지 않았어야했다. 한진해운의 최고경영자와 한국 정부의 정책결정자들은 정기선과 부정기선의 차이점을 몰랐던 것 같다.

정기선분야에서 정기선해운회사에 대한 고객의 신뢰는 필수불가결한 것이다. 2016년 한진해운 사건에서 회생절차가 시작되자마자, 하역업자들의 밀린 하역비지급요구로 하역작업이 거부되어 상품의 이동은 정지되었다. 한진해운의 신용이 사라지자, 한진해운을 회생의 가능성은 급격히 낮아졌다.

만약, 그들이 2001년 조양상선 파산에서 교훈을 얻었다면, 성공적인 회생을 준비했을 것이 틀림없다. 그들은 그런 나쁜 결과를 예견하지 못했고 이것이 한진해운의 파산으로 갔다는 상당한 증거가 있다.

한진해운 사건으로부터 얻은 교훈은 정치인, 고위정부관리 그리고 해상법교수를 포함한 오피니언 리더들에 의하여 공유되어야 한다.

이런 교훈은 코로나 시기와 그 후의 시기에서 지식을 얻는 쉬운 수단인 줌을 통하여 온라인을 통하여 공유가 가능할 것이다.

4차 산업혁명 하에서 해운산업의 발전

4차 산업혁명은 해운산업에 아주 큰 영향을 미칠 것이다. 자율운항선박은 10년 내에 해상에 나타날 것이다. 빅데이터, 블록체인 그리고 AI는 해운산업의 다양한 분야에 적용될 것이다.

블록체인의 기술로 안전이 보장되는 전자선하증권은 고객들에게 편리를 제공하면서 사용될 것이고 관련당사자들에게 시간과 돈을 절약하게 한다.

자율운항선박은 선원들의 승선 필요성을 줄일 것이다. 그러나, 대규모의 해고가 예상된다. 자율운항선박용 육상관리자를 어떻게 양성할 것이지 그리고 갈등 관계없이 승선선원의 숫자를 어떻게 줄일 것인지도 풀어야할 과제의 하나이다.

4차 산업혁명 하의 이러한 변화는 코로나 사태 이후에 더욱 가속화될 것이다. 선박 혹은 해운산업에 적용될 법률들은 이러한 4차 산업혁명하의 새로운 변화를 수용하도록 변화되어야 한다.

현행법 체제하에서, 자율운항선박은 항해가 불가하다. 해상안전규정은 사람들이 승선할 것을 기준으로 한다. 그러나, 자율운항선박 하에서 사람은 승선하지 않는다. 그러므로, 선박충돌사고예방을 포함한 해상안전규정은 이러한 새로운 환경변화를 수용해야한다.

전자선하증권은 국제운송에서 곧 사용될 것이다. 한국의 상법은 전자선하증권을 수용할 수 있는 한 개의 규정을 가지고 있다. 그러

나, 선하증권은 국제무역에 사용된다. 그러므로, 전자선하증권을 국
내와 외국에서도 규율할 수 있는 국제조약이 필요하다.

물류수요와 함께 가기

상품이동이 적어질 것으로 예상되므로 화물수송을 통한 해상기
업들의 수입도 줄어들 것이다. 이렇게 줄어든 수입을 극복하기 위
하여 해운사들은 영업을 물류사업으로 확장할 필요가 있다. 해운사
는 화주, 하역업자, 창고업자와 같은 파트너들과 좋은 관계를 유지
해야한다.

해운회사는 물류사업으로 진출해야한다. 화주는 자신의 공장에서
수입자의 공장에 이르는 전체 공정을 커버하는 단일의 물류계약을
물류회사와 체결하기를 원한다. 일본의 NYK, MOL 그리고 K라인은
그들의 영업을 해운에서 물류로 확장했다.

물류사업을 통해서 해운선사는 자신의 영업의 기회를 해상운송에
서 육상운송, 창고업, 하역업 그리고 통관업으로 넓힐 수 있고 이를
통해서 이윤을 더 창출할 수 있다.

국제협약은 여전히 헤이그비스비 규칙과 함부르크 규칙과 같은
국제해상물품운송 체제하에 있다. 2008년에 제정된 로테르담 규칙
도 복합운송만을 규율한다.

종합물류계약을 수용하는 규정을 만들어달라는 수요가 점증하고
있다. 한국상법은 물류계약을 규율하는 규칙을 가지고 있지 않다.
2020년 한국의 대법원은 처음으로 물류계약을 인정했지만, 상법에
는 물류계약에 대한 규정이 없기 때문에 복합운송에 대한 규정을
적용한 바 있다.

해상기업의 핵심부분을 더욱 강화함

사람들의 활동이 제약을 받을지라도, 식사를 하고, 옷을 입고 사

람으로서 생활하는 것은 평소와 같이 유지될 것이다. 그러므로, 원유, 철광석, 석탄, 옥수수, 쌀, 오렌지 그리고 옷을 외국으로부터 수입하는 것은 평소와 같이 요구될 것이다. 이러한 화물은 부정기선영업을 통하여 운송된다.

반도체, 철제품, 냉장고와 TV와 같은 전자제품은 한국에서 미국으로 꾸준하게 수출될 것이다. 정기선영업이 이들을 운송하는 수단이다. 정기선 해운은 적절한 선대, 적절한 컨테이너박스 그리고 컨테이너 터미널을 유지해야한다.

코로나 이후 국가안보의 중요성이 증가할 것이기 때문에, 한국정부는 국가의 해상수송안보를 확보하기 위하여 최소한의 국가운송능력을 유지하기 위한 계획을 세워야한다. 국가의 해상수송안보란 해상운송에 외국의 해운에 지나치게 많이 의존함이 없이 한국해운기업이 상품을 안정적으로 운송하는 것을 말한다.

한진해운의 도산은 2020년 9월에서 11월에 걸치는 한국발 미국향 수출상품의 안정적인 운송에 나쁜 영향을 미쳤다. 한국의 수출자들은 평상시보다 2배 이상의 운임을 지급해야했다. 이것은 한국 정기선사에 의한 컨테이너선박의 공급축소에 의하여 일부 발생되었다. 이들의 운송 비중은 2016년 10%에서 2020년 5%로 축소되었다. 이 때문에 한국의 운송주권이 약화되었다.

한국정부가 정기선사에서 선박의 수를 늘리려고 노력하는 한편, 얼라이언스 체제하의 다른 정기선사들의 움직임도 눈여겨보아야한다. 한국에서 미국서부로 향하는 수출화물의 80%는 외국정기선사에 의하여 운송되어진다. 운임이 높은 상황에서는 운송인은 공급의 부족을 메꾸는 점에서는 매우 느리게 그리고 부정적으로 움직일 가능성이 높다. 한국정부는 정기선사의 활동이 경쟁법에 위반하는지 여부를 한국 해운법에 따라 주의깊게 관찰하고 있음을 확인해야 한다.

이러한 제안들은 한국 수출입화물들의 안전한 수송을 위한 국가

수송안보를 높여줄 것이다.

한국의 해운회사는 지난 50년간 불안정한 상태에 있었다. 이들의 부채는 너무 많았다. 그들의 선박은 국적취득조건부선체용선 제도 (BBCHP)하에서 건조된 선박으로 대부분 구성되었었다.

한국의 해상기업들은 선박의 소유와 운항을 분리할 필요가 있다. 운항사는 선박을 소유자로부터 정기용선의 형태로 빌려온다. 선주사는 전혀 운송계약을 체결하지 않는다. 한국 해상기업은 선박을 보유하기 위하여 90%를 은행으로부터 빌려와서 매달 대출금에 대한 할부금을 지나치게 많이 갚아나가는 경향을 보여왔다. 선박의 소유와 운항을 분리하는 것은 한국 해상기업들의 재정적인 안정성을 높이게 될 것이다. 이것은 재정적인 구조를 국취부선체용선하의 높은 할부금 의무에서부터 선주와의 정기용선계약을 통한 낮은 지급으로 낮추는 계기가 될 것이다.

내항 혹은 연안 운송은 원양 해운과 비교하여 상대적으로 낙후되어있다. 선원들의 봉급은 인상되어야 한다. 연안선박의 안전기준은 증가되는 선박의 빈도에 맞추어 올라가야 할 것이다.

코로나 사태후 정상상태를 위한 대비

해운에서 가장 많이 영향을 받은 분야는 크루즈 산업이다. 코로나 때문에 많은 환자가 크루즈 승선 중에 나타나서 크루즈 산업은 모두 정지된 상태이다.

그러나, 한국의 해운업계는 크루즈 산업의 재개를 준비해야한다. 고객을 유치하기 위하여 고객들에게 크루즈 선박에 승선해도 코로나에 감염될 위험은 없다는 확신을 주어야 한다.

나아가 한국정부는 크루즈 선박의 코로나 환자를 처리하기 위한 분리된 공간을 육상에서 운영해야한다. 코로나 이후에 최고의 크루즈 선사라는 명성을 얻기 위하여 승선중 혹은 항구에서 코로나를 다루는 신뢰할 수 있는 시스템을 갖추고 유지해야한다. 치료장치와 피난처를 포함하여 이러한 요건들을 수용하기 위하여 크루즈 육성법을 개정하거나 만들어야 한다.

크루즈 선사는 코로나-19에 대비하여 안전한 크루즈 선박을 공급할 필요가 있다. 공통의 환기 장치는 한 환자의 방에서 다른 환자의 방으로 코로나를 전파하는 수단으로 비난받아왔다. 크루즈 선사는 새로운 시대를 맞이하여 감염을 방지하는 분리된 환기시스템을 설치해야한다.

결 론

코로나는 사람들의 활동과 상품의 생산에 영향을 미쳤다. 이것은 또한 해운의 지리적인 환경도 변화시켰다. 리쇼어링과 니어쇼어링 때문에, 내항과 연안운송은 증대될 것이다. 해운산업에 대한 국가안보를 확보할 필요성이 또한 증가하고 있다.

한국정부는 외국 선사에 지나치게 의존함이 없이 수출품을 수출할 수 있을 정도의 최소한의 선박을 유지해야한다. 나아가 한국 해상기업들은 해상운송에서 물류로 진출해서 줄어드는 운송수요를 극복해야한다. 크루즈 산업은 크루즈산업이 재개되는 경우에 대비하여 준비해야한다. 한국해운선사의 재정상태를 안정화시키기 위하여 선박을 소유하는 선사들이 만들어지는 것이 필요하다.

이러한 변화를 수용하기 위하여, 한국의 해상법은 변화해야한다. 육상운송인을 도와주기 위하여 육상운송규정을 개정할 필요가 있다. 종합물류계약을 규율하는 특별법이 없기 때문에 이것이 한국 상법에 추가될 필요가 있다. 한국 해운업을 활성화하는 특별법이 필요하다.

코로나를 극복하기 위한 한국해운계와 한국정부를 위한 위의 제안들은 다른 국가에도 유사하게 적용될 수 있을 것이다.

《한국해운신문》, 김인현칼럼(68), 2020년 11월 17일)

10. 갑판적 컨테이너 박스 유실의 해상법적 쟁점

2020년 연말과 2021년 연초 4차례에 걸쳐 대형 컨테이너 선박에서 컨테이너 박스 유출사고가 보도되어 많은 사람들이 관심을 가지게 되었다(예를 들면, 2020.12.8. ONE이 운항하던 ONE Apus호가 1800여 개의 컨테이너박스를 북 태평양에서 유실했다).

최첨단을 자랑하는 최고의 정기선사들이 운영하는 선박에서 이런 사고들이 연달아서 발생한다는 것은 유래가 없는 일이다. 1만teu 정도가 최대 선박으로 알고 있었지만, 2~3년 사이에 두배나 크기가 증가하여 컨테이너 선박은 2만4천teu까지 적재가 가능하게 되었다.

이렇게 되면 선폭(船幅)도 통상의 일반 상선의 30미터에서 그 두배인 60미터를 상회하게 된다. 갑판위에 쌓아지는 컨테이너 박스의 단수도 많아질 것이고, 좌우로 선폭에 따라 놓여지는 열(列)도 길어진다.

선박이 파도를 만나서 롤링을 하여 흔들리기 시작하면서 양쪽으로 기울어질 때 그 많은 컨테이너 박스가 한쪽으로 실리는 힘이 작용하게 될 것이다. 중형선일 때 비하여 초대형선일 때 그 힘은 배가 될 것으로 예상된다. 그 힘을 견디지 못하면 컨테이너 박스는 바다로 떨어질 수 밖에 없을 것이다.

컨테이너 갑판적 화물은 반 정도만 바닥에서 위로 고박이 되고 나머지는 자체적으로 컨테이너끼리 이탈을 방지하는 형식으로 묶여진다. 이 점에서 전체화물을 와이어로 묶어주어 배와 원목이 일체가 되도록 하는 원목선의 운송방법과 컨테이너 운송방식은 사뭇 다르다.

큰 외력을 받지 않도록 항해하는 것이 중요한 사고 예방법이기도 하다. 큰 각도의 롤링은 피해서 항해를 해야 한다. 횡파를 만나는 것은 피하여야 할 항해방법이다. 또한 GM을 너무 크게 해도 좋지 않다. GM이 너무 크면 복원성이 좋아서 선박은 빠르게 좌우로 흔들리기 때문이다. 이런 점은 이미 1993년 붕가세로자(Bunga Seroja) 호주 법원사례에서 다루어졌고 필자의 번역으로 국내에서도 널리 알려진 바 있다(해상법연구, 삼우사, 630면).

이번 사안에 우리나라 정기선사가 운항하는 선박은 개입되지 않았지만, 우리 법이 적용된다고 보고 기술한다.

손해배상과 면책제도

운송인은 상법 혹은 계약상 컨테이너화물을 안전하게 운송해주어야 할 의무를 부담한다(상법 제795조). 만약 컨테이너 박스가 바다에 유실되었다면 보관을 제대로 못한 것이기 때문에 손해배상책임을 부담해야하는 것이 원칙이다. 그렇지만, 헤이그 비스비 규칙이나 우리 상법 등은 운송인에게 항해과실면책 등의 혜택을 주고 있다.

선장이 황천을 제대로 피하지 못하여 항해한 결과 발생한 화물의 사고에 대하여는 운송인은 화주에게 손해배상을 하지 않아도 된다(상법 제795조 제2항). 항해중 선원들의 박스 고박의 잘못이 사고의 원인이라면 항해과실 면책이 될 것인가?

이는 항해상의 판단 잘못과는 다르다. 항해 중에서 발생한 선원의 과실로 인한 것이기는 하지만 상사과실로 볼 여지도 있다. 그러나, 선박관리상의 과실로 인정될 여지도 있다(상법 제795조 제2항). 그렇다면 운송인은 역시 면책이 된다. 그런데, 이런 항해과실이나 선박관리상의 면책은 운송인이 감항능력주의의무를 다한 경우에만 허용된다.

출항시 화물을 안전하게 실어 날라줄 준비를 운송인이 하지 못하였다면 보호해줄 필요가 없는 것이다. 운송인이 갑판적을 하면서 출항 당시 북태평양의 거센 파도와 바람에 견디도록 고박장치나 롤링을 줄여주는 장치를 하지 않았다면 감항능력주의의무 위반이 될 것이다.

붕가세로자 사례에서는 출항시 과도한 GM을 가진 것이 감항능
력주의의무 위반이 되는지가 다투어졌다. 과도한 GM은 선박의 요
동을 가중시키기 때문에 갑판적 화물의 유실을 유발하기 때문이다.

황천(荒天)(heavy weather)면책이라는 제도도 있지만(상법 제796
조), 우리나라는 미국의 영향을 받아서 예견이 가능한 크기의 황천
은 운송인에게 면책을 허용하지 않는다. 뷰포트 스케일 8-9의 황천
심지어 11까지도 예견이 가능하다고 판례는 본다. 그렇기 때문에 갑
판적 화물의 유실에 대하여 황천면책은 인정되지 않는다. 다만, 호
주나 영국의 경우 좀더 유연한 편이다.

항해과실면책을 인정받지 못해도 운송인은 포장당 책임제한
(package limitation)의 이익을 누릴 수 있다(상법 제797조). 컨테이너
박스 안의 화물의 가치가 10억원이라고 하여도 아무런 표기가 선하
증권에 없다면 1포장으로 인정되어 666.67SDR(약 100만원)으로 책임
이 제한된다. 선하증권에 박스 하나에 10개가 들어있다는 표시가 있
다면 1,000만원으로 책임이 제한된다. 다만, 2007년 상법 개정으로
포장당 계산한 것과 무게를 비교하여 큰 금액으로 책임제한이 되도
록 변경되었다. kg당 2SDR로도 계산을 해보아야 한다.

대량으로 컨테이너 박스가 유실되면 개개의 책임제한보다 선박소
유자책임제한(global limitation)을 주장할 수 있다(상법 제769조). 이
경우는 선박의 톤수에 따라서 책임이 제한된다. 13,000teu라면 과거
한진수호(Hanjin Sooho)호의 경우 141,754총톤수였다. 약 150억원
정도로 책임이 제한된다. 컨테이너 박스 1,000개중 각 1개의 가격이
10억씩이라면 전체 손해액은 1조원이 될 것이다. 전혀 포장당책임
제한이 되지 않는 경우에도 선박소유자책임제한이 가능하면 훨씬
손해배상액수가 줄어든다.

책임주체의 문제

컨테이너박스 화물의 손상에 대하여 송하인 혹은 선하증권소지인 (이하 화주)이 손해배상청구권을 가진다. 누구에게 손해배상을 청구할 것인지 문제된다. 운송계약의 당사자인 운송인에게 계약상 책임을 물을 수 있다. 선하증권상 발행인, 즉 누구의 선하증권이 발행되었는지가 중요한 판단요소가 된다. 선하증권 발행자가 운송인으로 판단된다. 선장이 서명한 경우 운송인이 누가 되는지 논란이 된다.

그런데, 컨테이너선은 얼라이언스 관계에서 슬로트 용선이 되어 실제로 운송을 하는 자는 다르다. 선하증권이 비록 양밍(Yangming)에 의하여 발행되었어도 THE ONE이 운항하는 선박에 컨테이너 박스가 실렸을 수 있다. 계약운송인은 양밍이지만, 실제로 운송을 해주는 자는 THE ONE이 된다. 그렇다면 화주는 양밍에게 계약상의 책임을 물을 수 있고, THE ONE이 운항자라면 그에게 불법행위 책임을 물을 수 있다.

만약 THE ONE이 컨테이너 선박을 정기용선한 자에 지나지 않는다면, 선장은 선박소유자가 선임관리감독한 사람이고, 선박의 항해상의 관리는 선장을 통하여 선박소유자가 하게 된다. 따라서, 황천중 운항을 무리하게 한 과실로 인하여 컨테이너 유실사고가 발생하였다면, 선장은 불법행위책임을 부담하고 그의 사용자인 선박소유자는 사용자책임을 부담하게 된다.

요컨대, 화주는 자신의 계약운송인인 양밍, 그리고 THE ONE 혹은 선박소유자에게 불법행위책임을 물을 수 있다. 만약 THE ONE이 선체용선자(나용선자)라면 그가 선박소유자를 대신하여 자신이 선임관리감독하는 선장의 사용자로서 불법행위 책임을 부담한다.

먼저 손해를 배상하게 된 계약운송인 양밍은 THE ONE 혹은 선박소유자에게 구상청구를 하게 된다.

경우에 따라서는 포워더 혹은 2자물류회사들이 화주와 운송계약을 체결하여 자신의 하우스 선하증권을 발행하고, 다시 자신이 화주가 되어 정기선사와 운송계약을 체결하기도 한다. 이 경우 화주는 자신의 계약상 운송인인 포워더 혹은 2자물류회사에게 계약불이행에 따른 책임을 묻게 된다. 기타 양밍, THE ONE, 선박소유자에게는 화주는 위와 같은 법적 근거에 따라 불법행위 책임을 묻게 된다. 양밍은 마스터 선하증권을 발행한 자로서 실제운송인이 된다.

포워더, 2자물류회사가 선박소유자책임제한의 주체가 되는가?

포워더, 2자물류회사가 손해배상책임을 추궁받는 경우에 포장당 책임제한을 할 수 있는 것은 당연하다. 운송인이기 때문이다. 해운법상 이들은 해상화물운송사업자가 아니다. 그러나, 상법상 이들은 엄연한 운송인이다. 상법은 운송인이 되기 위하여 선박을 보유할 것을 요구하지 않는다. 그렇지만 해운법은 선박을 보유한 자만이 해상화물운송사업자가 될 수 있도록 제한하고 있기 때문에 양법에서 취급이 이렇게 달라지게 되었다.

그런데, 대규모의 사고가 발생한 경우 선박소유자책임제한제도의 이익을 누릴 수 있다면 운송인들도 이익이 된다. 통상 중대형 컨테이너 선박소유자는 한 사고에 대하여 100억원을 전후하여 자신의 책임을 제한할 수 있다. 컨테이너 박스가 1,000여개 한꺼번에 유실된 경우에 종국적으로 선박소유자에게 책임이 집중되게 된다. 이 경우 컨테이너 박스 하나의 가격을 1억원이라고 하여도 1,000억원의 손해배상을 해야하는 것이다. 이 때 선박소유자책임제한절차법에 따라 책임을 제한하면 훨씬 유리하다. 운송인인 경우도 마찬가지이다. 박스 1,000개에 포장이 각 20개로 선하증권에 기재되어있다면, 1개당 2,000만원×1,000개＝200억원이 된다. 이런 경우라면 선박소유자책임제한제도를 원용하면 더 유리하다.

여기에서 포워더나 2자물류회사가 계약운송인인 경우 과연 선박소유자책임제한제도의 주체가 될 수 있는지 문제된다. 학설은 나뉜다. 아직 우리나라에서 판례는 없다. 선박소유자책임제한제도는 선박을 보유하고 바다를 운항하는 자들에게 인정해주는 제도이다. 이들은 선박을 전혀 보유하고 있지 않기 때문에 인정해줄 수 없다는 것이 다수설이다. 이런 문제점을 해결하기 위하여는 계약운송인이 되는 포워더나 2자물류회사들이 물적 설비인 컨테이너박스만이라도 이들이 소유하면서 해상운송인에게 대여하는 지위를 갖는 것이 중요하다고 본다. 대량화주의 자회사인 2자물류회사는 한꺼번에 다량의 컨테이너를 운송할 여지가 많기 때문에 특히 이 부분에 대한 관심을 가질 필요가 있다.

책임제한액수의 문제

포장당 책임제한액수는 포장당 혹은 kg당 큰 금액으로 제한된다. 컨테이너박스 하나의 중량이 10톤이라면 1만kg×2SDR＝약 3,000만원으로 책임이 제한된다. 운송인이 얼라이언스의 회원사인 경우 자신은 운항선사의 선박의 예컨대 1/5만 빌려서 사용하는 것이다(예컨대, ONE Apus의 경우 하파크 로이드가 40%, ONE이 36%, 양밍이 15% 그리고 HMM이 9%를 사용하고 있다).

그렇다면, 선박소유자책임제한을 할 경우에도 운송인은 운항선사의 선박의 톤수의 1/5에 해당하는 만큼으로 책임제한을 할 수 있어야 맞을 것이다. 위의 한진 수호호의 경우 책임제한 액수가 150억원이라고 한다면, 그 1/5에 해당하는 30억원이 되어야 합리적이라는 말이다. 그런데, 1976년 선박소유자책임제한조약이나 이를 반영한 우리 상법은 이런 제도가 없다. 조약을 만들 당시는 컨테이너 운송이 일반화가 되지 않아서 미쳐 고려되지 못한 사항이다. 하루속히 시정되어야할 사항이다.

갑판적 자체에 대하여 운송인에게 책임을 물을 수있는가?

선박에는 갑판(甲板, deck)을 중심으로 선창과 갑판상으로 나뉘어진다. 선창에 화물을 싣게 되면 그야말로 안전하다. 완전히 수밀이된다. 비바람에 영향을 받지않는다. 그렇지만 갑판적을 하면 비바람에 완전히 노출된다. 그렇기 때문에 화물은 선창에 넣어서 운송하는것이 원칙이다. 원목선이나 컨테이너 운반선은 화물자체가 가볍기때문에 선창이외의 적재공간을 사용하는 것이 효율적이다. 그래서갑판적이 불가피하게 된다. 결과적으로 어떤 화물은 갑판상에 적재된 상태로 운송되고, 어떤 화물은 갑판하 즉 선창에서 넣어져 운송된다. 후자의 경우가 더 안전함은 물론이다.

유실된 컨테이너 박스도 갑판상이 아니라 선창에 넣어져서 운송되었다면 유실되지 않았을 것이다. 맞다. 그런데, 이런 이유로 운송인에게 손해배상청구를 할 수 있을까? 운송인에게 자신의 화물을 특별하게 관리하여 선창에 적재하라고 사전에 약정하지 않은 이상 컨테이너 운반선에서는 화주가 이런 주장을 할 수 없다. 선하증권에는갑판적을 할 수 있다는 약정이 있기 때문이다. 이런 약정이 선하증권에 없다고 하더라도 컨테이너 선박이나 원목선에서 갑판적은 관습법화되었다고 할 수 있다. 일반선박의 경우에는 물론 운송인은 갑판적은 해서는 안되기 때문에 손해배상을 해주어야할 것이다.

보험문제

갑판적 유실과 관련 선체에 손상이 있지 않는 한은 선박보험이문제되지는 않는다. 다만, 공동해손이 발생하면 선박소유자가 화주에게 지급해야할 공동해손분담금을 선박보험자가 지급한다. 하지만갑판적 유실사고는 선장이 의도적으로 화물을 바다에 버릴 것을 결정한 것이 아니라 그 반대의 상황이다. 그래서 공동해손의 요건을 충족하지 않는다. 선장의 의도적인 투하가 있어야 공동해손이 되는 데 그런 사항이 없다. 유실됨에 즈음하여 쓰러진 컨테이너를 처리하기 위하여 회항을 선장이 결정한 경우에는 공동해손이 성립될 여지가 있다. 이 경우에는 선박소유자가 자신이 지급한 비용을 화주에게 청구하는 것으로 적하보험자의 공동해손분담금 지급이 문제된다.

적하보험이 문제된다. 화주는 적하보험자에게 ICC(A), (B), (C) 중 하나로 적하보험에 가입한다. 화주는 어떠한 경우에도 갑판적 화물 사고에 대하여 보험금을 받을 수 있도록 보험에 가입할 것이다. 갑판적 특별약관이 많이 활용된다. 적하보험자에게 고의 혹은 중과실은 없을 것이므로 보험자는 면책을 주장할 여지가 없다. 보험금을 지급한 보험자는 과실이 있는 운송인에게 구상청구를 하게 된다. 구상청구의 결론은 오랜 시간을 필요로 한다. 이런 청구에 대항하여 운송인은 위에서 말한 각종 면책 등을 주장한다.

그런데 운송인이 최종적으로 책임을 부담하는 경우에도 그 손해배상은 선주책임보험(P&I)에서 지급하는 사항이다. 영국법상 운송인이 도산되어 지급능력이 없으면 화주나 그 보험자는 책임보험자에게 직접 청구(direct action)가 가능하다. 우리 법에서는 책임질 자가 책임보험에 가입되어있다면 언제나 제한없이 화주는 책임보험자에게 직접청구가 가능하다(상법 제724조 제2항). 책임보험자도 운송인이 주장할 수 있는 면책 등은 주장이 가능하다. 운송인이 포장당 책임제한으로 1,000만원만 배상하는 경우에는 책임보험자도 그 액수만큼만 배상하면 된다.

난파물제거문제

유실된 컨테이너는 난파물이 된다. 난파물은 그 소유자가 제거할 의무를 부담한다. 그런데, 그 소유자는 화주로서 멀리 육지에 있고 일일이 파악하기도 쉽지않다. 그래서 마지막 점유자였던 운송인(선

박소유자 혹은 선체용선자 등)이 제거의무를 부담하도록 하는 법제도
도 있다. 공해에 있는 컨테이너 박스에 대하여는 어떤 국가도 제거
를 명령할 권한을 가지고 있지 않다. 배타적 경제수역으로부터는 연
안국이 항해의 안전에 대한 권한을 가지므로 운송인이나 화주에게
제거명령을 내리게 된다.

우리나라는 공유수면관리법에 의하여 규율된다. 제거명령을 따르
지 않은 경우 국가가 대집행을 하여 컨테이너 박스를 제거하고 비
용을 선박소유자 등에게 청구한다. 지급하지 않으면 책임보험자에게
청구할 수 있다. 정기선사가 책임보험에 가입하지 않은 경우란 상상
하기 어렵기는 하지만, 이런 경우에 대비하여 일본과 대만은 입항하
는 선박에게 책임보험에 가입할 것을 강제하고 있다. 난파물 제거조
약(wreck removal convention)은 선박에게 책임보험의 가입을 강제화
하고 있다. 우리나라는 아직 책임보험의 가입을 국내법으로 강제화
하지 않고 있다.

정기선사가 취할 조치

사고가 재발되지 않도록 조치를 취할 필요가 있다. 한번이 아니
고 이미 4번이나 사고가 발생했기 때문에 대형컨테이너 선박이 겨
울철에 갑판적 사고가 발생한다는 것이 주지의 사실이 되었다. 그럼
에도 불구하고 사고를 방지하기 위한 어떠한 조치없이 선박을 동일
하게 취항하여 사고가 발생하면, 무모한 행위(reckless behavior)가 된
다. 사고가 발생할 것을 알면서도 아무런 조치를 취하지 않았기 때
문이다.

여기에 해당하면 운송인 혹은 선박소유자는 포장당 책임제한이나
선박소유자책임제한의 혜택을 받을 수 없다. 선박보험에서도 중과실
에 해당하여 보험자는 면책을 주장할 수 있게 된다.

특히 동일한 운송회사나 얼라이언스 내에서 사고가 반복해서 발

생한 경우에는 사고의 발생가능성을 충분히 알았기 때문에 조치를 취하지 않은 것은 확정적 고의는 아니지만(고의로 사고를 야기하지는 않았지만), 사고가 재발해도 어쩔수 없다는 식의 미필적 고의나 무모한 행위로 인정될 가능성이 있다고 본다.

컨테이너 운송은 정기성이 생명이다. 운송 중에 발생한 컨테이너 박스의 유실사고는 수출자인 화주에게 납기를 맞추지 못하는 문제를 야기한다. 정기선사의 선박에 대한 가압류는 정시출항을 놓치게 하기 때문에 해상변호사들이 선박을 가압류로 하지 않는 것이 관행이다. 채권자들이 정기선의 정시성을 그만큼 존중해준다는 것이다.

운임단가를 낮추기 위한 전략으로 컨테이너선박은 점차 대형화되어왔다. 이 대형화는 선박과 화물이 악천후를 견딜 수 있다는 전제하에 있어야한다. 항해상의 기술 혹은 조선기술로 이것이 달성될 수 없다면 대형화는 멈추어야 한다. 최근의 4번에 걸친 겨울철 컨테이너 박스 유출사고는 예사롭지 않다. 대형컨테이너 선박이 안전하게 화물을 북태평양 겨울바다 건너로 보내줄 수 있을까하는 강한 의문을 제기하는 사안이라고 생각한다. 전체로서의 전세계 정기선사와 조선소는 하루속히 사고의 원인을 파악하고 사고 방지를 위한 대책을 내어 놓아야한다. 그렇지 않다면, 정기선사는 다음 사고시에는 상법상 주어지는 책임제한 등의 혜택을 보지 못하게 될 것이며 보험료의 인상 등 어려움에 처할 것이다.

롤링을 감소시키는 물탱크의 설치 등의 조치, 항해중 고박을 위한 선원의 증원, 선교에서의 자동 고박장치의 설치 등이 이미 우리나라 전문가들 사이에서 제시되고 있는 것은 고무적인 일이다. 최근의 사안은 우리 정기선사는 개입되지 않았지만 우리 정기선사들도 한번 더 안전운항과 책임관계를 확인할 필요가 있다고 하겠다. 신속한 재발방지책이 마련되어 안정적인 컨테이너 운송이 되길 빈다.

《〈한국해운신문〉, 김인현칼럼(70), 2021년 2월 4일》

제 **2** 장

동남아 정기선사와 공정거래위원회

1. 해운산업에 적용되는 경쟁법 쟁점

상법은 기업을 유익한 존재로 파악한다. 그래서 상법의 첫 번째 이념은 기업이 쉽게 만들어지고 유지하도록 해야 한다는 것이다. 선박을 이용하는 기업인 해상기업을 다루는 해상법의 첫 번째 이념도 이와 같다. 그래서 각종 보호제도를 해상법은 가지고 있다. 그런데, 경쟁법은 기업이 자유경쟁을 해치면서 더 많은 이윤을 획득하기 위한 부정적인 존재라는 시각을 가지고 있는 것 같다. 경쟁법은 해운인들에게는 멀리 있고 그 내용을 이해하기도 쉽지 않다. 그렇지만, 경쟁법이 지향하는 자유경쟁의 목표를 이해해야 한다. 정기선해운의 특수성에 따라 허용된 범위를 정확히 이해하고 그 범위 내에서 영리활동이 이루어져야 한다.

그동안 해운산업은 저운임이 지속되어 경쟁법 위반의 소지가 없었지만, 고운임이 지속되는 상황이 되면 경쟁법 당국은 상대방인 화주를 보호하려는 위치에 서기 때문에 경쟁법의 적용사례가 많아질 것이다. 따라서 정확한 경쟁법에 대한 이해를 필요로 한다. 이런 목적에서 간단하게 연구한 결과를 독자들과 공유하고자 한다.

〈정기선 영업에서의 경쟁법적 쟁점〉

우리나라에서 경쟁법에 관한 기본법은 「독점규제 및 공정거래에 관한 법률(공정거래법)」이다. 정기선 영업에서 해운동맹 또는 유사단체를 구성하는 경우 적용 가능한 경쟁법적 쟁점은 크게 ① 부당한 공동행위 해당 여부, ② 시장지배적 지위의 남용 여부, ③ 불공정거래행위 등 3가지다. 외국 정기선사들도 우리나라 안에서 경쟁법 위반행위를 하면 적용대상이 된다. 반대로 우리 정기선사들이 외국에서 경쟁법 위반 행위를 하면 역시 적용대상이 된다.

부당한 공동행위 해당 여부

부당한 공동행위에 관하여는 우리나라 공정거래법 제4장(부당한 공동행위의 제한)의 규율을 받는데, 제19조에 따라 사업자는 계약, 협정, 결의 기타 어떠한 방법으로도 다른 사업자와 공동으로 부당하게 경쟁을 제한하는 가격을 결정·유지 또는 변경하는 행위, 상품 또는 용역의 거래조건이나 그 대금 또는 대가의 지급조건을 정하는 행위, 영업의 주요부문을 공동으로 수행·관리하는 행위 등 공정거래법 제19조 제1항 제1호에서 제8호까지 규정된 행위를 포함하여 다른 사업자의 사업활동 또는 사업내용을 방해하거나 제한함으로써 일정한 거래분야에서 경쟁을 실질적으로 제한하는 행위를 할 수 없다(제19조 제1항). 공정거래위원회는 2010년 5월 26일 항공사들의 유류할증료 담합에 대하여 1200억원의 과장금을 부과했다. 이를 항공사의 국제카르텔이라고 설명하고 있다(공정거래위원회 홈페이지 <https://www.ftc.go.kr/www/FtcNews View.do? key=5>).

예를 들어 한 선박회사가 다른 선박회사들과 해운동맹 및 유사단체를 형성하여 저가 운임공세를 펼치는 등 동맹 외 선사의 영업에 지장을 주는 경우 공정거래법 제19조 제1항의 부당한 공동행위에 해당할 수 있다. 해운동맹보다 약한 형태인 컨소시움이나 얼라이언스 체제라고 하더라도 선사 간 제휴를 통해 후발업체의 영업을 저해하는 등 운송시장에서의 경쟁을 실질적으로 제한하게 되면 부당한 공동행위 위반 문제에서 자유로울 수 없다. 다만, 정기선해운의 특성을 반영하여 면제규정을 두고 있는 경우 예외적으로 공동행위가 허용된다. 또한 산업의 합리화, 불황의 극복, 산업구조의 조정과 같은 목적을 위하여 행하여지는 경우로서 대통령령이 정하는 요건에 해당하고 공정거래위원회에서 인가를 받은 경우에는 제19조가 적용되지 않는다(제19조 제2항).

부당한 공동행위에 해당하는 경우 공정거래위원회는 제21조에 의한 시정조치 및 제22조의 과징금을 부과할 수 있고, 피해자는 제56조에 의한 손해배상청구가 가능하다. 한편, 부당한 공동행위를 한 선사는 공정거래법 제22조의2에 규정된 자진신고자 감면 제도(Leniency)를 통해 시정조치 또는 과징금에 대한 감경 또는 면제를 받을 수 있다.

시장지배적 지위의 남용 여부

1사업자가 독자적으로 시장점유율 50% 이상을 차지하거나(제4조 제1호), 3이하의 사업자의 시장점유율의 합계가 75% 이상을 점유하는 경우(제4조 제2호) 시장지배적 사업자로 추정되고, 운임을 부당하게 결정 또는 조정하는 행위, 다른 사업자의 영업을 부당하게 방해하는 행위 등을 하지 못한다(제3조의2).

따라서 정기선사가 단독으로 혹은 얼라이언스를 통해서 시장지배적 지위를 가지고 운임 또는 선복량을 부당하게 조정하거나 해운동맹 및 유사단체에 가입하지 않은 다른 선사의 영업 또는 참가를 부당하게 방해하는 등의 남용행위를 하는 경우 공정거래법 제5조에 의해 시정조치를 받거나 제6조에 의해 과징금을 부과받을 수 있다. 또한 그 남용행위를 통해 피해를 입은 자는 공정거래법 제56조에 따라 손해배상을 청구할 수도 있을 것이다.

불공정 거래행위

공정거래법 제23조에서는 부당하게 거래를 거절하거나 거래 상대방을 차별하는 행위등의 불공정거래행위를 금지하고 있다. 최근 정기선사들이 중국발 미국향 운임이 높기 때문에 예정된 부산기항을 하지 않는 것은 제23조 제1항 1호(부당하게 거래를 거절하거나 상대방을 차별하여 취급하는 것)를 위반하는 것이 될 것이다.

또한, 얼라이언스에 가입한 정기선사가 얼라이언스 가입선사들과 장기운송계약을 체결하는 화주에게 운임 상의 혜택을 주고 있는데, 그렇게 되면 자신들과 계약을 체결하지 않은 화주들에게는 차별적 취급을 하는 것이 된다. 그러나 해운법에서 장기운송계약의 체결을 허용하고 있기 때문에 공정거래법 제58조에 의하여 공정거래법의 적용이 제외되는 행위가 된다.

컨테이너 터미널 운영사들이 대량의 화물을 제공하는 정기선사들에게 하역료를 인하하는 것은 역시 제23조에 해당하여 위반행위인가 의문이 제기된다. 그 인하의 혜택을 받지 못하는 작은 선사들은 위반행위라고 주장할 여지가 있다. 특히 운영사들은 해운법의 적용 대상이 아니므로 오로지 공정거래법의 적용 대상인 점도 유의해야 한다.

공정거래위원회는 불공정거래행위를 한 정기선사에 대해 공정거래법 제24조에 의한 시정조치 및 공정거래법 제24조의2에 의한 과징금 부과 혹은 제66조 제1항에 따라 검찰에 고발을 할 수 있다. 또한, 피해자는 공정거래법 제56조에 의해 손해배상을 청구할 수 있다.

〈해운법 등에 의한 경쟁법 배제 여부〉

우리나라 해운법은 일본과 달리 해운산업에서 경쟁법의 적용을 배제하는 명시적인 규정을 두고 있지 않기 때문에 정기선사들은 공정거래법 등 경쟁법의 적용대상에서 제외되는지가 문제된다. 공정거래법 제58조에서는 다른 법률에 따라 행하는 정당한 행위에 대하여 공정거래법의 적용을 제외하고 있다. 해운법에 공정거래법 제58조가 전제하는 법률에 의한 정당한 행위가 있는지를 찾아보아야 한다.

해운법 제29조 – 공동행위

해운법 제29조 제1항에서는 외항화물(정기)운송사업자에게 다른 외항화물운송사업자와 운임·선박배치, 화물의 적재, 그 밖의 운송조건에 관한 계약이나 공동행위를 할 수 있다고 규정하고 있다. 즉. 외항화물(정기)운송사업자가 운임, 선박배치, 화물의 적재, 그 밖의 운송조건에 관하여 행하는 해운동맹 및 유사단체의 공동행위는 해운법 제29조 제1항에 따라 행하는 정당한 행위로 인정된다고 해석된다. 그런데, 공정거래법 제58조가 여전히 존재하기 때문에 해석이 문제된다.

해운법 제29조의 운임의 인상 혹은 인하, 노선의 조정 등과 같은 공동행위가 해운법상 인정된다고 하더라도 이것이 공정거래법 제58조에서 말하는 정당한 행위로 인정받아야 공정거래법의 적용면제가 될 수 있다.

일본 해상운송법 제28조에 의하면 "일본국의 항구와 다른 국가의 항구 사이의 항로에서 선박운항사업자가 기타의 선박운항사업자와 운임, 요금 등 기타의 운송조건, 항로, 배선 등 적취에 대한 사항을 내용으로 하는 협정 혹은 계약의 체결, 또는 공동행위에 대하여 국토교통대신에게 미리 제출하는 경우에는 독점금지법 규정의 적용을 적용하지 않는다. 다만, 불공정한 거래방법을 사용하는 경우 혹은 일정의 거래분야에서 경쟁을 실질적으로 제한하는 것에 의하여 이용자의 이익을 부당히 행하는 경우에는 예외로 한다." 해석상 일본의 경우도 우리 법과 동일한 구조라고 볼 수 있다.

미국의 경우 FMC에 의해 독점금지법 적용이 배제되는 것은 미국 해운법에서 보고 및 감시 그리고 처벌규정이 엄격히 이루어지고 있기 때문이다. 만약 이런 제도가 갖추어진 상태가 아니라면 정당한 행위로 인정받지 못하여 공정거래법의 적용대상에 해당하게 될 것이다.

현재 2020년 개정된 해운법의 규정에 의하면 운임의 인상 등에 화주의 참여가 보장되지 않는 등 부정적인 요소들이 포함되어 있기 때문에 현 상황에서는 정당한 행위로 인정받지 못할 여지가 많고 따라서 공정거래위원회가 해양수산부와 무관하게 개입할 수 있다고 본다.

해운법 제29조는 외항화물운송(부정기의 경우, 운임은 제외)에만 적용되는 것이기 때문에 여객운송사업자, 운송주선업자(국제물류주선업자), 항만하역회사, 터미널 운영자등의 공동행위에는 공정거래법이 바로 적용된다. 부정기선사는 운임에 대하여는 공동행위가 허용되지 않으므로 공정거래법이 바로 적용된다는 점도 유의해야 한다. 울릉도와 독도를 운항하는 4개 여객운송사업자는 겨울철 비수기에 여객선의 운항회수를 줄이는 사전회의를 가지고 이에 따라 감척운항 등을 하면서 경쟁을 제한했다는 이유로 과징금이 부과되었다. 해운법의 적용을 받는 여객운송사업자였지만 경쟁법 위반의 문제는 공정

거래법 제19조 제1항이 적용되었다(공정거래위원회 2014.11.25.결정
2013구사2602)(2014-259호).

불공정거래행위

해운법 제28조는 운임의 공표에 대한 규정이다. 정기선사 등이
운임을 공표하도록 하여 시장 질서를 유지하려는 목적의 규정이다.
개정 법률은 위 공표를 유예나 신고로 대체할 수 있는 규정을 신설
했다(제28조 제2항). 제29조의 2에 공정 계약의무 부과와 장기운송계
약(서비스계약)의 우대규정을 두었다. 제28조 제1항 각호에 해당하는
자와 화주는 화물운송거래를 위한 입찰을 하거나 계약을 체결하는
경우에는 공정하고 투명하게 하여야 한다. 소위 서비스계약을 체결
하는 자는 우대하는 규정을 두고 있다.

제28조 제1항 각호에 해당하는 자와 화주가 3개월 이상의 기간
을 정한 화물운송계약(이하 "장기운송계약"이라 한다)을 체결하는 경우
에는 (i) 운임 및 요금의 우대조건, (ii) 최소 운송물량의 보장, (iii)
유류비 등 원재료 가격 상승에 따른 운임 및 요금의 협의, (iv) 그
밖에 산업통상자원부, 국토교통부, 공정거래위원회 등 관계 중앙행
정기관과 협의하여 대통령령으로 정하는 내용을 포함해야 한다. 이
경우 제31조 제1항 제1호(운송인이 공표한 운임보다 더 받거나 덜 받는
행위) 및 같은 조 제2항 제1호(화주가 공표한 운임보다 더 받거나 덜 받
는 행위)를 적용하지 아니할 수 있어서 우대된다.

이러한 해운법상의 규정은 공정거래법상의 불공정거래행위를 정
기선해운에 적용한 것으로 보인다. 그렇지만 이런 내용이 정기선해
운상의 불공정거래행위를 모두 망라한 것으로 볼 수는 없다. 기재된
것 이외에 공정거래법상의 불공정거랭행위에 해당하면 공정거래법
상 규제의 대상이 될 것이다.

시장지배적 지위 및 기업결합의 제한

해운법에서는 시장지배적 지위에 대하여는 아무런 언급이 없기 때문에 정기선 영업에서 시장지배적 지위의 문제가 발생하면 공정거래법상의 적용을 받게 된다. 시장지배적 지위에 있는 사업자는 상품의 가격 용역의 대가를 부당하게 결정하거나, 상품의 판매 또는 용역의 제공을 부당하게 조절하면 안 된다(제3조의 2). 다른 사업자의 사업활동을 부당하게 방해하는 행위도 안 된다. 일정한 시장에서 한 사업자가 시장 점유율이 100분의 50 이상이 되면 시장지배적 지위에 있는 것으로 추정된다(제4조).

또한, 기업의 결합으로 인하여 관련 시장에서 시장지배자적 지위를 가지게 될 우려가 있는 경우에는 기업결합 규제 또한 받을 수 있다(제7조). 예컨대, 우리나라 정기선사가 단독으로 50% 이상의 시장점유율을 가지거나 얼라이언스를 통해 시장점유율 75% 이상이 되면 기업결합의 승인을 해운법상 주무관청인 해양수산부의 승인을 득해야 하는 것이 아니라 공정거래위원회에서 받아야 한다. 대표적인 예로 중국정부가 2014년 내린 P3 Alliance 사건이 있다. Maersk Line은 MSC와 CMA−CGM과 같이 P3 Network를 형성하기 위하여 중국상무성 반독금금지부에 승인신청을 내었다(2014.6.17.). 그들이 전세계 공급망의 46.7%를 차지하게 된다는 점, HHI지수가 아시아−유럽노선에서 890이던 것이 결합 후에는 2240으로 급등하게 된다는 점 그리고 경쟁자들이 시장에 진입하는 것을 어렵게 한다는 등의 이유로 중국정부는 이를 불허했다. 현대중공업이 대우해양조선을 합병하는 경우도 특정 선종에 대하여 75% 이상의 시장지배력이 있기 때문에 이와 같은 논의가 있다.

기타 제도의 논의 – 공정거래법 제19조 제2항

해운법 제29조의 공동행위가 공정거래법의 완전한 적용면제가 아니라고 해석되더라도, 공정거래법 제19조 제2항의 공동행위 인가제도를 활용한다면 완전한 적용면제효과를 얻을 수 있다. 이에 따르면 불황의 극복을 목적으로 공동행위가 행해지는 경우에 공정거래위원회의 사전인가를 받으면 공정거래법을 적용하지 아니한다고 규정하고 있다. 불황의 극복을 목적으로 하는 공동행위가 성립하기위해서는 그 요건이 까다롭다. 해운동맹의 인정이 불황시 파멸 운임경쟁으로 인한 선사의 도산과 이로 인한 화주의 폐해를 방지하려는 것이 그 뿌리였다는 점을 감안할 때, 정기선사가 불황시 공정거래법 제19조 제2항에 대한 주장이 가능할 것으로 판단된다. 이외에도 산업합리화, 연구기술개발, 산업 구조조정을 위한 경우도 사전인가제도를 이용할 수 있다.

한편, 공정거래법 제19조 제2항은 인가가 가능한 공동행위의 목적으로 중소기업의 경쟁력 향상도 규정하고 있는데(제6호), 인가기준을 구체화하고 있는 시행령 제28조는 공동행위로 인한 참가자들의 거래조건에 관한 교섭력 강화 효과가 명백하고 공동행위 외의 방법으로는 대기업에 대항하기 어려운 경우 인가가 가능하다고 규정하고 있다. 이때 중요한 것은 중소해운선사들의 공동행위가 대기업인 화주에게 대항하기 위한 필연적인 행위라는 것이 인정되어야 할 것이다.

최근 대기업의 자회사인 2자물류회사가 등장하여 해운선사들에게 화주로서 '우월적 지위'를 행사하고 있다. 이들은 계약운송인이지만, 실제운송인이 되는 중소 해운선사들에게는 화주가 되어 하청을 주는 우월적 지위에 서게 된다. 이들은 모기업의 화물을 유치하고 그 힘으로 다른 화물까지 유치하여 큰 힘을 가지게 되는 반면 해운선사들은 난립되어 협상력이 약화되어 있으므로 운임의 지지를 위하여 대항카르텔의 주장을 통해서 공정거래법의 적용면제 효과를 누릴 수도 있다고 생각한다.

다만, 실무상 많이 주장되기는 불황카르텔 또는 대항카르텔에 대해 직접적으로 인정한 사례가 많지 않다. 국내 10개 소주 사업자에게 독점적으로 병마개를 공급하는 S금속의 병마개 가격 인상계획에 대해 9개 소주 사업자가 공동으로 가격 인상을 거부한 행위에 대해서 서울고등법원은 독점기업인 S금속에 대한 대항력을 행사한 대항카르텔로 본 바 있다.

불황카르텔 또는 대항카르텔이 직접 적용될 수 없다고 하더라도 공정거래법 제58조에서 규정하고 있는 정당한 행위로 판단되는 근거로서는 최소한 활용될 수 있을 것이라고 생각된다.

〈제언 및 마무리〉

전 세계적으로 해운동맹 및 유사단체에 대한 경쟁법 적용배제는 점차 그 효력을 잃어가는 추세이며, 이를 인정하는 국가에서도 선복공유 또는 정기선 분야의 일부 협력형태만을 유예하는 방식으로 이뤄져 있다. 즉, 해운분야도 점차 경쟁법이 전면 적용되는 분야로 발전하고 있다고 보인다.

한편, 정기선해운은 수급의 비탄력성에 따라 운임의 등락이 파멸적인 결과를 가져오기 때문에, 어느 정도의 특별한 처리가 필요하다. 운송수요(수출입화물의 증대)가 촉발되어 선박공급이 부족한 경우 선박이나 컨테이너박스를 당장 구할 수가 없다. 최소한 1년은 기다려야 제조가 가능하다. 따라서 운임이 급등하게 된다. 역으로 운송수요가 급격하게 준 경우 초과된 선박을 처리하기가 곤란하다. 따라서 운임은 폭락하게 된다. 공동행위를 인정하여 장기운송계약에 기반하여 일정한 운임을 인정하고 합리적인 노선의 조정이 이루어질 수 있다면 운송인과 화주 양자 모두에게 이익이 된다. 따라서 공정거래위원회와 공정거래법의 적용에서 벗어난 예외를 인정할 필요가 있다. 그 유용한 모델은 미국의 FMC와 해운법이다. 우리나라는 이와 유사한 길을 택하려고 했지만, 아직 해양수산부가 해운법 내지는 해사분야 경쟁법에 대한 주무기관 또는 그 규제기관으로서의 역할을 충분히 수행하지 못하고 있다.

일본 국토교통성은 일본에서 해상운송법상 공동행위 허용규정 적용을 폐지하면, (i) 외국 정기선사는 일본항구에 기항하지 않게 됨으로써 일본의 항구는 feeder 선박만 다니게 되어 비용이 증가하고, (ii) 유럽은 여전히 공동행위가 제한적으로 허용되므로 유럽정기선사들의 과점화가 진전되어 결국 일본화주들이 높은 운임을 지급하게 되어 불리하게 된다는 점을 들어 존치를 지지한 바 있다.

아래와 같이 몇 가지 개선방안을 제시한다.

첫째, 해양수산부는 해운공정거래위원회를 설치하여 경쟁법 적용사항의 신고와 규제를 엄격하게 하여 공정거래법 제58조에서 말하는 공정성의 시비에서 완전히 벗어나도록 해야 한다. 공정거래법에서 규율하고자 하는 부당한 공동행위와 불공정한 거래행위는 모두 해운법에서 규율이 되도록 일원화를 시도해야 한다. 그 적용대상 사업자도 해운법의 화물운송사업자 뿐만 아니라 여객운송사업자, 국제물류주선업자(2자물류회사 포함), 항만하역회사 및 터미널운영자 등으로 확대해야할 것이다. 터미널 운영자는, 정기선사 등 얼라이언스의 상대방이 되기 때문에 우월적 지위에 있는 정기선사에 대항하여 공동행위를 해야 할 필요성이 있기 때문이다. 경우에 따라서는 고객의 유치를 위하여 규모를 가진 정기선사에 대하여는 하역료와 터미널 사용료를 인하해줄 필요도 있다. 특별히 이들에 대하여도 해운법에서 예외규정의 적용을 두지 않는다면, 공정거래법 위반이 될 것이다.

이렇게 강화된 해운법은 외국 외항화물운송업자의 경쟁법위반사항에도 강하게 적용되어 우리 화주와 우리 정기선사를 보호한다는 점도 유념해야 한다.

둘째, 외항화물운송업자들은 화주단체와의 정기적인 협의체 구성을 통하여 운임과 부대비용에 대한 협의를 거쳐야 한다. 해운법 제29조에서 정기선 외항화물운송사업자 간의 운임, 선박배치, 화물의 적재, 그 밖의 운송조건에 관한 계약이나 공동행위를 허용하고 있고, 부정기선 외항화물운송사업자 간에는 운임에 관한 사항을 제외한 선박배치, 화물의 적재, 그 밖의 운송조건에 관한 계약이나 공동행위를 허용하고 있다. 그리고 이렇게 결정한 계약이나 공동행위를 해양수산부장관에게 신고하도록 하고, 신고하기 전에 화주단체와 운임과 부대비용에 관해 충분히 정보를 공유하고 협의를 하도록 하고 있다. 그리고 이러한 협의를 정당한 사유 없이 거부할 수 없도록 규정하고 있다. 그럼에도 불구하고 현실적으로 해운법 제29조 제2항과 제6항에 따른 정보교환과 협의가 이루어지지 않고 있어 정당성이 떨어지는 문제가 발생한다.

해양수산부 산하에 선사단체대표, 화주단체대표, 공무원 및 전문가 집단 등을 포함하는 정기적인 협의체를 구성하여 정기적으로 협의회를 개최토록 하고 협의회에서 운임과 부대비용을 협의하도록 해야 한다. 해운분야에서 가장 대표적인 협의체가 도선운영협의회이다(도선법 제34조의2). 협의회는 도선사 대표 3인, 이용자 대표 3인, 관련전문가(해운항만 및 공정거래) 3인 등 총 9인으로 구성되어 도선료를 협의하고 있다(도선법 시행령 제18조의2). 이를 참고하여 해운선사의 운임 및 부대비용을 협의토록 하면 해운법 제29조의 취지를 살리고, 일방적인 운임담합이 아닌 이용자와 협의를 거친 행위가 되기 때문에 공정거래법상 정당한 행위로 인정받을 수 있을 것이다.

셋째, 공동행위에 대한 인가제도의 활용이다. 정기선사들은 구조조정이 필요한 경우나 불황을 극복하거나 대형화주들에 대하여 경쟁력향상의 목적으로 해운선사들은 불황카르텔, 대항카르텔 등을 활용하여 공정거래법 제19조 제2항 소정의 인가를 사전에 받는 방법이 있을 것이다. 공정거래위원회의 인가를 받는다면 공정거래법의 적용에서 완전 면제되어 인가된 범위 내에서는 자유롭게 공동행위를 할 수 있을 것이다.

넷째, 자진신고자 감면제도의 활용이다. 우리나라 공정거래법 제22조의2에서는 자진신고자 감면제도를 규정하고 있다. 중국에서 자동차 운송선사들이 가격담합으로 인하여 과징금 제재를 받을 때 일본 선사가 자진신고 제도를 이용하여 과징금 징계를 감면받은 경우가 있다. 만약 국내 또는 자진신고자 감면제도를 두고 있는 외국에서 경쟁법 문제에 연루된다면 자진신고자 감면제도를 적극적으로 활용하는 것도 필요할 것이다.

공정거래법이 규제하는 기업결합, 시장지배자적 지위는 전혀 해운법에서 언급이 없기 때문에 바로 공정거래법과 공정거래위원회의 적용대상이 된다. 해운법에서 그 적용의 면제를 한 경우란 공동행위인데 정기선사의 경우는 운임에 대한 것까지 확대되지만, 부정기선사의 경우 운임은 제외된다. 불공정거래행위는 일부 적용이 제외되고 특히 장기운송계약을 체결하면 우대되어 허용된다. 해운법 제29조에서 제외되는 경우란 일부라는 점을 유의해야 한다.

정기선운항의 경우 수요와 공급의 약간의 불균형에도 운임이 대폭상승 대폭하락하는 특수성이 있기 때문에 공동행위가 가능하도록 완전한 공정거래법 면제규정을 두어야 한다. 지금과 같이 수요는 많고 공급이 부족한 경우에는 반대의 경우와 달리 공급을 늘리지 않고 조절하는 경우는 경쟁법 위반의 소지가 대단히 크다고 생각된다. 현재와 같은 공급부족의 시장이 지속된다면 고운임이 지속되고 수

출대국인 우리나라의 입장에서는 수출경쟁력이 약화되므로 경쟁당
국은 약자의 편에 설 것으로 예상되고, 2021년은 전 세계적으로 경
쟁당국의 움직임이 두드러질 것이다. 경쟁법에 대한 이해를 바탕으
로 해운법상 예외규정을 적절히 활용할 필요가 있다. 외국에 기항하
면 외국의 공정거래법의 적용을 받는다는 점도 유의할 필요가 있다.

〈〈한국해운신문〉, 김인현칼럼(74), 2021년 3월 26일〉

2. 동남아정기선사 공정거래법 위반여부 사건의 쟁점

들어가며

동남아 항로를 다니는 우리 국적정기선사와 외국정기선사에 대하
여 공정거래위원회(이하 공정위)에서 과징금 7,000여억원을 부과하겠
다는 보고서가 나왔다. 업계는 크게 술렁이고 있다. 필자도 이렇게
큰 과징금 액수는 들어보지 못해서 당혹스럽기는 마찬가지이다. 이
미 3년 전에 공정위의 조사가 시작되었고, 해운법 제29조의 공동행
위 규정과 절차가 미흡하다는 지적이 여러 차례 있었기 때문에 새
삼스러운 이슈는 아니다.

그러나 경쟁법이 추구하는 자유경쟁과 공정한 경제질서라는 것이
치열한 국제경쟁하에서 생존의 존망 앞에서 하루하루 영업을 하는
해운업계의 처지에서는 맞지 않다고 생각할 수도 있다. 공동행위를
허용하는 해운법에 의지하고 영업을 해왔는데, 주무부서인 해양수산
부에서는 말이 없음에도 불구하고 공정위에서 공정거래법에 근거하
여 과징금을 부과한다고 하니 양자의 관계가 무언지 의문이 제기되
기도 한다.

해운협회는 6월 8일 이와 관련 기자간담회를 했다. 그 이후 전문
지 등의 기사를 보면 일방의 주장만 있어서 쟁점이 무언지 혼란스
럽기도 하다. 해상법과 경쟁법을 연구하고 강의하는 교수의 입장에

서 본 사건의 쟁점을 객관적 시각에서 기술하여 보고자한다.

공동행위는 무조건적으로 허용되는가?

경쟁법은 독과점을 방지하려고 한다. 사업자가 독점이 되면 가격을 마음대로 정할 수 있다. 기업은 독점적 지위를 누리려고 한다. 독점적 지위에 이르면 더 많은 수입을 올릴 수 있다. 어느 나라이건 어느 분야이건 독과점을 방지하려고 한다. 여러 사업자들이 하나로 공동으로 의사를 정하여 운영하면 독점적 지위를 누릴 수 있게 된다. 공동행위는 바로 이를 달성하기 위한 행위이다.

정기선운항은 수출입상품의 안정적인 공급에 꼭 필요하다. 정기선운항은 개품운송인의 영업으로 영, 미에서는 이런 정기선 운항을 하는 자를 공중운송인(common carrier)이라고 한다. 항해일정을 미리 공표하고 이에 따른다. 화주들의 운송의뢰에는 이를 거부할 수 없는 의무를 가진다. 책임도 원칙적으로 무과실책임으로 엄격하다. 그 대신 다양한 보호를 정부가 해준다. 이들에게는 대규모의 자본투자가 필요하다.

해운의 선각자들은 동맹이라는 제도를 두어 운임을 공동으로 정하였다. 동맹의 부정적인 시각이 나타나자 1974년 정기선헌장이라는 조약을 만들었다. 수출입국가가 운송권의 40:40을 가지고 제3국이 20% 운송권을 가지도록 하여 후진국을 보호했다. 운송인은 자체 자정노력으로 화주와는 의미있는 협의를 거쳐서 운임을 정하기로 했다.

우리나라도 1978년 해상운송법을 개정하여 정기선헌장의 입장을 받아들여 정기선사는 운임을 공동으로 정하는 행위를 허용하였다. 그 경우에는 화주와 사전에 협의하고 이를 해수부장관에게 신고하기로 했다. 장관은 문제가 있다고 보면 시정을 요구할 수도 있다. 경쟁을 실질적으로 제한하는 경우가 있다면 장관은 공정위 위원장에게 통보를 하도록 한다. 이것이 해운법의 내용이다.

　이런 조약과 해운법의 규정을 살펴보면 공동행위가 허용된다는 취지는 마음대로 여러명의 운송인이 자의적으로 운임을 천정부지로 올릴 수 있다는 것이 아니다. 주어진 절차에서 화주와 협의하여 또한 주무관청의 관리를 받으면서 공동행위를 할 수 있다는 것이다. 또한 공동행위가 실질적으로 경쟁을 제한하게 되면 해수부장관의 통보에 따라 공정위가 다시 그 사안을 들여다 볼 여지를 남겨두고 있다.

공정거래위원회는 정기선사를 처벌할 수 없는가?

　1978년 해상운송법이 개정되면서 현재 제29조가 추가되었다. 그런데, 1980년에 처음 공정거래법이 생겨나면서 현행 제58조가 들어왔다. 제58조는 공정거래법의 적용의 예외를 인정하는 중요한 조항이다. 정당한 행위인 경우에만 각 단행법의 예외규정이 적용된다는 취지이다. 각 산업별로 독자적인 경쟁법 규정을 둔 것을 상위법인 공정거래법이 통일적인 기준을 제시한 것으로 보인다.

　연혁적으로 해운법 규정이 공정거래법보다 먼저 생겼고, 이 규정은 1974년 정기선헌장을 국내법화한 것이고 우리나라도 비준국가이라는 점을 들어서 "공정거래법 제58조는 해운법 제29조에 적용이 없다고 할 수 있는가" 하는 것이 이 사건에서 또 다른 하나의 쟁점이다.

　해운업계에서는 적용제외설을 취하고 있고 공정위는 적용설의 입장이다. 공정위는 정기선사들의 행위는 정당하지 않았기 때문에 전면적으로 공정거래법을 적용하여 과징금을 부과하고 있다. 만약, 적용제외설에 따른다면 공정위는 해양수산부 장관이 공정위에 통보를 하지 않았기 때문에 개입할 수 없는 것이고 제재를 가하는 경우에도 해운법에 따라 과태료만 부과해야할 것이다.

해운법은 제29조에서 정기선사의 경우에는 운임과 노선조정 등에 대하여 공동행위를 할 수 있도록 하고, 화주단체와의 사전협의와 해수부장관에 대한 신고절차를 마련하고 있다. 나아가 해수부장관에 시정조치명령권을 부여하고 공정위 위원장에게 통보할 의무를 부과하고 있다. 또한 해수부장관은 과태료 처분을 내릴 수도 있다. 보험업법 등 다른 산업분야에는 없는 완결적인 구조로 공동행위를 규율하고 있다. 실제로 해수부가 처분을 내리지 않았던 것을 제외하고는 해운법은 정기선사의 공동행위에 대하여 완전히 독자적인 제도를 마련하고 있다. 이것은 해운업계가 주장하는 적용제외설의 좋은 근거가 될 것이다.

한편, 해운법 제29조에 경쟁을 실질적으로 제한하면 해수부장관이 공정위 위원장에게 통보하도록 되어있는 점, 수범자의 법규정 위반 시 제재수단이 해운법의 경우 과태료가 1,000만원에 지나지 않아서 공정위가 가지고 있는 수천억원대의 과징금 부과 및 검찰에 고발 등과 균형을 이룰 수 없다는 점 등은 적용설의 근거가 될 것이다.

이 두 지점이 충돌하고 있는 것이 이 사건의 쟁점중 하나다. 이 쟁점은 법원의 판단을 통해 최종 결정될 전망이다.

정당하지 않다고 보는 사안은 무언가?

위에서 본 바와 같이 공동행위는 화주와의 협의와 신고절차가 수반되어야 한다. 공정위는 화주와 의미있는 협의가 없었고 신고도 제대로 되지 않았기 때문에 정당하지 않다는 취지이다. 해운업계는 협의는 있었고 신고도 했다는 입장이다. 이 부분이 다투어지는 또 하나의 쟁점이다.

정기선사들도 운임과 관련하여 화주와의 사전 협의가 필요하다는 점을 인정한다. 그렇지만 방법론으로 관행에 따라 법 규정에 따라 절차를 지켰다고 주장한다. 공정위는 화주들과의 부정적인 내용의 인터뷰를 인용하면서 운임을 주고받는 의미있는 협의가 정기선사들과 화주 사이에 없었다고 본 것이다.

수많은 화주들이 있기 때문에 실무상 협의의 대상인 화주단체가 정해져야 한다. 무역협회 산하의 화주사무국이 법률상 그 대상으로 정해져있다. 그렇기 때문에 협의의 대상은 화주사무국이라서 여기와의 협의가 있었는지가 중요하다. 공정위 보고서도 이 점을 인정하고 있으므로 협의의 대상은 쟁점이 아니다.

정기선사들은 협회에서 팩스나 이메일로 부대운임의 인상 등에 대하여 연간 계획을 보내면 화주사무국에서 답이 거의 없었다. 10여년 동안 혹간 질의와 수정의 요구가 있었을 수도 있다. 심각하게 운임인상의 조건에 대하여 주고받은 내용은 기록에서도 찾을 수가 없다.

이런 협의가 진정한 협의인지는 의문이 있다. 기타 분야의 사용료와 관련해서는 정부가 조정자가 되어 같은 테이블에서 협의를 하거나, 관련자들이 협의회를 구성하여 다수결로 결정하는 경우도 있다. 공정위는 이런 절차가 없었음을 두고 정당한 행위가 아니라고 볼 수 있을 것이다. 정기선사들은 해운법에 이런 절차가 없다는 점을 부각하여 반론을 제기할 수 있을 것이다.

해운법에 절차가 없더라도 정기선사가 더 적극적으로 화주와 협의하려고 노력했어야하는 의무를 부담하는가의 문제로 귀결된다. 해운공정거래위원회를 만들려는 용역이 두 차례나 있었고, 도선법의 도선료 결정방식과 같은 협의체 구성에 대한 제안이 업계에서 검토된 바가 있었다는 점, 그렇지만 절차가 법률로서 만들어지지 않았다는 점은 운송인에게 유리한 점일 것이다.

신고의 미비도 쟁점이다. 공정위는 부대운임의 인상협의가 수십차례있었지만 이를 신고하지 않았다고 한다. 정기선사들은 일괄인상에 대한 신고를 연초에 한번 하고, 후속되는 논의는 하부에서 일어난 것들로서 신고된 인상액을 하회하는 것들로서 신고대상이 아니라고 주장한다.

이는 사실관계의 인정과 관련되는 것으로 구체적인 설명이 되면 접점을 찾을 수 있을 것으로 본다.

앞으로는 어떻게 할 것인가?

공정위가 과징금을 부과하겠다고 나왔고 결정은 공정위 상임위원회의 판단에 따라 결정될 것이다. 공정위는 지금과 같은 화주와의 협의와 신고제도는 문제가 있다고 지적한 것이다. 2018년까지에 대한 정기선사의 행위를 그렇게 평가한 것이다. 그러면 2019년부터 현재까지의 행위도 정당하다고 보지 않는다는 말이 된다. 해운업계는 물론 아니라고 할 것이다. 그 당부는 위원회의 결정과 길게는 대법원의 판단을 받아보아야 최종결정이 날 수도 있다. 화주와의 협의 제도와 신고 제도를 어떻게 변경해나갈 지도 고민해야한다. 반드시 정부가 법률로써 규율해야하는지, 아니면 자율적으로 화주와 제도를 만들 수 있는지도 연구해야한다.

일본에서도 공정위와 국토교통성의 정기선 공동행위의 규제와 관련 다툼이 있었고 입법으로 해결했다는 점도 주목해야한다. 1999년 국토교통성이 정기선사들의 위법한 행위에 대하여도 조치를 취하지 않으면 공정위가 국토교통성에 시정조치를 취할 것을 권고하고 이를 관보에 게재한다. 그럼에도 불구하고 1개월이 지나도 조치가 없으면 공정위가 공정거래법을 적용하여 직접 과징금 등의 부과를 정기선사에게 내리는 구조가 되어있다. 우리나라도 해수부와 공정위의 관계를 조율하여 처리과정을 수범자들이 숙지하도록 안내해야 할 것이다. 《《한국해운신문》, 김인현칼럼(76), 2021년 6월 10일)

3. 공정위 과징금 부과는 입법적 불비와 2자물류회사의 존재 미반영에 있다

현재 해운업계의 최대의 현안은 공정거래위원회와의 갈등이다. 공정위는 동남아 정기선사의 공동행위가 부당하다고 하여 과거 15년 이상의 행위에 대하여 과징금을 부과하려고 한다. 무역업계의 최대의 현안은 높은 운임을 낮추고 부족한 선박을 찾는 일이다. 무역업계의 현안을 해결하기 위해서는 해운인들과 정부가 지혜를 모아 선박을 제공해야할 때인데, 해운인들은 공정위와의 싸움에 올인하는 모습니다. 엇박자다.

이렇게 된 근본원인을 따져보면, (i) 1980년대에 만들어진 법제도를 그동안 손을 보지 않고 있다가 (ii) 현실을 모른 채로 공정위가 제재에 나섰기 때문이다.

정기선운항은 고속버스 운행과 같다. 정기선사는 일주일에 2번씩 부산항에서 출항하여 미국으로 간다는 스케쥴을 미리 공표한다. 그래서 화주들이 이에 맞추어 수출을 한다. 수출물량에 맞추어 선박이 충분히 있어야 한다. 정기선사가 파산하면 공급이 줄어들기 때문에 지금처럼 해운대란이 발생하게 된다. 그러므로 이런 일을 미연에 방지하기 위하여 망 안에 들어있는 정기선사들이 서로 가장 효율적으로 운항을 해야한다.

바로 동맹(conference)제도다. 운임도 조절하여 일정한 수입을 항상 얻도록 만든다. 이외에도 노선의 조정, 선박의 공동사용 등의 방법이 있다. 이런 행위들은 공동행위로서 경쟁을 제한하지만 경제적 효율이 높기 때문에 국제사회는 이를 인정한 것이다. 1974년 정기선헌장의 정신이다.

우리나라는 이 조약을 비준, 1978년 국내법화하는 과정에서 해운법에 정기선사의 운임공동행위를 허용한다는 내용을 넣었다. 운임인상은 화주와 협의하고 해양수산부장관에게 신고할 것을 조건으로 했다. 그런데, 그 뒤인 1980년 경쟁법이 처음으로 입법화되었다. 공정위는 해운법과 같은 단행법의 예외적인 규정을 포섭하기위하여 제58조에 예외적인 허용은 그 행위가 정당한 경우에만 인정된다는 취지를 넣었다. 이 제도는 지금까지 이어져온다.

해운법 제29조에는 정기선의 운임에 대한 공동행위는 화주와 협의, 해수부장관에 신고, 장관의 시정조치 등을 조건으로 한다. 실질적으로 경쟁을 제한한다면 해수부장관은 조치를 취하고 조치를 공정위에 통보하도록 규정되어 있다. 절차적으로 보면 이번 사안은 해수부장관이 조치를 취하지도 공정위에 스스로 통보한 사안도 아니다. 공정위는 이번 사안이 정당하지 않기 때문에 공정거래법 제58조에 따라 공정거래법이 전면 적용될 수 있다는 입장인 것 같다. 공정위 시각에서 화주와의 협의와 해수부장관 신고가 미비하다고 보았을 수도 있을 것이다. 그러나 해운업계는 이를 부정하는 점이 큰 쟁점이다.

법학자로서 필자는 해운법 제29조와 공정거래법 제58조와 같이 이렇게 엉성하게 방치된 제도를 본 적이 없다. 필자를 포함하여 여러 학자와 실무자들이 몇 차례 문제점을 지적했다. 상법은 민법의 특별법이다. 상법과 민법이 충돌되는 경우는 상법이 먼저 적용되고 민법은 적용되지 않는다. 상법에는 민법보다 상법이 먼저 적용된다고 제1조에서 천명하고 있다. 이와 같아야하는데, 해운법에는 제29조의 경우에는 공정거래법의 적용이 없다는 내용이 없다.

미국의 해운법과 일본의 해상운송법에는 이런 공정거래법 적용배재의 문구가 확실하게 있다. 해운회사의 영업사원들이 해운법 이외에 공정거래법을 찾아서 읽어야하는가? 해운법 자체에서 그런 내용이 완결적으로 있어야한다. 국제조약에 따라 먼저 만들어진 해운법상 공동행위의 허용여부가 다른 법인 공정거래법의 해석에 달려있다는 것이니 이런 입법이 가능한지 묻고 싶다.

만약, 가능한 입법이라고 치자. 그렇다면 공정거래법 제58조에 따라 해운법에는 어떤 경우가 정당하지 않는 것인지를 공정거래법 시행령이나 시행규칙에 규정하여 정기선사들에게 알려야한다. 불확정 개념은 고시를 통하여 하나씩 예측가능성을 제공해온 것이 정부의 입장이고 법이 지향하는 바이다. 왜 해운법에 대하여는 그런 조치를 취하지 않았는지?

이웃 일본은 이미 1990년부터 이런 경우를 대비하여 국토교통성이 해상운송법상 조치를 취하지 않으면 공정위가 국토교통성에 대하여 조치를 취할 것을 지시하고 이 내용을 관보에 게재하도록 한다. 1개월이 지나도 조치가 없으면 공정위가 공정거래법에 따른 과징금 부과등의 조치를 취할 수 있도록 제도를 마련해두었다.

왜 우리는 이런 교통정리에 대한 제도 마련이 없었는가? 해운법에 따라 해수부가 시정조치 등 행정처분을 내리지 않고 있으니 정기선사는 오랫동안 해온 대로 화주와 협의 및 신고를 해왔는데 이제 불쑥 공정위가 개입하여 천문학적인 과징금을 부과하는 것에 업계는 반발할 수 밖에 없는 것이다.

이 사안은 해수부와 공정위가 해운법 제29조와 공정거래법 제58조에 대한 교통정리를 하지 않은 입법의 불비 때문에 발생한 것이다. 이번에 처음으로 이 규정들의 관계에 대하여 공정위가 유권해석을 한 셈이다. 유권해석 다음부터 과징금을 부과하는 것이 합리적이라는 것이 필자의 생각이다.

상법은 운송인은 강자이고 화주는 약자라는 전제에 있다. 그리하여 상법에서는 화주를 보호하는 한계치를 정하고 이보다 불리하게 하는 운송계약은 무효로 하고 있다. 2000년대부터 우리나라에서는 대량화주들이 자회사인 2자물류회사를 만들어 시장에 진입을 시켰다. 이들은 모회사의 화물을 가지게 된다. 그는 운송수단이 없기 때문에 정기선사에게 다시 재운송을 부탁하는데 이제는 화주가 된다. 2자물류회사들은 모회사의 물량을 많이 가지기 때문에 경쟁력이 있어서 운임을 아주 낮게 할 수 있다.

20년전에는 모든 화주들이 정기선사와 직접운송계약을 체결했다. 지금은 2자물류회사들이 대량화주로서 시장에 진입하여 있다는 사실을 간과하면 안된다. 2자물류회사는 정기선사에 대하여 완전히 갑의 입장이다. 이 경우 화주가 강자이고 운송인은 약자인 지위로 변경되었다.

요컨대, 화주는 일반 화주가 있고, 2자물류회사인 화주가 있다 (2017~2019년 3년간 부산, 인천, 광양의 컨테이너 수출량이 약 700만TEU이고 7대 물류자회사 물량이 약 100만TEU였다). 운임의 결정은 (i) 일반화주와 정기선사, (ii) 2자물류회사와 정기선사 사이에서 결정된다. 경쟁제한성을 조사할 때에는 동남아 정기선사에 이들 2자물류회사를 포함시켜야한다. (i)의 경우 정기선사는 운임에 대한 지배력을 가지지만 (ii)의 경우에 정기선사는 전혀 그렇지 않다.

한편, 2자물류회사는 모회사로부터 운송의 위탁을 받으면서 계약운송인이 되는 것이다. 자신의 경쟁우위를 바탕으로 일반화주들의 화물을 유치하면서 운송의 범위를 넓혀간다. 정기선사와 화주사이에 운송계약이 체결되려고 할 때 2자물류회사들이 운송인(계약운송인)으로 개입하여 운임을 낮추면서 자신이 계약을 따려고 한다. 그 결과 운임은 낮아지게 된다.

사정이 이와 같다면 동남아 시장의 경우 우리나라 정기선사들이 공동으로 시장점유율이 70% 이상이고 운임에 대한 공동행위는 가격경쟁을 제한한다는 효과를 유발하였다는 지적은 옳지 않다. 시장점유율은 70% 이상이지만, 그 화물 중의 상당부분은 오히려 협상력에서 절대적으로 우위에 있는 2자물류회사들의 것이므로 가격경쟁을 제한하는 효과는 일부에만 해당하는 것이라고 보아야한다.

필자의 대략적인 계산에 의하면 20년전과 비교하여 2자물류회사들이 그렇지 않은 경우에 비하여 약 3조원정도의 매출을 정기선사로부터 가져간 격이 된다. 화주와 정기선사의 직접계약이 화주-2자물류회사-정기선사로 이어지면서 통행료 형식으로 5%의 운임을 2자물류회사가 취하기 때문이다. 그렇지 않았다면 정기선사들이 모두 가져갔어야 할 매출인데... 따라서 공동행위를 하여 정기선사들이 이득을 보았다는 것은 필자로서는 이해하기 어려운 대목이다. 과연 실질적인 경쟁제한의 힘을 동남아 정기선사들이 가졌는가 의문이 든다. 이런 2자물류회사의 존재에 대한 시장의 현실을 공정위는 반영하여야한다.

더 큰 문제는 앞으로도 현행제도를 그대로 가져갈 것인지에 있다. 해수부와 공정위가 권한에 대한 애매한 위치에서 서로 적극적으로 해결하지 않는 와중에 우리 정기선사만 힘이 든다. 화주와의 협의는 잘 되지 않는다. 소형화주들이 너무 많은 데 어찌 일일이 협의를 할 것인가. 대표로 인정되는 화주단체에서 운송인들이 합당하다고 생각하는 인상을 부정하는 경우에 다음 단계로 어떻게 해야 공정거래법이 말하는 정당한 행위가 될 것인가? 미국의 경우는 FMC라는 별도의 기구를 만들어 강력하게 신고된 사항을 사전 점검하고 이행을 감시하고 위반사항이 있으면 과징금을 부과한다.

최근 코로나 사태에서 선박이 부족한 가운데에 외국정기선사들의 부산항 결항이 상당하다는 기사를 읽었다. 외국정기선사들도 해운법 제29조의 적용을 받는다. 그렇다면, 공정위는 외국정기선사의 부당한 거래행위에 대하여도 적극적으로 행정처분을 내려야할 것이다. 신고와 달리 결항을 하게 되면 고스란히 피해를 보는 것은 우리나라 화주이고, 선박이 없으니 운임은 올라갈 수 밖에 없는 것이다. 이는 해운법 및 공정거래법 위반행위이다. 왜 공정위는 작년 10월 이후 운임폭등의 원인의 하나가 되는 이런 행위에 대하여는 눈을 감고 있는가? 미주화물의 경우 20%만 우리 정기선사들이 실어나르고 80%는 외국정기선사들이 실어나른다. 폭등된 운임에 이득을 보는 자는 외국정기선사들이다. 과연 공정위는 이런 불균형적인 조치가 과연 공정한지 설명해주어야 한다.

해수부와 공정위 그리고 국무총리조정실 및 청와대는 왜 이렇게 부처간의 엇박자에서 발생한 문제를 수범자인 국민들에게 미루고 있는지 이해하기 어렵다. 필자는 그저 금년말에 닥칠 운임폭락으로 인한 정기선사의 불황이 두렵기만하다. 다시 한진해운 사태를 또 맞을 것인지... 지금은 이에 대한 대책을 세워야할 터인데...해운인들은 모두 공정위에 대한 대처에 올인하고 있으니...다시 실기할까 두렵다.

(〈한국해운신문〉, 김인현칼럼(77), 2021년 7월 20일)

4. 해운대란해결, 답은 해운법 29조에 있다

국가 간 무역이 활발해지면서 기업들은 수출입화물을 정기적으로 운송할 필요성이 대두됐다. 이들은 정기 선사가 미리 공표한 입출항 일정표에 맞춰 수출입화물을 실어 보내기로 했다. 예를 들어 1주일에 2회 부산항을 출발해 미국 서부 해안까지 정기 운항하려면 8척의 배가 필요하다. 문제는 과열 경쟁이다. 경쟁으로 운임이 급락하면 정기 선사들은 도산하게 된다. 이를 막기 위해 운송인과 화주는 운임을 일정하게 유지하는 해운동맹이란 제도를 만들었다. 19세기말부터 정기선은 이런 동맹 체제에서 안정적인 해운 서비스를 제공해 왔다.

1980년대부터 해운 동맹이 지나친 카르텔이라고 해 유럽에서부터 폐지 운동이 일어났다. 정기선 시장도 운임 자유경쟁 체제로 들어갔다. 이른바 '치킨게임'이 시작됐다. 유럽 대형선사들은 대형선을 만들어 컨테이너 단위당 운임을 낮추고 정기 선사의 숫자를 줄이는 등 과점화 전략을 폈다. 그 결과 규모가 작고 정부의 지원이 없는 정기선사들은 합병을 당했다. 한진해운이 파산한 것도 낮은 운임을 견디지 못한 이유가 크다.

지난해 하반기부터 해운 운임이 폭등하고 있다. 유럽행 운임의 경우 이 기간 약 10배가 올랐다. 코로나-19로 인한 육상 작업 지연도 있지만, 시장 과점화로 선박이 부족한 것도 폭등의 큰 원인이다. 완전경쟁 상태라면 선박 공급이 유입되므로 바로 가격은 안정돼야 한다. 하지만 미국과 유럽을 오가는 동서 항로의 정기 선사는 과거 20여 개에서 현재 9개로 줄었다. 운임에 대한 지배력이 높아진 것이다.

한국 수출입 물동량은 미주나 유럽보다 동남아 시장(50% 이상)이 더 큰 비중을 차지한다. 코로나 사태에서도 10여 개 국적 정기선사들이 안정적으로 화주들에게 운송 서비스를 제공하고 있다. 운임 인상도 2배를 넘지 않는다. 이유는 1978년부터 해운법 제29조를 통해 운임, 노선 조정 등 공동행위를 할 수 있도록 했기 때문이다. 이것이 불허되는 미국·유럽 항로와 다른 점이다. 해운법 제29조가 이번 코로나 사태에서 효자 노릇을 한 셈이다.

1980년대 이후 등락이 심한 정기선 시장의 불안정을 빨리 해소해야 한다. 정기선사들이 화주와 협의로 운임을 일정한 폭을 두면서 유지하게 하고, 공급 조절도 가능하게 해야 한다. 공동행위 폐지가 능사가 아니다. 유럽에서의 운임 공동행위 폐지는 과점화로 나타났다. 운임, 노선 조정, 예비 선박 확보 등에 대한 공동행위를 허용하면서 각국 정부 혹은 국제기구가 지도 감독하는 체제를 확립하자. 해운법 제29조가 좋은 예다. 〈〈중앙일보〉, 2021년 6월 24일)

5. 해운법 제29조의 정기선사의 운임 공동행위 개선방안

공정거래위원회가 동남아 정기선사에 대하여 과징금을 부과할 것인지 곧 상임위원회 회의를 열 것으로 알려져 있다. 이보다 앞서 조사관의 과징금 부과의견에 대하여 해운협회 소속 동남아 정기선사들은 반대 의견서를 제출한 바 있다. 이러한 대처과정에서 국회에서 다소 예상과 달리 해운법 제29조 개정안이 제출되었다. 이에 언론에서 설왕설래가 있었다. 국회에서 논의가 촉발되었기 때문에 개정안에 대한 의견을 개진하는 것도 의미가 있다고 본다.

개정안이 국회에서 발의되었다는 사실은 무언가 개선의 필요가 있기 때문일 것이다. 종래 해운법 제29조는 공정거래법 제58조의 규정과의 관계에서 더 정교하게 만들 필요가 있다는 지적이 학계에서 있었다. 공정거래법 제58조는 해운법 등과 같이 단행법에서 공정거래법의 적용을 제외해주는 경우란 그 행위가 정당한 경우에만 해당된다는 취지의 규정이다.

그래서 해운법 제29조가 공정거래법 제58조와 연결된다고 보는 입장에서는 현행 해운법의 규율이 미비하므로 정기선사의 운임에 대한 공동행위가 정당한 것으로 인정될 수 있을지 의문이 제기되었다. 운임에 대하여 화주와 협의를 하는 과정에서 화주가 수용을 하지 않는다면 더 이상 법률에서 정한 후속조치가 없기 때문에 화주가 수용하지 않은 상태에서 공동으로 운임을 인상하여 적용하면 이것을 정당한 행위로 볼 수 있느냐는 것이었다.

이를 피하기 위하여는 9인 협의체를 만들자는 의견이 제시되었다. 화주 3인, 운송인 3인 그리고 공익을 대변하는 전문가 3인으로 구성된 협의체에서 제시된 안에 대한 논의를 하여 승인하는 절차를 가지면 비록 화주나 운송인 어느 한 측이 반대를 해도 정당한 것이 될 것이라는 논리였다. 그럼에도 불구하고 해양수산부 장관에게 그러한 운임인상에 대한 계획도 신고가 되고 수리되는 과정을 거치는 것이기 때문에 현행규정이 문제가 없다는 반론도 강하게 제기되기도 했다.

그런데, 이에 대하여 일본과 같은 국가는 해상운송법에서 "공정거래법의 적용을 배제한다"는 규정이 있기 때문에 일본은 정기선사의 운임공동행위가 완전히 공정거래법의 적용에서 배제된다는 주장들이 있었다. 이런 취지의 규정을 해운법 제29조에 넣으면 공정거래법의 적용과 공정위의 개입이 없게 된다는 취지였다.

쟁 점

해운법 제29조의 운임공동행위와 관련된 법적 쟁점은 두가지이다. 해운법 독자론은 해운법 제29조는 국제조약을 1978년 국내법화한 것으로 1980년 제정된 공정거래법 제58조의 존재와 무관하게 완전 독립적이고 독자적인 것이라서 공정위가 전혀 개입해서는 안 된다는 입장이다.

해양수산부 장관이 공정위에게 시정에 대한 결과를 통보하지 않는 이상 공정위는 전혀 개입할 수 없다는 것이다. 따라서 개입하더라도 과징금은 해운법에 따라서 처리해야한다는 결론에 이르게 된다. 공정위는 이런 입장에 따르지 않았기 때문에 과징금을 부과하는 보고서를 제시한 것으로 판단된다. 그러므로 이에 대하여는 해운계와 공정위 사이에 큰 다툼이 있다.

두 번째는 실무적으로 화주와의 협의와 해양수산부 장관에 대한 신고가 어느 정도가 되어야 정당한 것인지 이다. 공정거래법 제58조에서 말하는 정당한 행위에 대한 해석의 문제이다. 물론 첫 번째가 인정된다면 두 번째는 이슈가 되지 않는다.

운임협의체를 두는 방안

현행 법률을 그대로 두고 해운법 제29조의 시행규칙으로 "정기선 운임협의체"를 규정하고 운영하는 방안이 있다. 운송인 측 3인, 화주 측 3인 그리고 공익을 대변하는 전문가 3인 총 9인이 협의체를 구성하고 마치 도선법상 도선운영협의회와 같이 작동하게 된다.

운송인이 공동으로 정해 연초에 제시하는 신고운임의 협의가 화주와 되지 않을 때 협의체에 가져오면 협의체가 열리고 여기서 가부를 정하게 된다. 다수결로 처리하게 될 것이다. 이런 협의체가 운영되어서 협의의 가부를 정했다면 공정거래법 제58조의 정당한 행위가 되어 더 이상 공정위가 개입할 수 없게 된다. 현재는 이런 조직이 없다. 그래서 화주측이 승인하지 않으면 공정위가 공정거래법 제58조의 정당한 행위가 아니라고 말할 여지가 있다. 이런 여지를 원천 차단하는 것이 제안의도이다.

이 방안은 해운법과 공정거래법의 관계는 현상과 같이 애매한 관계를 해소하지 못하는 점은 있지만, 정당하지 않은지의 문제는 다시는 발생하지 않을 것으로 보인다.

공정거래법 적용제외 규정 등의 개정을 하는 경우

공정위는 이번 동남아 정기선사 사건에서 공정거래법 제19조의 공동행위 규정을 적용했다. 공정위는 동남아 정기선사의 15년간의 운임공동행위가 결국 동법 제58조의 정당한 행위가 아니라고 보는 것이다. 조사관 선에서는 해운법 제29조의 독자성과 완결성이 부정되었다. 이의 당부는 물론 공정위 상임위에서 크게 다투어질 내용이다.

이런 공정위 조사관의 입장에 의하면 해운법상의 운임공동행위는 (i) 정당한 경우, (ii) 정당하지 않은 경우로 나눌 수 있고, (ii)의 경우는 공정거래법이 전면 적용된다. (ii)의 경우 과징금 처분을 당하게 된다.

국회개정안은 "해운법 제29조의 운임에 대한 공동행위에는 공정거래법을 적용하지 않는다"는 취지의 규정을 넣고자 한다. 개정의 목적은 정기선사의 운임 등 공동행위는 모두 해운법을 전속적용하자는 것이다. 그렇다면, (ii) 정당하지 않은 경우에도 해운법을 적용하자는 것이 된다. 개정안은 또한 과태료를 10억 정도까지 인상하고 있다. 앞에서 본 쟁점을 입법으로 해결하자는 시도로 간명하다.

운임 공동행위에 대한 신고자체가 없는 경우, 화주와 아예 협의가 없는 경우, 외국 정기선사들이 시장지배력을 악용하여 실질적으로 경쟁을 제한하는 경우는 공정거래법 제58조의 정당한 행위가 아닌 것으로 보이는데, 이 법안이 통과되면 모두 해운법의 적용을 받게 된다.

그런데, 이런 경우에까지 공정위가 개입을 포기할 수 있을지 관건이다. 이미 대법원은 각 단행법에 규정된 공정거래법 적용제외 제도는 필요최소한으로 그쳐야한다고 동법 제58조를 해석한 바가 있기 때문이다. 공정위는 이를 근거로 공정거래법 제58조의 중요성을 강조하면서 자신들이 마지막 보루로서 운임공동행위에 대하여 규율해야함을 강조할 것으로 예상된다.

개정안과 같은 목적을 달성하기 위하여는 해수부로부터도 완전 독립적이고 강력한 해운시장위원회가 설치 운영되어야 할 것으로 본다. 이는 미국식 FMC의 출연을 전제로 해야 설득력이 있을 것으로 보인다. 알려진 바와 같이 미국 FMC는 과태료가 아니라 과징금을 부과하고 독립된 국가기관으로 위원들은 대통령이 임명하고 의회의 승인을 받는 자리로 알려져 있다. 해수부와는 완전히 독립된 기관이 되어야 객관성이 보장된다는 의미이다.

각국의 입법 및 운영 동향

공동행위는 운임, 노선조정, 선박공유 등으로 나누어 볼 수 있다. 경쟁법은 경쟁은 자유로운 상태에서 행해져야한다고 본다. 이러한 공동행위는 상대방인 화주로 하여금 자유롭게 선택을 하지 못하게 하므로 규제대상이다. 그렇지만, 해운의 정기선운항에서는 공동행위가 계약, 국내법 그리고 조약으로 허용되어왔다. 국가도 정기선해운의 안정화가 화주에게도 도움이 되는 것이므로 그 필요성을 인정한다.

그러나, 각 국가가 모든 종류의 공동행위를 허용하는 것은 아니다. 홍콩과 같은 국가는 선박공유만 허용된다. EU는 선박공유와 노선조정에 대한 공동행위만 허용하고 운임에 대한 공동행위는 더 이상 허용하지 않는다. 정기선헌장(Liner Code)이라는 국제조약, 한국, 일본, 대만, 중국, 미국은 모두 운임에 대한 공동행위를 허용한다. 그러나, 일정한 조건하에서 허용되는 것이지 모든 운임공동행위를 허용하는 것은 아닌 점을 유의해야한다.

미국은 해운법에서 운임에 대한 공동행위를 허용하면서도 장기운송계약(service contract)을 크게 다루고 이것을 비밀로 할 수 있도록 한다. 실질적으로 운송인들의 운임에 대한 공동행위가 일어나지 않고 있는 것과 같다. 그리고 FMC라는 독자적인 해운운임 규제기관을 두고 있다. 정기선과 관련해서는 일반 경쟁법과 완전히 독자적인 입장이다. 부정기선은 FMC의 관할이 아니다.

일본의 경우 우리와 유사한 구조이다. 차이가 나는 것은 해상운송법(海上運送法) 규정에 명문으로 공정거래법과의 관계를 두고 있다는 점이다. 단서에서 3가지 경우(불공정한 거래 방법을 이용할 때, 일정한 거래분야에서 경쟁을 실질적으로 제한함으로써 이용자의 이익을 부당하게 해치는 때, 제29조의 3, 제4항의 규정에 의한 공시가 있은 후 한 달이 경과한 때)는 공정거래법이 적용된다고 명시하고 있다.

　그 외에 제28조에서 정한 절차를 따른 운임의 공동행위에는 해상운송법의 적용을 받는다. 이 경우에 다시 국토교통성이 제대로 하지 않은 경우 공정위가 시정조치를 국토교통성에 요구하고 1개월이 지나도 조치가 없으면 공정위가 처리한다. 명문의 규정이 있는 점은 우리와 차이가 나지만, 결론적으로 공정거래법 제58조를 반영하면 일본과 우리는 동일한 결과가 된다(공정위 조사관의 입장).

결 론

　따라서 국회의 개정안과 가장 유사한 입법례는 미국 FMC와 같은 형태이다. 독립행정기관인 해운시장위원회를 추가 설치하는 형식이 되어야 외국의 입법례와 같아 질 것으로 판단된다. 미국의 FMC 제도는 화주에 대한 협의제도가 없이 신고를 꼼꼼하게 읽고 처리를 해주는 형식이므로, 이에 맞추어 해운법상 화주협의제를 폐지하게 될 것이다. 완전 독립된 해운시장위원회를 두는 것은 상당한 시간과 부처간 협의가 필요할 것으로 예상된다.

　정기선 운임협의체를 두는 방안이 가장 간편하다. 법률에 대한 개정이 없어도 가능하다. 도산법의 예도 있다. 이대로 입법이 없다면 운임공동행위 중 정당하지 않은 경우는 여전히 공정거래법의 적용을 받게 되지만, 운임협의체를 거친 공동행위는 정당한 것이 되어 공정거래법의 적용이 없는 것이 되는 것이다.

　운임협의체를 거쳤으므로 실질적으로 경쟁을 제한하는 경우는 해수부장관이 조치를 통보하면 족하고, 만약 해수부장관이 아무런 조치를 취하지 않으면 일본과 같이 유예기간을 두고 조치가 없으면 공정위가 공정거래법을 적용하면 된다.

　그러나 운임협의체의 승인을 거친 것이 실질적으로 경쟁을 제한하는 경우로 인정되기는 어렵기 때문에 공정위가 개입을 하지 않을 것이다. 현행 개정안이 국회에서 순조롭게 진행되지 않을 경우에는 정기선 운임협의체를 두는 방안도 차선책으로 검토해볼 만하다는 것이 필자의 생각이다.　　《《한국해운신문》, 김인현칼럼(78), 2021년 7월 20일)

6. 경쟁력 강화, 법제도로 완성된다

　차기 정부에서는 해양수산부에 있는 해운항만에 조선과 물류가 하나로 통합되어야 한다는 논의가 전문가들 사이에서 진행 중이다. 현재 해운은 해수부, 물류는 국토교통부, 조선은 산업자원부가 담당한다. 경기도 고양시에서 재배한 꽃을 부산항을 거쳐서 미국 내륙에 수출한다고 치자. 꽃은 포장되어 트럭으로 부산항까지 이동된다. 통관이 된 다음 부산항에서 기다리던 컨테이너 선박에 실려서 바다를 건넌다. LA항에서 하역을 한 다음 미국의 대륙횡단 철도에 실려 목적지까지 가게 된다. 포장, 통관, 트럭운송, 해상운송, 철도운송이 물류를 구성한다. 해운업의 일부인 해상운송은 선박을 이용한다. 선박은 조선소에서 건조한다. 운송에 사용되는 선박의 건조 가격이 높다면 물류회사는 더 높은 물류비를 화주에게 청구하게 되어 불리해진다. 해운, 물류업 그리고 조선업은 서로 연결되어 있다. 하나의 행정부서에서 담당하는 것이 효율적이라는 제안은 일리가 있다.

　우리나라의 조선소는 수출 지향적이라서 내수가 10%를 넘지 못했다. 그런데 최근에는 내수 비중이 늘고 있다. 그 비중을 30%로 늘리면 불황기에도 우리 선사들의 건조 수요가 있으므로 조선업은 더 안정화된다. 2자물류회사들이 세계적인 물류회사가 되어 세계로 뻗어 나가 그 해상운송 부분을 우리 정기선사들에게 맡겨 주면 상생이 될 것이다. 그런데, 주무 행정의 통합과 산업 간의 연계와 협조체제의 유지만으로 경쟁력을 갖게 되는 것은 아니다. 법제도의 완비라는 충분조건이 필요하다.

우리나라 조선업이 2000년대 해양플랜트에 진출할 때, 발주자가 쉽게 계약 내용을 변경하도록 허용해 큰 손해를 본 경험이 있다. 조선소에서 수령한 선수금을 발주자에게 돌려준다는 보증서인 선수금 환급보증서(RG)의 법적 성질을 잘 몰라서 발행자인 국내 은행들이 손해를 보기도 했다. 국제경쟁력의 관점에서 본 법제도의 완비란 각종 해운조선물류 관련 계약 체결에서 우리 기업이 불리함이 없어야 한다. 예측 가능하도록 법률이 정비되고, 국내기업이 불리하지 않도록 법제도를 정부가 해석·운용해야 한다는 뜻이다.

1974년 개발도상국의 제안으로 선진국이 주도하던 정기선운항 시장점유율을 양당사국 40 대 40 그리고 제3국이 20으로 비율을 정하는 '정기선헌장(Liner Code)'이라는 조약이 만들어졌다. 개발도상국은 이를 통해 자신의 입지를 강화했다. 운임동맹은 100년 정도 인정되다가 유럽 국가들의 주도로 와해되고 말았다. 그 배후에는 정기선시장을 주도하는 대형 정기선사들이 있었다. 이들 대형 정기선사들은 운임이 자유화되면 자신들이 더 유리하기 때문에 운임동맹이 더 이상 필요없었다. 운임이 자유화된 결과, 머스크(덴마크), MSC(스위스), CMA-CGM(프랑스)과 같은 유럽 정기회사들이 세계 1, 2, 3위가 되었다. 이에 반하여 일본, 대만, 한국은 여전히 운임동맹을 허용하여 유럽 대형 선사의 시장지배력에 대항하고 있다. 이는 각국 정부와 기업들이 자신들의 국익을 지켜 온 사례들이다.

최근 선박의 부족으로 수출입기업들이 어려운 환경에 처해 있다. 우리나라 및 미국의 경쟁법 당국이 정기선사 측에 잘못이 있는지 조사 중이다. 코로나로 인해 항구에서의 병목현상으로 선박 공급이 부족해졌기 때문이라는 것이 중론이다. 코로나와 같은 비상사태에서는 가수요가 일어나 선박이 부족하게 된다. 병목현상이나 수요는 갑자기 생기지만 선박은 건조에 1~2년이 걸린다. 수요와 공급의 불균형이 일어난다. 국제적인 가수요에 대비, 예비선박을 확보해야 한다.

이렇게 예비선박을 확보하여 운임 폭등을 막으려면 정기선사들이 일정한 수익을 보장해 주는 운임동맹제도가 유지되어야 한다. 동맹을 폐지한 결과 유럽선사들은 과점화를 시도하여 시장지배력을 강화했다. 최근 미주와 유럽항로는 운임이 5~10배 가량 인상되었지만 운임동맹이 허용되는 동남아항로에서는 운임 인상이 2배에 그친 근본 이유이다.

우리 정부는 해운법 제29조의 운임공동행위를 허용하는 현행제도를 미국, 일본, 대만과 같이 더 잘 발전시켜 이를 국제적인 표준으로 만들어 가야 한다. 해운법에 규정된 외국정기선사에 대한 관리감독권도 철저하게 행사해서 이들이 당초 약속과 달리 우리 항구에 결항하지 못하도록 할 필요가 있다. 사문화된 1974년 정기선헌장도 우리가 먼저 개정을 발의하여 원하는 방향으로 끌고 가야 한다. 법제도의 완비를 통하여 우리 산업이 국제경쟁력을 갖도록 보호해 주길 정부에게 기대한다. 　　　　　(《부산일보》, 오션 뷰, 2021년 7월 18일)

7. 해운법 개정의 오해와 진실

해운법 개정안을 놓고 갑론을박이 벌어지고 있다. 해운법은 국제적인 정기선 영업방식에 따라 운임을 사전에 공표하도록 의무화하고 화주와의 협의와 신고제도를 통해 시장 질서를 확립하는 한편, 운임에 대한 공동행위를 인정해 국제경쟁하에서 우리 정기선사들을 보호해왔다. 공정거래위원회는 동남아 정기선사들의 운임공동행위에 대해 과징금을 부과하려고 한다. 정기선사들의 공동행위가 해운법에 따른 것으로 적법해 문제가 없다는 게 해양수산부의 입장이지만 그것이 부당한 것이라서 처벌해야 한다는 게 공정위의 입장이다. 두 부처의 권한다툼을 해결하기 위해 입법부가 나섰다.

첫째, 법개정은 부당한 담합을 허용한다고 주장하지만 이는 사실이 아니다. 현행법이나 개정안도 부당한 담합은 허용하지 않는다. 개정안이 통과되면 정기선사 공동행위에 대한 신고절차의 정당성이 확보되고 규제 주체가 해양수산부로 일원화되면서 법적 안정성이 강화되고 선사들은 영업에 전념할 수 있다.

둘째, 법률이 개정되면 물류비가 가중되고 소비자후생이 감소한다는 우려가 있다. 현실은 이와 반대다. 합리적인 운임 공동행위로 외국선사와의 치열한 경쟁을 견뎌내고 안정적인 운송서비스를 우리 화주들에게 제공할 수 있다. 최근 글로벌 물류대란에도 동남아항로가 안정적인 것은 해운법의 운임공동행위 덕분이다.

셋째, 개정안이 유사산업 공동행위의 입법례에 배치되는가? 다른 산업의 경우 1980년 공정거래법의 제정 후 예외규정을 둔 것이다. 공동행위를 허용하는 해운법 규정은 공정거래법이 제정되기 전인 1978년에 신설된 조항으로, 1974년 정기선헌장이란 국제조약이 채택되고 우리도 가입을 추진해 마련됐다. 항공이나 보험 등 다른 산업의 공동행위는 사전에 주무관청의 인가를 받아야 하고 경미한 행위가 아닌 한 공정위와 협의해야 한다. 해운법상 공동행위는 포괄적으로 허용하는 신고제도로서 공정위와의 협의의무가 없다.

넷째, 개정안이 국제기준에 반하는가? 운임에 대한 공동행위에는 공정거래법 적용을 제외하는 입법례가 오히려 국제기준이다. 공정거래법이나 경쟁법에서 금지하고 있는 공동행위를 해운기업들에 허용하기 위해선 해운공동행위에 대해 공정거래법 적용을 포괄적으로 제외하는 방법이 유일한 길이다. 미국, 일본, 대만, 중국, 싱가포르가 좋은 예이다.

공정위가 조사한 사건 중 무혐의가 되거나 패소한 사건이 57%에 달해 조사권을 남용한다는 지적이 있다. 공정위는 경쟁촉진이란 일반론에만 의지하지 말고 해운산업의 국제성을 반영해야 한다. 이번 개정안 통과로 해운법과 공정거래법의 적용상 갈등을 말끔히 해소하고 수범자들에게 분명한 규제의 잣대가 제공되길 바란다.

(〈한국일보〉, 2021년 11월 4일)

8. 공정위과징금 부과전에 제도부터 정비해야

공정거래위원회가 최근 동남아시아 정기선사들에 대해 960억원에 달하는 과징금을 부과하자 논란이 일고 있다.

공정위가 이번에 과징금을 부과하면서 해운법 제29조에서 정한 정기선사의 운임공동행위 자체를 인정함으로써 정기선사도 보호하고, 또 절차를 엄격히 지킬 것을 요구함으로써 화주도 동시에 보호하겠다는 입장을 취한 것은 바람직하다. 공정거래법 제58조의 정당한 행위일 때에만 해운법상 공동행위를 인정할 수 있다는 점도 이해된다.

그러나 연초 해양수산부에 신고했던 기본적인 공동행위에 후속되는 122회의 부속적인 공동행위에 대해서는 공정위와 해운업계가 입장이 다르다. 해운업계는 이는 19차례에 걸쳐 연초에 행하는 기본적 공동행위에 부속되는 것이어서 해수부에 잘 신고한 이상 부속되는 공동행위는 신고할 필요가 없다는 주장이다. 공정위는 이에 대해 정기선사들이 탈법적으로 한 행위로서 기본행위와 다르므로 신고가 필요하다고 판단했다.

해운법은 해수부 장관이 시정을 요구하지 않는 한 신고 내용은 이틀이 지나면 '수리'된 것으로 간주한다. 해수부는 기본적 공동행위에는 부속되는 행위가 모두 포함돼 연초에 신고한 것으로 충분하다는 입장이다. 그러므로 위 122회도 모두 수리된 효력이 발생한 것이다. 2003년부터 15년간 계속된 동일한 행위에 대해 공정위가 이제 와서 처벌한다는 것이 법리적으로 가능한지 납득하기 어렵다.

정기선사들이 운임의 공동행위에 대해 숨기면서 한 정황들이 나타났다. 그러나 이것은 홍콩 등이 운임의 공동행위를 허용하지 않고 있어 조심스럽게 행동한 것으로 이해된다. 그 행위들은 해운법과 해수부에 의하면 모두 해운법 테두리 안에서 이뤄진 것으로 문제가 없다.

1963년 제정 시부터 해운법은 경쟁법 요소를 갖고 있었다. 해운법 제29조는 국제조약을 도입해 1978년 완결적으로 만들어진 규정이다. 공정거래법은 1980년에 만들어졌다. 해운하는 사람들은 해운법만 보고 영업을 해왔다. 그런데 공정거래법 제19조에 대한 예외 규정을 해운법 제29조에 둔 다음 다시 공정거래법 제58조를 둬 그 예외를 부정한다. 해운법 제29조의 독자성이 반영돼야 한다. 일본은 1999년 해상운송법과 공정거래법 적용 범위를 명확하게 해상운송법에 규정해 분쟁 소지를 없앴다. 해수부와 공정위는 왜 이런 입법조치 없이 방치하다가 정기선사에 과징금을 부과한 다음에 비로소 입법조치 중이라고 발표하는지 이해하기 어렵다.

이 사건은 해운법과 공정거래법의 적용과 해석의 차이에서 비롯된 것이다. 공정위 조사부터 3년을 보낸 정기선사들은 또다시 취소소송을 제기해 법리에 밝은 법관들의 판단을 받을 것이다. 중국은 사법해석 제도가 있다. 법률끼리 충돌하는 경우 사건이 구체적으로 법원에 계류되지 않아도 대법원이 유권해석을 내려준다. 이 해석을 통해 분쟁이 일거에 해소된다.

우리나라는 법률 조항이 구체적으로 소송의 대상이 된 경우에만 대법원이나 헌법재판소에 해석을 구할 수 있다. 우리도 사법해석 제도가 있었다면 공정거래법 제58조 정당한 행위의 판단은 해운법(해수부) 혹은 공정거래법(공정위)의 관점에 의하는지 대법원에서 미리 판단해 줬을 것이다. 우리도 사법해석 제도를 도입해 이번 동남아 정기선사들과 같이 지루한 송사에 걸리는 억울한 일이 없어져야 할 것이다.

〈매일경제〉, 2022년 1월 26일〉

제 3 장
물류대란과 운송주권

1. 북미향 정기선 운임의 상승을 보면서

　최근 중국에서 북미로 가는 컨테이너 운임이 너무 많이 올랐다. 중국에서 미국서부까지 40피트가 3700달러 가까이 한다. 이 운임은 스폿 시장에서의 가격이다. 그때 그 때 시장의 상황에 따라 체결되는 운송계약에서 정해지는 운임이다. 대량 화주는 정기운송인과 사전에 서비스계약(service contract)으로 장기로 운송계약을 체결한다. 금년 초에 책정된 것은 1,000~1,500달러 수준인 것으로 알려져 있다. 그렇다면, 현재의 3,700달러 가까이하는 운임은 장기운송계약의 운임보다 2.5배 이상 높은 것으로 상당히 높은 이례적인 것이라고 보아야한다. 운송인들이야 약 10년간 그간 낮은 운임으로 고생을 했으니까 만족스러울 것이다. "물들어올 때 노저어라"는 말이 나올만 하다. 그렇지만, 수출입하는 화주들의 어려움이 예상된다. 운송인과 화주들이 공격과 수비가 뒤바뀐 형상이다.

운임상승의 원인

금년 2월경 코로나-19가 시작되자, 전 세계의 물동량이 줄어들 것으로 일반적으로 예상되었다. 사람들의 움직임이 제한되고 생산이 어려울 것으로 보았기 때문이다. 그러자, MSC 등 외항 정기선사들은 선복을 줄이기 시작했다. 3월경에는 컨테이너 계선선박이 전체 중에서 10% 정도, 5월에는 12%에 이른다는 보고도 있었다. 외항정기선사들은 공급량을 줄이면서 운임이 지지되는 정책을 펴기 시작한 것이다. 그 뒤 중국에서 생산이 재개되었다. 코로나-19로 인한 재택근무 등으로 집에 있는 시간이 많아 지면서 자체로 수요가 생겨났다. 각국은 경기부양을 위하여 지원금을 풀었다. 이에 풍부해진 유동성으로 가전제품을 구입하는 수요가 미국에 많아지고 있다. 물동량이 제한적이지만 늘어나는 분야도 있다.

이런 이유로 6월경부터 운임이 상승하기 시작했다. 선복을 잡기 어렵자 화주들은 경쟁적으로 북킹을 하려고하자 운임은 더 상승하게 된다.

시장에서의 상황

정기선사들의 상반기 영업실적이 발표되었는데, 영업이익이 상당하다. 그 동안 적자로 힘이 들었던 HMM도 상반기 영업이익이 났고, 분기 당기순이익도 났다고 보고되었다. SM상선도 영업이익을 내었다. 우리나라 외항 정기선사들로서는 정말로 오랜만에 흑자소식이다. 머스크 등 외국 정기선사들은 더 큰 흑자를 내었다.

이에 반하여 소량 화주들은 수출단가가 올라가는 어려움을 겪는다. 컨테이너 박스 하나당 장기계약의 경우보다 2,000달러 이상씩을 더 지급해야하므로, 수출경쟁력이 떨어질 것이다.

법학자의 시각

현재의 시장상황을 법률적으로는 두 가지 관점에서 접근해 볼수 있다. 장기계약을 체결한 상태에서 약정된 대로 계약을 이행하지 않는 것은 계약위반이다. 1주일에 1,000개의 컨테이너 박스를 1개당 1,000달러에 운송해주겠다고 약정했다고 하자. 스폿의 운임이 워낙 높으므로 운송인은 가능한 장기계약에서 정한 물량의 실행을 줄이고 스폿의 물량을 실으려 한다면, 이는 자체로서 화주와 맺은 계약을 이행하지 않는 것으로 계약위반이다. 또한 이는 "운송계약을 정당한 사유 없이 이행하지 않거나 일방적으로 변경하는 행위"에 해당하는 해운법을 포함한 경쟁법위반의 소지도 있다(해운법 제31조 제1항3의2).

본 운임상승은 유럽의 MSC 등이 코로나-19가 시작되자 물동량이 줄어들 것으로 예상, 공급량을 줄이는 시도를 한 것에서 촉발되었다. 개개의 선사가 불경기에 대비 스스로 공급을 줄여 자신을 보호하는 것은 정당하다. 그리고 여러 선사들이 공동의 의사로 이런 행위를 하는 것은 공동행위가 되지만, 불경기에는 자신을 보호할 필요가 있기 때문에 대항카르텔의 이론에 따라 경쟁법에서도 허용이 가능한 행위일 수 있다.

그런데, 운임이 정상보다 2배가 높은 상태에도 여전히 선복 공급이 줄어진 상태라고 한다면 정기선사 개별의 선택이라고 하여도 선화주 상생의 정신에 어긋난다고 보인다. 운임의 인상을 노리는 행위라고 볼 수 있기 때문이다. 마찬가지로 얼라이언스 내부적으로 노선의 조정이 있다고 하더라도 이는 해운법에 의하면 선박의 배치, 운송조건을 부당하게 하는 것(제29조 제5항 2호) 운항회수를 줄여 경쟁을 실질적으로 제한하는 행위(제29조 제5항 3호)에 해당하여 해양수산부장관이 시정 조치를 내릴 수 있다. 다행이 최근에는 우리 외항

정기선사의 경우 가동가능한 선박이 모두 투입된 상태라고 한다. 해운법 위반소지를 피할 수 있는 현명한 조치이다. 또한 선화주 상생을 실현하기 위한 적절한 조치이기도 하다.

해운법상 경쟁법 관련 사항은 우리나라 정기선사에만 적용되는 것이 아니라 외국정기선사에게도 적용된다(제28조 제1항 2호).

예측가능성 확보 - 운임안정화 방안

필자는 상법 및 해상법 교수이다. 상인들의 상행위에 예측가능성을 부여하고, 상거래를 원활화함에 상법의 이념이 있다. 상법과 상법학자는 이를 달성하기 위하여 노력한다. 해상법도 선박을 이용한 상인의 법률관계를 다룬다는 점에서 동일 이념을 가진다.

손익분기점이 1300달러 수준이라고 하는데, 이 선을 기준으로 약간의 진폭을 가지고 보다 안정적으로 운송이 되기를 바란다. 선복이 많아져서 지난 10여년간 500달러 등으로 정기선사들이 고생한 때도 있었다. 이럴 경우에는 운임을 화주들이 올려주고, 지금과 같은 경우에는 운송인들이 운임을 10% 정도 내려주는 방안이 필요하다. 이렇게 안정적인 운임책정제도를 가진다면 정기선운항과 수출입에 예측가능성이 부여되고, 시장참여자는 안정적으로 영리활동을 할 수 있을 것이다. 계약자유의 원칙에 따라 수요공급의 법칙에 의거 운임은 자유롭게 정해지게 할 수도 있다. 그렇지만 정기선운항은 바다의 고속도로를 운영하는 것과 같이 공공재의 성격을 가지므로 안정적인 운송의 보장이 필요하고, 이에 따라 운임도 안정화될 필요가 있다. 원가는 각 선사마다 다르므로 일률적으로 운임산정방식을 정하기는 어렵다.

그런데, 선박연료유 가격이 인상되거나 인하되면 그 만큼 운임에 반영될 것이다. 정기선사는 공표된 기본운임에 추가반영되는 GRI (General Rate Increase; 운임일괄인상분)를 적용일 15일전까지 화주들이 알 수 있도록 공표해야한다(해운법 제28조 제1항 및 시행규칙 제20조). 현재는 해양수산부 장관이 공표된 내용에 대하여 필요시 이해관계인의 의견을 들어 내용변경이나 조정에 대한 조치를 취할 수 있도록 하고 있다(제28조 제7항 및 시행령 제14조). 선박연료유 가격의 인상 혹은 인하가 GRI 구성분에 어느 정도 반영되었는지 구체적인 내용이 사전에 화주들에게 알려지거나 협의가 된다면 선화주 상생에 도움이 될 것이다.

장기운송계약(해운법 제29조의2)을 많이 체결하는 것도 좋은 방법이라고 본다. 전체 물량에서 스폿계약이 많아지면, 운임의 진폭은 더 크게 된다. 장기운송계약이 많이 맺어져있으면 스폿의 물량은 작기 때문에 시장의 변동에 영향을 적게 받게 된다.

일본발 운임이 상대적으로 덜 올라서 안정적인 데는 자국의 정기선사들과 맺은 이런 장기운송계약이 많은 점도 있다. 그래서 일본은 북미향 40피트 컨테이너 하나의 운임이 최고가 2,700달러로 우리보다 1,000달러 정도 낮게 형성되어있는 점도 우리 화주들이 눈여겨 보아야한다.

단기적으로 보면 스폿의 운임이 장기운송계약보다 높은 것이 사실이다. 그래서 정기선사들은 스폿을 더 많이 가져가려는 유혹을 받을 수 있다. 그렇지만, 불경기를 고려하면, 장기운송계약을 체결하는 것이 더 안정적이고 예측가능성을 부여하는 것이라서 바람직하다고 할 것이다. 우리 정부와 선주협회가 장기운송계약에 대한 표준계약서를 만들어 이의 사용을 장려하고 이를 해운법에 규정한 것은 바람직한 것이라고 평가된다.

우리 외항 정기선사들이 해야할 사항

우리 외항정기선사로서는 HMM과 SM상선이 있다. HMM은 하파크로이드, 양밍, ONE 등과 함께 디 얼라이언스에 속해있다. SM상선은 2M과 전략적 제휴를 하고 있다. 이론적으로는 동맹체제와 달리 운임의 일괄책정은 하지 않는 것이 얼라이언스 체제이다. 그렇기 때문에 얼라이언스 내의 다른 정기선사들이 GRI를 한달 혹은 보름만에 발표할 때 독자적으로 각 선사는 운임을 발표할 수 있다. 국내 화주들의 물동량의 30% 정도만 우리 정기선사에 의하여 운송된다. 장기운송계약으로 체결된 물량은 계약에 따라 잘 이행되어야 할 것이고, 스팟의 물량도 다른 외국정기선사들보다 낮은 운임으로 운송이 이행되도록 하면 좋을 것이다. 특히, 선복을 잡을 수 없어서 납기를 맞추지 못하는 경우가 없도록 우리 정기선사들이 노력해야할 것이다. 8월말 국적 외항정기선사의 한 곳이 4,000TEU 선박을 한척 투입하여 3,000TEU의 우리 수출화물을 운송해주었다. 9월말에도 4,600TEU 선박을 한 척 더 투입한다고 한다. 마치, 한진해운사태 발생시 현대상선이 선박을 풀로 가동하여 물류대란을 해소해주었던 그 때가 생각났다. 국적 외항정기선사가 왜 필요한지를 확인하게 하는 의미있는 행보였다고 판단된다. 우리 외항정기선사는 이렇게 함으로써 우리 화주들과 상생하는 분위기를 만들어가야 한다.

마지막 항차 하역비 등 보장 기금

외항정기선사들에게 여유가 조금이라도 있을 지금이 "마지막 항차 하역비 지급 기금"제도를 만들 절호의 기회이다. 이는 해운동맹에 가입한 정기선사들에게, 회원사가 회생절차에 들어가서 하역비 등이 마련되지 않아 입항거부 등으로 운송물인도가 지연되는 사항이 있다면, 해운동맹 자체에서 적립한 기금이 이를 처리해주도록 하는 제도이다. 디 얼라이언스에 가입된 HMM은 이같은 제도의 보장을 받지만, SM상선을 비롯한 우리나라 인트라를 운항하는 정기선사는 이런 보장제도가 없다. 해운법에 외국하역사 등이 직접하역비를 청구할 수 있는 권리를 부여한다. 정기선사들이 미리 수백억에 이르는 기금을 마련해둘 필요는 없다. 이 점이 보험제도와 다르다. 보험 제도를 이용하면 회생절차신청 사건이 없어도 보험료가 소진되어버 리지만, 기금제도하에서는 사건이 없다면, 기금이 사용되지 않는다. 사후적으로 회원사들이 기금을 갹출해서 하역비를 지급하면 된다. 지급의 보장은 해양진흥공사의 보증제도를 이용하면 될 것이다. 필 자는 2016년 9월부터 이런 제안을 여러 차례했지만, 아직까지도 입 법화되지 않고 있다. 이 제도는 정기선사가 운송의 완성이라는 사적 및 공적의무를 다하는 조치이기도 하지만, 화주를 보호하는 것이기 도 하다. 선화주 상생제도의 일환으로 보아야한다. 마침, 해진공도 선박금융이외에도 일반보증이 가능하게 되었고, 외항정기선사들이 여유도 있기 때문에 논의의 적기라고 보는 것이다.

2020년 7월, 8월, 9월, 미주향 원양정기선사가 누리는 컨테이너 운임의 대폭인상은 10년 불황에 1년 호황이라는 해운업의 특성을 다시 한번 확인시켜주는 것 같다. 10년 장기불황을 잘 이겨내면 짧 기는 하지만 호황이 한번은 찾아온다는 것을 보여준다. 한중일 여객 선사, 인트라 운항 정기선사 등 고전을 면치 못하는 해운업종도 있 다. 이번 기회는, 비록 일부업종이기는 하지만, 그래도 해운업이 흑 자가 나기도 한다는 인식을 일반 국민들이나 선박금융인들이 피부 로 느끼게 하는 좋은 계기가 될 것이다. 그리고 국적외항선사는 우 리 수출입화물의 안정적인 수송에 도움이 된다는 점이 각인되도록 기회를 선용해야한다. 원양 정기선사들은 단기의 수익의 극대화에 초점을 맞추기 보다는 장기적 관점에서 적정 이윤으로 안정적으로 해운업이 영위되도록 해야 한다. 이를 위해서는 형편이 나은 정기선 사가 화주들에게 먼저 선화주 상생의 손을 내밀 필요가 있다고 본 다.

〈〈한국해운신문〉, 김인현칼럼(67), 2020년 9월 12일〉

제3장 물류대란과 운송주권 **177**

2. 북미항로 선복난 사태로 본 운송주권 확보의 중요성

7월경부터 움츠렸던 수요가 늘어나 북미향 운임이 인상되고 수요와 공급의 균형이 깨어졌다. 이런 상황은 벌써 4개월이나 지속되며 해결의 기미를 보이지 않는다. 우리나라에서 미 북서부까지 40피트 컨테이너 박스 하나를 실어 나르는 데 드는 비용이 스폿(현물)으로 4,000달러에 육박하고 있다.

운임보다 실어 나를 선복이 없어서 수출화주들이 발을 동동 구른다는 기사도 났다. 항공기를 이용한 화물운송으로 대체하는 화주도 있다고 한다. 운임이 오르니 HMM 등이 흑자가 나서 좋다는 긍정적인 기사가 보도되더니 이제는 무역을 위하여 존재하는 우리나라 정기선 해운에 수출할 선박이 없다는 건 무언가 잘못된 것 아니냐는 부정적인 기조의 기사도 연달아 나오고 있다.

높게 형성된 북미향 운임이 그간 어려움을 겪었던 정기선사들에게는 정말 도움이 되는 일이다. 그렇지만, 우리 화주들이 너무 높은 운임 때문에 단가가 높아져서 수출입을 할 수 없는 지경에 이른다거나 실어 나를 선복 자체를 구할 수 없다면, 수출입화물의 안정적인 운송을 목표로 하는 우리 정기선사에게도 부정적인 영향을 주게 된다.

따라서 현재의 어려움은 하루 속히 해결되어야 한다. 우리 정기선사는 물론이고, 정부와 선주협회 화주단체도 협약을 체결하여 이런 어려움을 해결하려고 노력하고 있다는 점은 다행스럽다.

자유경쟁체제라면 운임이 오르거나 선복이 없다면 새로운 운송인이 진입하거나 기존 선사들이 선복을 제공하여 운임이 내려가야 한다. 부정기선 해운에서는 일시적으로 고가의 운임이 지속될지라도 곧 해소가 된다. 선사의 신규 진입이 쉽기 때문이다.

그런데, 정기선 분야는 현재 3대 얼라이언스 체제하에 있다. 20

여개 되던 정기선사들이 10여개로 줄어들면서 과점 상태가 됐다. 따라서 얼라이언스 자체에서 선복을 늘린다는 결정을 하지 않는다면 기존 회원선사들이 쉽게 선복을 늘릴 수 없다.

또한 정기선 영업은 미리 공표되고 짜인 스케줄에 따라 운항되고 정시운항을 위하여 터미널과 컨테이너 박스를 확보해야 하는 등 자본투자가 많이 되어 하루아침에 신생회사가 정기선 영업을 시작할 수도 없다.

얼라이언스 체제는 장점이 많은 제도이다. 여러 선사들이 선박을 공동으로 사용하여 비효율을 없애는 방법으로 경비를 절약하는 것이니 화주에게도 도움이 된다. 그래서 각국은 배선이나 선복을 미리 정하고 이를 지켜나가면 경쟁법 적용의 대상에서 제외하고 있다.

수요가 급증하여 선복이 부족하여 운임이 엄청 올라가서 화주들이 힘들어지는 상황에서도 여유 선복을 투입하지 않고 부족한 상태로 두는 것은 운임의 인상을 향유하는 목적으로 해석되어 경쟁법 위반의 사항이 될 것이다. 각국의 정부는 정기선사들의 얼라이언스의 행위가 이에 해당하는지 면밀히 조사하고 경고를 주고 있다. 지난 8월과 9월 중국과 미국의 경쟁당국이 취한 조치가 이런 것으로 이해된다.

현 사태를 타결하기 위하여는 미 북서부항로에 선박을 추가로 넣어 수요와 공급의 균형을 유지해주면 될 것이다. 두 가지 방법이 있다고 생각한다.

첫째는 우리 정기선사들이 선복을 추가 투입하는 것이다. HMM이 추가선복을 북미항로에 넣는 것은 칭찬받을 일이다. 하지만 이런 일회성 조치로 이 사태가 해결될지는 미지수이다.

이미 각종 통계에서 알 수 있듯이, 한진해운이 파산하면서 우리 정기선사들이 북미로 실어 나르는 비중이 줄어든 상태라서 외국정기선사에게 더 의존할 수밖에 없는 실정이다. 여기에 더하여 HMM

과 SM상선이 금년 초 얼라이언스에 가입하면서 북미향 노선에 실어 나를 선복 배당을 적게 하여 작년 대비 제공되는 선복이 줄어든 상태이다.

HMM은 놀고 있는 선박이 없는 상태라고 한다. 우리 정기선사들로 하여금 선박을 용선하게 하여 우리 화주들만을 위한 정기선을 추가 투입하는 방안을 고려할 수 있을 것이다. 북미에서 한국으로 복귀하는 항해를 할 때에는 화물이 없으니 적자가 날 것은 쉽게 예상이 가능하다. 이 때문에 추가 선박의 투입을 꺼린다면, 정부나 국회에서 지원을 해주면서 선박을 확보해줄 수 있을 것이다.

HMM뿐만 아니라 한진해운의 미주노선을 이어받고 영업을 하고 있는 SM상선도 충분히 활용해야 한다. 1회성이 아니라 적어도 6개월이나 1년의 정기적인 추가선복의 투입이 필요할 것이다.

두 번째, 우리나라와 북미를 오가는 수출입화물의 약 70%를 운송하는 것으로 알려진 외국 정기선사들이 선복을 더 투입하도록 하는 방안이다.

현재 유럽항로는 상대적으로 운임이 안정적이다. 이는 유럽항로에 투입하는 선박이 여유가 있다는 말로도 해석될 수 있다. 이런 유럽항로에 다니던 선박들을 북태평양 항로에 투입할 수 있을 것이다. 얼라이언스에 들어가 있지 않은 정기선사들의 선복 추가 투입을 장려하는 방법도 있을 것이다.

이 방법은 우리 수출입화물의 운송을 외국정기선사에 더욱 크게 의존하게 하기 때문에 첫 번째 방법보다 후순위로 두어야 할 것이다.

우리 정부는 우리나라에 기항하는 외국 정기선사를 모두 불러 모아서 지금의 우리 수출입화물 운송시장의 어려움을 설명하고, 얼라이언스 내에서 가용선박을 북미향화물의 운송에 추가 투입해 달라고 해야 한다.

우리 정부는 이들이 원래 우리나라에 기항이 예정된 선박을 줄이고 중국으로 출발지를 이전시켰는지, 여유가 있음에도 운임을 지지하기 위하여 소극적인지를 먼저 확인하고, 경고를 주는 조치가 필요하다.

우리 해운법에는 우리 정부에게 시장에 개입할 권한을 부여하고 있다. 해운법상 외국 정기선사도 우리나라에서 사업을 하는 정기선 운항 사업자이다. 이들이 시장 질서를 교란할 경우에는 조치를 취할 권한이 해운법에 규정되어 있다(해운법 제28조 제7항, 29조 제5항). 이러한 협의나 조치가 있었다는 내용이 알려지는 것만으로도 시장 안정 효과가 있을 것이다.

한진해운 파산 이후 우리 북미항로 수출입화물의 외국 정기선사 의존도가 더 높아진 상태이다. 외국 정기선사의 운항 횟수를 더 늘리자는 제안을 할 정도로 우리 수출입화물의 운송주권이 외국에 많이 넘어가 있다는 것은 바람직하지 않다.

현재 25% 정도 되는 북미항로 수출입화물의 우리 정기선사 운송 비중을 50% 이상으로 올려주어야 한다. 그래야만, 우리 정기선사들이 더 많은 선복을 얼라이언스 내부에서 확보하여 우리나라 기항 선박의 횟수를 늘려갈 수 있는 것이다.

장기운송계약이 체결되지 않은 상태에서는 우리 정기선사들은 장래의 선복을 가늠할 수 없으니 선복 준비도 하지 못한다. 결국, 우리 수출입화물은 외국 정기선사들에게 의존하지 않을 수 없고, 운임이 올라가서 상품의 수출단가도 올라가니 수출경쟁력은 떨어지고, 오른 운임은 외국 정기선사들의 수입만 증대시키는 것이다.

이번 사태를 계기로 우리 대형화주는 물론이고 중소형화주와 우리 정기선사의 장기운송계약 체결을 민간에서 제도화하여 안정적인 운송이 되도록 할 것을 제안한다. 수출입화물의 외국 정기선사 의존도를 줄여서 우리 운송주권을 확보하도록 하자.

(쉬핑 가제트, 2020년 11월 3일)

3. 초호황인 정기선 해운이 내포한 불안정성과 대책

아무도 예상하지 못했던 일들이 정기선 시장에서 일어나고 있다. 작년 4~5월경 해운계는 긴장을 하고 물동량 감소를 걱정했다. 코로나-19로 사람들의 움직임이 위축되면 수출입화물의 이동도 줄어들 것으로 생각했다. 그 뒤 V자 반등을 예견하는 움직임도 일부 있었다. 수요는 늘어나지 않았지만 병목현상에 의한 공급의 부족사태, 뒤 이어서 현재는 수요자체가 늘어난 것으로 판단되는 현상들이 일어나 선박공급을 더 부족하게 만들고 결과적으로 선복은 찾기 어렵고 운임은 천정부지로 올랐다.

2008년 이후로 낮은 운임으로 고생을 하던 정기선사들은 큰 물을 만나서 기쁜 일이다. 10년 불황에 1년 호황이라는 해운경기 사이클론이 다시 입증되는 셈이다. 조선의 호황은 해운의 불황을 의미하듯이 해운계의 기쁨은 곧 화주의 슬픔으로 대변된다. 숙명적으로 양자가 모두 만족할 수 없는 것이 운송시장이다. 안정적인 수급과 안정적 운임유지는 양자를 모두 만족할 수 있는 방법이고 일본의 예에서 이를 찾을 수 있다.

이 호황이 오래갈 것으로 보는 전문가는 별로 없다. 이미 다수의 운송인들이 대형정기선을 발주했다는 기사가 연이어 나오고 있다. 나의 주위에도 1,000TEU 선박을 매입하여 동남아 정기선사에 임대를 주는 선주들이 나타나고 있다. 공급이 늘어나는 것이다. 장차 공급초과가 곧 닥칠 것으로 보인다. 현재의 상황이 내포하고 있는 불안정성을 짚어보고 대책을 강구해보기로 한다.

정기선사들이 공급을 조절할 수 있다는 자신감에 대한 우려

첫째, 이번 코로나-19 기간을 거치면서 공급을 조절할 수 있을 것이라는 운송인들이 가지는 긍정적인 기류에 대한 우려이다. 작년 선사들은 선속을 감속하고 결항조치를 취함으로써 선복을 줄였다. 공개적인 담합을 한 것은 아니지만 알게 모르게 선사들이 생존을 위하여 이런 조치를 취했을 것이다. 물동량이 줄어들 것으로 예상한 것이기 때문에 단독으로 행한 이러한 조치는 법률적으로도 가능하다. 설사 공동행위가 있었다고 하여도 생존을 위한 경우는 예외적으로 허용된다고 보아야한다. 우리나라와 같이 정당한 절차를 지키면 해운법에서 공동행위를 허용하는 경우도 있다.

그런데, 수요가 증대되었거나 선복이 부족한 상황에서도 정기선사들이 공급을 조절하여 선박을 인위적으로 항로에 넣지 않을 수 있는가? 법률적으로는 단연코 그렇게 할 수 없다. 자유로운 경쟁상태가 아닌 것으로 인위적으로 만드는 행위이기 때문에 경쟁법이 처벌하고자 하는 사항이다. 선박이 없어서 야단인데, 운송인이 배를 운항하지 않고 계선을 하거나 감속조치를 여전히 하는 것은 10개의 상품이 있는데 상인이 5개를 숨기고 5개만 시장에 내어놓아서 가격을 인상하는 것과 같다. 우리나라의 경우 화주와 협의하고 해양수산부장관에 신고하고 수리를 받아야하지만, 화주가 합의를 해주지 않을 것이기 때문에 불가할 것이다. 미국의 FMC의 경우도 엄격한 절차가 있으므로 수리가 되지 않을 것이다.

선박이 부족한 상황임에도 불구하고, 운송인이 감속운항이나 결항조치를 취해서 공급을 축소하여 운임을 조절할 수 있다는 생각은 버려야 한다. 경쟁법 당국이 가만있지를 않을 것이다. 미국의 화주들이 이미 FMC에 신고를 하여 조사 중이다. 경쟁법 당국이 제재를 가할 때에는 최소 10년을 거슬러 올라가서 과징금을 부과하는 것이므로 정말 조심해야할 사항이다. 정기선사측은 불황이 너무 오래 지속되다 보니, 공급이 부족하여 운임이 높게 형성되어도 자유롭게 공동행위가 가능한 것으로 착각하고 있는 것 같다. 주의를 요한다. 이렇게 본다면, 2년 후 선복의 과잉은 불을 보듯 뻔하다.

2008년부터 2020년까지 지속된 저운임 시황을 피할 수 있는 방법은 무엇일까를 강구해야한다. 공급을 줄여야하는데, 선주들로 하여금 불경기가 닥치니 선박발주를 하지 말라고 제어할 수도 없고, 조선업자들은 어떻든지 건조량을 늘리려고 하므로 건조량을 조절하는 것은 지난한 일이다. 현재로서는 장기운송계약(service contract) 밖에 없다. 대량화주들에게 운임을 차별적으로 낮게 해주어도 경쟁법의 적용에서 제외된다. 미국 해운법과 우리나라 해운법에서도 허용되고 장려되는 행위이다. 미주화물의 경우 장기운송계약은 50% 정도이고 스폿물량도 많다. 장기운송계약을 통하여 경쟁법적용에서 벗어나고 또한 불황시 좀 더 높은 운임을 받도록 사전 준비를 해야 한다.

선복의 공급은 전세계와 연동된 것이므로 국제조약을 만드는 작업을 할 필요도 있다고 본다. 정기선분야에는 Liner Code라는 조약이 만들어진 예가 있다. 이번 무역대란을 경험하면서 운송인이나 화주나 정부에서도 안정된 운송서비스의 확립이 얼마나 중요한 지를 알았다. 선복이 초과가 될 때에는 일정 수량의 선박이 휴항을 하고, 수요가 폭증할 때에는 휴항하던 선박이 시장에 투입되어 초과수요에 응하도록 법제도를 만들 수 있을 것이다. 현재 경쟁법 위반으로 불가한 것을 가능하게 하도록 국제조약으로 만들자는 것이다. 지금 운송인에게 유리한 이 시점이 국제적 제도를 제안하고 만들 수 있는 호기라고 본다. 그 전단계로서 선주, 조선소, 선박금융사, 화주로 이루어진 협의체에서 공급과잉의 신호를 지속적으로 보내어 선박건조의 수주가 조절될 수 있다면 좋겠다.

항공과 철도운송으로의 수출입화물의 이전효과

둘째 철도와 항공운송의 약진 등 해상물동량을 감소시키는 요인들을 눈여겨 보아야한다. 사람들은 99.7%가 해상운송으로 상품이 이동된다고 한다. 물동량 기준으로 원유, 석탄, 철광석등 원자재의 수출입을 보면 그럴 수 있다. 그런데, 가격대비 통계자료에 의하면 항공은 30%, 해운이 70%이던 것이 작년에는 항공이 약 40%로 올라갔고 해운은 60%대로 추락했다. 납기가 중요한 화물은 항공편을 많이 이용했다. 항공화물의 운임은 해상보다 10배가 비싸다고 한다. 최근 3배 정도 해상운임이 올랐기 때문에 격차가 줄어들고 있다. 더구나 코로나-19로 인하여 여객항공기가 운휴인 경우가 많다. 이를 개조하여 화물항공기로 만드는 작업이 진행 중이라는 보도도 보았다. 철도의 이용도 확대일로라는 보도가 연일 이어지고 있다. 시베리아 철도 및 중국횡단 철도로 동북아에서 유럽으로 화물이 이동된다. 곧 북극해를 이용한 항로로 상용화될 것이다. 시베리아철도는 겨울에 취약하고 중국횡단철도는 정치적인 상황에 취약한 약점이 있다. 물론 철도와 항공기를 이용한 운송과 선박을 이용한 해상운송에서 한번에 실어나를 수 있는 물동량이 규모면에서 비교할 바가 아닌 것은 사실이다. 그렇지만, 고가의 운임을 받는 화물을 많이 놓치게 되어 해상운송의 수익구조가 악화될 것이 예상된다.

또한 리쇼어링도 고려해야한다. 분업화된 결과로 수출입 물동량이 존재했었는데, 식량과 반도체 자급자족의 움직임에서 보았듯이 각국은 가능하면 가까운 곳에 전략물자와 필수품을 생산하고 공급받으려고 할 것이다. 이것도 물동량을 줄이는 방향으로 가게 된다. 적어도 대형선보다는 피드선이 더 필요한 구조가 될 것이다. 브레이크 벌크화물을 컨테이너화하는 작업이 쭉 진행되어왔지만, 이제는 다시 벌크화물로 되돌아가는 화물도 있을 것이다. 이미 그런 기사가 많이 나왔다. 이 모든 것은 정기선 화물의 물동량이 줄어든다는 것을 의미한다. 수요감소가 될 것이라는 것이다.

코로나-19 사태가 종식되고 일상이 회복된다면 전세계 해상물동량은 줄어든다고 생각된다. 항공과 철도로 이동된 물량을 다시 해상으로 가지고 오는 대책을 세워야할 것이다.

종합물류기업과 정기선사의 관계설정

셋째 종합물류기업과 해상기업의 관계설정이다. 우리 정기선사는 해상운송만 우직하게 고집하는 것 같다. 이번 사태를 거치면서 머스크, CMA-CGM은 중국고객에게 철도운송을 해준다고 광고한다. 선복이 없으니 철도를 사용한다는 것이다. 고객은 고맙다. 일본의 NYK도 NCA라는 항공화물운송회사가 있다. 화물항공기 8대를 가지고 있다. 급한 물건은 선복이 없으니 항공기로 배송을 해주었을 것이다. 순전히 해상운송에만 전념하는 정기선사는 어떠했을까? 고객의 화물수송 의뢰에 대하여 "선복이 없으니 2개월을 기다려야 합니다". 혹은 "운임을 더 내셔야합니다."고 말하는 것과 "선복은 없습니다만, 대신 철도로 운송해드리겠습니다."고 말하는 것은 큰 차이가 날 것이다. 종합물류업을 하는 해상기업과 그렇지 않은 해상기업은 이번 코로나를 거치면서 그 고객서비스의 질에서 큰 차이가 나게 되었다고 본다.

우리 외항 정기선사들도 큰 수익을 올리고 있다. 그렇지만, 외국의 정기선사에 비하여 그 수익률이 떨어진다는 통계자료가 있다. 이는 불경기가 오면 우리 정기선사가 먼저 타격을 받게 됨을 의미한다. 하루빨리 이에 대한 대책을 세워야한다. 해운은 선박을 가지고 해상운송을 하는 업이 맞다. 그렇지만, 이를 기반으로 다른 영업을 해도 그 종합물류회사의 기본은 해운업인 것이다. 하루빨리 종합물류업으로 전환해야한다. 그렇지 않다면 종합물류계약 입찰에 들어가

지도 못하고, 입찰받은 종합물류회사의 하청, 즉 이행보조자의 지위
에만 만족하게 될 것이다. 모양만 종합물류업을 행해서도 아니된다.
종합물류계약을 수주하여 각 섹터별로 나누어주는 형태로는 부가가
치의 창출이 어렵다는 것이 전문가들의 지적이다. 각 섹터를 자신의
회사안에 두고 모두 처리를 해야 수익이 많이 나는 것이다. 머스크
가 Damco라는 자회사를 자신의 조직안에 가지고 들어온 것이 그
예이다. 아니면 일본 NYK의 NCA. 이마바리 조선소의 쇼에이 기센
과 같이 100% 자신의 자회사로 두어야한다.

종합물류업이라는 업태를 하나의 독립된 상행위로 인정하고 상법
에 이를 추가해야한다. 해운법과 물류정책기본법에도 이러한 변화를
담는 법개정이 이루어져야할 것이다.

화주들과의 상생방안

넷째 정기선은 물론이고 부정기선에서도 높은 운임에 선복을 구
하기가 어려워 야단이다. 정기선은 정시도착이 생명인데 부두에 입
항하는 정시 도착율이 50%에도 못미친다는 기사를 보았다. 더 이상
정기선이라고 부를 수 없을 정도이다. 수출입화물의 수송에서 화주
들은 운송인이 안정적으로 운송해줄 것을 기대하고 있다. 코로나사
태, 수에즈사태와 같은 비상사태라도 그 비상을 이길 수 있는 내성
을 전세계 운송인이 갖추고 있을 것을 기대한다.

현재의 상황은 너무 심각하다. 2016년 한진사태시 물류대란에 이
어서 2020년 다시 무역대란이 일어나고 있으니 화주로서는 현재의
이 제도에 큰 불안과 불만을 느낄 것이다. 코로나-19라는 예외적인
상황, 그리고 전 세계적인 물류의 문제이므로 대한민국의 운송인으
로서는 어쩔 수 없다고 말할 수도 있을 것이다. 그렇지만, 이미 작
년 10월경부터 시작된 것이니 이미 8개월이다. 시원한 대책을 내어
놓지 못하고 있다.

과연 운송인 측은 수출입화물을 안정적으로 수송할 체제와 실력을 갖추고 있는가 의문이 제기된다. 비상사태에는 준비가 안 된 것이 이번 사태에서 확인되어다고 보아야한다. 그렇다면, 화주측과 진지하게 비상시를 대비하여 어떻게 안정적인 운송서비스를 제공할지 대책을 마련해야한다. 지금이 바로 그런 시점이다.

부족한 컨테이너 박스를 화주측의 물류자회사들이 소유하게 하거나 운송인측의 소유에 지분으로 참여하도록 할 수 있을 것이다. 위에서 말한 정기선은 물론이고 부정기선분야에서도 장기운송계약을 많이 가져가서 예측불가한 물동량의 수를 줄여나가는 체제를 세우는 것도 필요할 것이다.

그런데, 우리 해운법 제24조 제7항은 대량화주는 운송업에 진출을 사실상하지 못하게 한다. 이 조항이 유효하게 입법되고 지탱되는 근본적인 원인은 이렇게 함으로써 전업운송인들이 더 잘 해상운송 서비스를 제공할 수 있다는 전제에 있다. 그럼에도 불구하고 무역대란이 일어나도 대책이 없다면 대량화주 운송업진출 제한제도는 화주로부터 큰 도전에 직면하게 될 것이다. 화주들은 자신들이 직접 운송을 하겠다고 나설 것이다. 자신의 화물을 안정적으로 직접운송 하겠다고 나설 것이다. 이런 욕구들이 일부 작용하여 2자물류회사(물류자회사)로 나타나고 운용되는 것으로 안다.

더구나 최근 선주사 육성에 대한 논의가 활발하다. 선주사에는 민간형과 금융형이 있다. 민간형을 만들려면 화주들이 선주사로 진출하는 것도 유효한 방법이다. 지금 우리나라에는 민간선주사를 유지할 만한 튼튼한 운항사가 없기 때문에 대량화주들이 선주사가 되는 것은 장려되어야할 사항이다. 선주사는 법률로써 운송계약을 체결하지 못하는 것이기 때문에 해운법 제24조 제7항의 적용대상이 아니다. 선가상승시 임차인인 운항사와 이익공유를 하는 제도를 운영하면 상생하게 된다.

이런 제도의 변화와 도입을 포함하여 진지하게 화주와의 상생을 해운업계가 도출해내야한다. 지금과 같이 여유가 조금있을 때 양보하는 자세로서 운송인들이 화주들에게 손을 내밀어야 한다. 큰 호황 뒤에는 큰 불황이 와서 해운업이 크게 고생을 한 경험이 여러차례 있다. 호사다마(好事多魔)라고 했다. 이 말의 뜻은 좋은 일이 있을 때는 주위를 돌아보라는 말일 것이다. 모처럼 찾아온 호경기 시절 우리는 현재의 우리의 상황을 냉정히 파악하여 장래를 대비해야한다. 이러한 대비책은 민간의 선주, 화주, 정책당국, 그리고 학계가 모두 머리를 맞대고 한마음 한 뜻이 되면 더 쉽게 마련될 것이다.

〈〈한국해운신문〉, 김인현칼럼(75), 2021년 5월 30일〉

4. 컨테이너선 부족사태, 해법은 있다

정기 컨테이너 선박의 공급 부족 사태가 수에즈 운하 사고에 이어 화물 운송 수요 증대까지 겹치면서 장기화할 조짐을 보이고 있다.

이번 사태의 발단은 코로나-19로 인하여 미국 서부에서 하역 작업과 내륙 물류 처리에 병목현상이 발생한 때문이다. 현재도 하역 작업 부진으로 컨테이너 선박 수십 척이 외항에 대기하고 있는 형편이다.

미국에서 시작된 체증은 유럽과 동남아시아 항로에까지 영향을 미쳤다. 이런 체증이 풀려야 물류 흐름이 정상적으로 회복될 수 있다는 점에 많은 전문가가 동의하고 있다. 때문에 각국 정부는 미국 정부와 항만당국에 상황 개선에 필요한 조치를 취해줄 것을 요청할 필요가 있다.

만약 항만과 내륙 물류가 정상적인 흐름임에도 수요가 늘어나 공급이 부족한 상황이라면 선박의 속도를 높여 운항하면 조금이나마 공급이 늘어나는 효과를 얻을 수 있다. 조선소에서 친환경 선박으로 바꾸는 작업을 진행 중인 선박도 있다. 이 선박들도 결과적으로 공급을 줄이는 결과를 낳았다. 국제해사기구와 각국의 해사안전당국이 개조 작업을 일시 유예시키는 조치를 취하는 것도 선박 공급을 늘리는 효과를 얻을 수 있다.

한·중·일 등 잔잔한 바다를 항해하는 연근해에서는 바지선을 개조하여 컨테이너를 운송하는 방법도 생각할 수 있다. 원목선은 갑판 공간에 컨테이너를 실을 수도 있다. 이와 같이 유사 선종의 선박을 개조하여 공급을 늘리는 방안도 적극 검토해야 한다.

납기가 중요한 화물은 항공기를 동원하여 수송이 가능할 것이다. 현재 운휴 상태인 여객기를 개조하여 화물기로 활용해 보는 것도 한 방법이다. 작년 항공기를 이용한 화물 운송 금액이 전년 대비 6% 가까이 증가했다. 유럽행 화물은 시베리아와 중국을 통한 철도 운송이 늘어나고 있다. 외국 정기 선사들은 이런 서비스를 제공하고 있다고 광고하고 있다. 우리 화물도 중국이나 러시아로 이동시킨 다음 유럽행 철도를 이용하는 방안이 대안이 될 수 있다.

우리나라는 미주 화물의 50% 정도만 장기운송 계약을 체결한다. 장기운송 계약이란 화주들이 정기 선사에 주기적으로 물량을 제공하고, 선사도 저렴한 운임으로 화주들에게 선복을 제공할 것을 약속하는 계약이다. 스폿 시장은 그때그때 형성되는 시장이다. 지금처럼 선복이 부족하면 고운임을 주어야 한다. 우리나라는 장기운송 계약의 비중이 낮다 보니 정기 선사는 전체 수출입 물동량 예측이 어려워 선박과 컨테이너 박스를 미리 준비하지 못한다. 일본은 장기운송 계약 비중이 80%라서 스폿 물량이 적으니 우리보다 수출입 운송 환경이 안정적이다. 우리도 장기운송 계약 비중을 올려야 하는 이유다.

우리나라는 일주일에 20피트 컨테이너 박스 1개를 수출하지 못하는 소형 화주가 95%나 된다고 한다. 이들은 장기운송 계약을 체결할 수가 없다. 미국은 소형 화주들이 연합체를 결성하여 자신들의

화물을 모아서 정기 선사와 장기운송 계약을 체결한다. 미국 경쟁당
국이 인정하는 계약 형태다. 우리 해운법에서도 장려하고 있다. 우
리도 소형 화주들이 연합하여 이들이 장기운송 계약의 주체가 되도
록 제도를 만들어 갈 필요가 있다. 그렇게 되면 정기 선사도 더 많
은 선박과 컨테이너 박스를 준비할 수 있고, 화주들도 낮은 운임에
안정적인 선복을 확보하여 납기에 문제가 생기지 않게 된다. 장기적
인 선주와 화주 상생의 길이다.　　　　　　　(《매일경제》, 2021년 6월 5일)

5. 해상법과 경쟁법에 반영되어야할 개품운송 시장의 변화

들어가며

　해상법은 해상기업들의 영리활동을 규율하는 법이다. 해상기업은
선박을 이용하여 영리활동을 한다는 점에 특징이 있다. 상법은 상인
(기업)을 유익한 존재로 파악하여 이들이 쉽게 만들어지고 유지되도
록 하는 많은 제도를 가지고 있다. 해상기업을 보호하는 해상법도
이와 같다. 그러나, 상법이 상대방보호에 소홀히 할 수 없듯이 해상
법도 상대방보호를 위한 제도를 많이 가지고 있다. 특히 개품운송계
약에서는 운송계약서가 발행되지 않고 선하증권을 활용하는 부합계
약이라서 상대방인 화주를 보호할 필요성이 크다. 이에 따라 국제사
회는 20세기 초부터 헤이그 규칙을 만들어 운송인들의 부당한 힘의
논리를 제약해왔다. 19세기말 운송인들은 화주들에게 불리한 규정을
선하증권에 넣고서 계약자유의 원칙에 따라 적용을 관철해왔다. 이
에 국제사회는 운송인에게 일정한 보호만을 허용하고 그 보다 화주
를 더 불리하게 하는 약정은 무효로 했다. 이것은 우리 상법 제799
조에도 반영되어있다. 개품운송에서 운송인은 갑이고 화주는 을이라
는 공식은 1880년경부터 약 100년 이상 지속되어왔고 각국의 해상
운송법의 근간이 되어왔다. 그런데, 21세기가 되면서 이런 공식이

무너지고 운송인이 오히려 을이고 화주가 갑인 경우가 증대하면서
큰 변화가 왔다. 그렇지만, 우리 해상법은 이를 반영 못하면서 현실
과 법률이 괴리되는 현상들이 나타나고 있다.

현행 해상법 체제

영국은 19세기 중반 산업화가 먼저 달성되어 해운업이 발달했다.
미국에서 대서양을 건너 오고가는 화물은 영국의 해운업자들의 몫
이었다. 운송인들은 선하증권에 아무런 책임을 지지 않는다는 유리
한 약정을 타이핑하여 집어넣었다. 영국의 법원은 계약자유의 원칙
이라는 이름하에 이를 인정해주었다. 화물의 손상에 대하여 전혀 책
임을 부담하지 않거나 책임제한을 심하게 하는 약정이 인정되어 미
국의 화주들은 아주 불리한 대우를 받았다. 선하증권은 예나 지금이
나 운송인이 일방적으로 작성하여 송하인은 수동적으로 이를 수령
하는 것이다. 자신의 의견이 반영되지 않은 송하인은 불만을 토로했
다. 미국의 주도하에 1924년 헤이그 규칙이라는 선하증권을 규율하
는 조약이 만들어졌다. 운송인에게 항해과실면책, 포장당책임제한
등 일정한 혜택만주고, 운송인에게 강한 의무를 부과했다. 그보다
화주에게 불리한 약정은 무효로 한다는 것이 헤이그 규칙의 골자였
다. 운송인이 갑이고 화주가 을인 전제하에서 만들어진 것이다. 그
후 1968년 비스비 개정이 있었고 이것들을 합쳐서 헤이그 ─ 비스비
규칙이라고 부르고 오늘날까지도 전세계 개품운송을 규율하는 법제
도가 되었다. 미국, 일본 등은 국제해상물품운송법이라는 단행법을
가지고 있다. 우리와 중국은 자국의 해상법에 이를 추가하여 운용하
고 있다.

새로운 현상들

개품운송은 개개의 물건의 운송을 운송인이 송하인에게 약속하고

송하인이 이에 대한 대가를 운송인에게 지급하는 약속이 합쳐진 것
이다. 영미에서는 이를 공중운송이라고 한다. 개품운송인 혹은 공중
운송인은 운송의 스케줄을 미리 공표하고 이에 따라 운송 서비스를
규칙적으로 정기적으로 제공해주는 자를 말한다. 공적인 성격이 있
기 때문에 이들은 원칙적으로 무과실책임이라는 엄격한 책임을 부
담한다. 실무상 이들은 정기선운항자로 불린다. 컨테이너운송은 정
기선 운항을 대표한다. 1970년대부터 나타난 컨테이너 운송은 개품
운송의 총아로 운송비용을 절감하고 효율을 가져오는 혁신을 이루
었다. 부산항에 입항한 컨테이너 선박은 하루만에 출항을 해야 하는
데, 1,000여명의 송하인이 있다. 운송인이 이들과 일일이 운송계약
을 체결하려면 며칠이 걸릴 것이다. 그래서 운송인은 미리 스스로
만든 선하증권이라는 서식의 뒷면에 깨알같은 글씨로 본 운송에 적
용될 계약내용을 넣어둔다. 수령한 화물의 수량과 성질을 전면에 넣
고 자신이 서명하여 선하증권을 발행한다. 이 선하증권의 내용이 계
약의 내용을 이루게 되었다. 선하증권을 취득한 제3자와 운송인 사
이에도 그 내용이 적용된다. 상법이 정한 액수보다 낮게 책임제한액
수를 정한 약정, 상법에서는 1년 제척기간인데 이보다 짧게 9개월로
한 약정은 상법 제799조에 의하여 모두 무효로 판단되어 화주를 보
호했다. 그런데, 2000년대에 들어서면서 2자 물류회사와 같은 계약
운송인이 나타나면서 개품운송의 근간이 흔들려지기 시작했다. 1980
년경부터 이미 운송주선인이 운송인으로 등장하면서 그 조짐이 나
타났다. 운송주선인은 주선만 하는 사람이었는데 자신이 운송인이
되면 수수료가 아니라 운임을 받을 수 있으니 화주와 운송계약을
체결하게 되었다. 계약운송인이 된 것이다. 자신은 운송수단을 가지
지 않기 때문에 해상운송인에게 운송을 의뢰한다. 제2의 운송계약이
체결된다. 해상운송인은 실제운송인이 되어 실제로 화물을 운송하게
된다. 계약운송인－실제운송인이 존재하는 운송들이 주류를 이루게

되었다. 운송주선인과 해상운송인의 협상력과 경제력을 비교하면 전혀 비교가 되지 않는다. 계약운송인인 운송주선인은 아주 영세한 상인에 지나지 않았다. 한진해운과 같은 정기선사가 계약운송인인 운송주선인의 이행보조자 역할을 했지만 아무도 이를 두려워하지 않았다. 계약운송인은 여전히 을의 지위에 있었다.

한편, 경제적으로 성장한 대기업들은 자신의 수출입화물을 운송함에 있어서 제3자인 정기선사에게 의뢰하기보다 자신들의 자회사를 만들어 운송을 포함한 물류업을 직접해보기로 했다. 이렇게 만들어진 2자 물류회사들은 모회사로부터 화물을 대량으로 인수하여 계약운송인이 된다. 이들의 가장 큰 특징은 선박 등 운송수단을 보유하지 않는다는 점이다. 해상운송을 위해서 실제운송인과 제2의 운송계약을 체결하게 된다. 2자 물류회사는 자신은 이제 화주의 입장이 되는 것이다. 2자 물류회사는 자신의 모기업과의 관계에서는 계약운송인이지만, 실제운송인과의 관계에서는 화주(송하인)가 되는 것이다. 실제운송인인 정기선사의 입장에서는 대량의 화물을 가진 2자 물류회사와 운송계약을 체결하게 되었다. 대량의 화물을 가진 화주는 이제는 갑의 지위로 올라서게 되었다. 정기선사들로 하여금 입찰시 경쟁을 시켜서 운임을 낮추고 운송인에게 해상법상 허용된 각종 혜택을 포기하도록 약정을 체결한다. 운송인은 완전히 을의 지위에 놓이게 된 것이다. 송하인을 보호하는 기능을 하는 상법 제799조와 헤이그비스비 규칙 제3조 제8항이 무색하게 된 것이다. 대량화주들은 년간 물량에 대한 입찰을 붙이게 된다. 해상화물에 대한 운송계약에도 운송인들은 을의 지위에 놓일 수밖에 없다. 국제사회는 이러한 현상을 반영하기 위하여 2003년부터 2008년까지 유엔에서 로테르담 규칙을 성립시켰다. 일방적인 강행규정인 헤이그비스비 규칙 제3조 제8항을 쌍방적 강행규정으로 변경하는 시도를 했다. 화주도 조약에서 정한 것보다 운송인을 불리하게 하면 그 약정은 무효가 되도록 하자는 취지를 반영했다. 이 조약은 아직도 발효되지 않았지만, 새로운 변화를 잘 반영하고 있다. 우리 상법은 1991년 운송인중심주의로 변경되면서 새로운 산업의 흐름을 잘 반영했다. 운송주선인과 같이 선박을 보유하지 않은 자도 운송인이 될 수 있게 된 것이다. 계약운송인 – 실제운송인이 대세를 이루는 현상을 잘 반영하였다. 그런데, 2000년대에 들어와서 나타난 2자 물류회사들을 포함한 대량화주들과의 운송계약에서 나타난 갑과 을의 지위의 역전을 반영하지 못하고 있는 한계가 있다.

대량화주와의 운송계약은 기존의 개품운송계약과 달리 운송계약서가 선제한다. 운송계약서에서는 운송인은 모든 손해배상에 대하여 책임을 부담한다는 규정을 넣고 있다. 대법원은 운송인이 선주책임제한을 포기한다는 약정도 유효하다고 판시한 바 있다. 상법 제799조는 편면적인 것으로 화주를 보호할 목적인 것인 바 이것이 크게 반영된 판결로 판단된다. 대량화주와의 계약에서는 운송인은 을의 입장임을 충분히 반영했어야 함에도 새로운 흐름을 반영하지 못한 아쉬움이 있다.

이러한 정기선운항에서의 변화는 경쟁법에도 반영되어야 한다. 부당한 공동행위의 여부는 경쟁을 실질적으로 제한하는가에 의한다. 이는 시장지배력과 시장에 기여하는 효율성의 비교형량에 의하여 정해진다. 정기선사들의 시장점유율이 높다면 운임에 대한 공동행위는 일응 경쟁을 제한한다고 추정될 것이다. 20년 전과 같이 대량화주와 2자물류회사가 나타나지 않았던 경우는 시장점유율이 곧 시장지배력이라는 등식이 성립될 수 있었다. 소형화주들은 을의 지위에 있었기 때문이다. 그런데, 이제는 정기선사는 상당부분 을의 입장이 되었기 때문에 시장점유율이 높다고 해서 운임의 결정을 좌우지할 수 있는 지위에 더 이상 있지 않다. 즉, 시장지배력을 상당부분 상실했다는 것이다. 이런 큰 변화가 경쟁법상 경쟁을 실질적으로 제한하는 가의 판단에도 반영되어야 한다.

필요한 조치들

우리 상법 해상편은 아직도 지난 20년 동안의 개품운송계약에서 나타난 운송인이 을이 되는 현상들을 반영하지 못하고 있다. 대량화주나 2자물류회사들과 운송계약을 체결하는 비중이 절반을 차지할 것이다. 그렇다면 송하인만을 보호하는 상법 제799조는 반쪽만 효용이 있는 것이다. 하루빨리 이런 현상을 반영한 해상법이 되어야 한다. 로테르담 규칙이 비록 발효되지는 않았지만, 그 입법정신을 받아들여 우리 상법 해상편이 하루속히 개정되어야한다. 지난 20년간 변화된 개품운송에서의 변화가 법원의 판결이나 정책에 제대로 반영되길 기대한다. 현실과 법제도의 간극을 하루빨리 좁혀나가면서 법적 안정성을 확보하도록 하자.　　　　　〈〈법률신문〉, 2021년 9월 16일)

6. 물류대란, 화주 · 선사 · 정부가 풀어야

미국 항만의 수출입 화물 적체가 심각하다. 지난해 3월 코로나-19가 시작될 무렵 오히려 수출입 물동량이 줄어들 것으로 예상됐다. 그런데 지난해 10월 들어 미국에서 가전제품 등의 수요가 폭증하면서 수출이 늘어났다. 미국 서부 부두에서 내륙의 수입자에게 이르는 과정에서 코로나-19로 인한 휴무 등으로 배달이 늦어지는 병목 현상이 생기며 물류 대란이 발생했다. 선박 공급 부족으로 운임은 치솟고 주문 상품의 배송일도 지연되고 있다.

수출 상품은 컨테이너에 실려 운송되는데 물류의 흐름이 막히면 컨테이너가 수출지로 되돌아오지 못하니 수출 작업이 불가하다. 또 부두에서 컨테이너가 제때 빠져나가지 못하면 박스를 저장할 장소가 없어 컨테이너 선박을 입항시킬 수 없다. 이런 현상이 장기화되다 보니 한국·중국 등에서 수출용 컨테이너와 컨테이너 선박이 부족하게 됐다. 이런 장비와 선박의 13%가 이동하지 못하는 상태로 멈췄다. 공급이 줄어드니 운임이 많게는 10배까지 치솟았다.

이런 현상은 국제무역에 큰 장애가 된다. 운송인들도 운임 상승을 마냥 좋아할 수만은 없다. 배를 빌릴 때 선주에게 지급하는 용선료가 올라 비용이 많이 들기 때문이다. 정기선 형태의 컨테이너 운송은 공표한 대로 출항과 입항이 이뤄져 적시에 수입자에게 운송물이 전달돼야 한다. 현재 정기 선사의 정시율은 제 기능을 하지 못할 정도로 낮아졌다. 컨테이너를 제때 반납하지 못해 드는 비용을 두고 운송인과 수입자 사이에 분쟁도 다수 발생했다. 높아진 운임은 수입국의 물가 상승 요인이 된다. 미국의 물류 대란으로 수출 단가가 올라 수출 대국인 우리나라에도 악영향을 미친다.

어떻게 하면 이 난국을 해결할 수 있을까. LA 항구에 대기하는 선박은 80여 척에 이른다. 부두에서 컨테이너가 내륙으로 이동하지 못하기 때문이다. 과부하가 걸린 미국 내륙 물류의 흐름을 뚫어주기 위해서는 컨테이너 화물 수입량이 줄어들어야 한다. 미국 내에서 소비자인 국민들이 불요불급한 물건 외에는 구입을 자제해야 하지만 쉽지 않을 것이다. '위드 코로나'로 재난지원금이 더 이상 지급되지 않으면 일시에 높아졌던 구매력이 낮아질 것이라는 데 기대를 건다.

컨테이너 화물을 수출지에서 항공 화물로 바꿔 수송하는 것도 하나의 방법이다.

선박의 항해 속도를 낮추는 방법도 있다. 한국에서 미국 서부까지의 항해 일수는 통상 10일인데 이를 20일로 늘리는 것이다. 25노트에서 12노트로 항해하면 항해 일수가 2배로 늘어나게 된다. 한 척당 10일만큼 도착 시간이 지연되므로 항구는 휴식기를 가지게 된다. 이 공백 기간을 이용해 적체된 물류의 흐름을 바로잡아야 한다. 정기 선사의 감속은 공급을 줄이는 결과가 돼 경쟁법 위반, 선적지에서의 출항 지연 및 양륙항 도착 지연 등에 따른 화주의 손해배상 청구에 직면하게 된다. 물류 대란이라는 전 세계적인 비상사태를 해결하기 위한 조치이므로 운송인이 손해배상 문제에서 면책되도록 해야 한다. 또 콜롬비아강을 따라 내륙으로 들어가는 포틀랜드 등 혼잡이 덜한 항구에 몸집이 가벼운 중형 컨테이너 선박을 더 보내자. 이를 위해 이해 당사자인 화주단체, 3대 얼라이언스의 9대 정기 선사들, 한국·미국·중국·일본 등 정부 당국이 모여 해결책을 강구하자. 장기적으로는 해상에서 컨테이너가 도착할 경우 내륙까지 지체 없는 물류 흐름을 보장하는 국제적인 법적·제도적 장치를 만들어야 한다.

(《서울경제》 2021년 10월 27일)

7. 2021년 물류대란이 해운·물류업계에 던지는 법적 시사점과 해결책

〈들어가면서〉

우리 주위에서 일어나는 물류대란의 모습이 점차 피부로 느껴진다. 일간지에서는 연일 공급망의 문제점을 지적한다. 운임이 대폭적으로 올라서 짐을 실을 선박을 구하기가 어려운 지는 이미 1년 가까이 되어 일상이 되었다. 요소수와 같은 물자의 공급물량이 부족하다고 야단이다.

코로나 사태가 발발하기 직전인 2019년 말과 비교하면 큰 변화가 아닐 수 없다. 당시 컨테이너 선복은 15% 정도 초과공급된 상태였고 저운임상태였다. 국제무역도 순조로운 편이었다. 국제분업의 원리에 따라 생산단가가 높아진 선진국에서는 생산을 중단하고 그보다 낮은 개발도상국으로 생산공장을 이동시켰다. 여기서 생산된 제품을 선박을 통한 해상운송으로 선진국으로 이동시켰다. 그래서 국제무역이 활성화되었다.

현 시점에서 전 세계적으로 일어나는 공급망에서의 혼란과 변화를 일별하고 안정된 물류망을 구축하기 위하여는 어떠한 법적 제도적인 장치가 필요한지 알아본다.

〈현실에서 발생하는 이상현상〉

선박과 컨테이너박스, 샤시등 선박공급 측면의 부족

2020년 10월부터 시작된 병목현상은 11월 들어 최고점을 찍는 것 같다. LA항 앞에서 대기하는 선박의 숫자가 70척에 이른다. 미국 동부의 사바나 항에 대기하는 선박도 30척에 가깝다고 한다. 이렇게 된 원인은 미국서부에서 동부로 트럭으로 이동되는 화물이 많은데 트럭을 운전할 운전수가 태부족이라는 점에 있다는 것이다. 코로나로 인하여 사망한 기사도 있고 코로나 사태를 기화로 더 이상 운전을 하지 않는 기사들이 늘어났지만, 신규진입은 너무나 작다는 것이다. 또한 미국 자체에서 샤시의 부족을 원인으로 지적하는 사람도 있다. 미국은 우리나라와 달리 운송인이 아니라 화주가 샤시를 제공한다.

코로나 사태로 미국정부가 수요진작을 위하여 소비장려금을 풀었고 그것이 가수요가 되어 해외에서 너도 나도 많은 제품을 사게 되었다. 더구나 집에서 전자상거래로 주문을 하게 되었다. 소비자들은 백화점 등에 가서 물건을 사왔지만, 코로나 시대에는 집에서 인터넷으로 주문을 한다. 유통업자들은 소비자의 집에까지 배달을 해준다. 수입자인 백화점이 직접 상품을 외국에서 수입하여 자신의 매장에 비치하고 소비자가 찾아와서 상품을 가져가는 대신에, 백화점이 이를 배달까지 하여주게 되었다. 배달수요가 엄청나게 늘어나게 되었다. 전자상거래의 폭증으로 육상에서의 물류수요가 크게 늘어났다.

육상물류에 과부하가 걸리게 되었다. 육상물류가 잘 흐르지 못하게 되면 항구에서 컨테이너박스는 적체가 되고 더 이상 박스를 항구에 내릴 공간이 없게 된다. 결국 항구에 도착한 컨테이너 선박은 외항에서 대기할 수밖에 없다.

물자의 부족 현상

연일 신문에서는 요소수의 부족현상을 걱정한다. 사실 해운업계는 컨테이너 박스의 부족현상에 대하여 이미 작년 말부터 크게 걱정을 했다. 컨테이너 박스는 더 이상 우리나라에서 생산되지 않고 중국이 독점적으로 95%이상을 제작하고 있으므로 우리나라는 운송주권을 확보하기 위하여 국내제작 등에 대한 대책을 요구한 바있다.

정기선사는 선복의 1.5배 이상의 컨테이너 박스를 보유하고 있어야한다. HMM이 100만TEU라면 150만TEU의 컨테이너 박스를 가지고 있어야한다. 정기선사는 물동량에 맞추어 미리 박스를 확보하여 운송을 해왔으므로 특별한 문제는 없다. 그런데, 물류대란이 발생하면서 미국의 내륙으로 들어갔던 박스들이 회수되지 않게 되자 박스가 부족한 현상이 나타났다. 컨테이너 박스는 운송인들이 제공할 의무가 있다. 화주에게 제공할 컨테이너 박스가 바닥이 나자, 제작을 주문하게 되었다. 중국에서만 박스가 제작된다. 20피트 1개당 200만원하던 것이 600만원으로 가격이 치솟았다. 제조업자는 중국의 COSCO의 자회사들이 대부분이다. 우리나라에서 제작을 많이 했지만, 수지가 맞지않자 중국으로 제작이 넘어간 것이다. 우리나라는 박스의 수급을 중국에 의존하게 된 것이다. 우리나라에서 박스를 제작하는 일은 아직도 이루어지고 있지 않다. 중국으로부터 박스가 공급되지 않는다면 수출이 이루어질 수 없는 지경에 와 있다.

요소수의 부족은 자동차 등을 가동함에 사용할 원료부족 문제이지만, 컨테이너 박스는 그 원료를 실어 나를 운송용기가 부족한 문제라는 점에서 다르다. 그렇지만, 컨테이너 박스의 부족은 수출을 중단시키게 되므로 전 국가적인 문제가 된다.

리쇼어링 혹은 니어 쇼어링

코로나 사태가 발발할 당시부터 리쇼어링과 니어 쇼어링은 유행어처럼 되었다. 외국에 의존했던 생필품 등 필수품이 국내에 반입되기 까지 상당한 장애가 발생한 것이다. 우선 코로나로 인하여 생산이 중단된다. 비록 생산이 되었다고 하여도 물류의 이동이 순조롭지 못하기 때문에 자국에 이르기까지는 상당한 기간이 필요하다.

각국은 리쇼어링과 니어 쇼어링을 부르짖게 되었다. 미국의 바이든 대통령은 반도체의 공급망에 문제가 생기자 삼성전자가 더 많은 물량을 미국 내에서 생산하도록 유도하고 있다. 중국에서의 생산에 의존하던 것을 멕시코로 생산지를 이동하는 것이 니어쇼어링의 좋은 예이다.

우리나라에서는 수지가 맞지 않기 때문에 중국에 의존하던 컨테이너 박스의 제작을 이제 다시 우리나라에 가져와서 하는 것도 일종의 리쇼어링이다. 리쇼어링은 물자의 공급을 외국에 의존하지 않아도 되므로 주권을 확보하는 길이기도 하다. 그동안 세계가 발전시켜 온 자유무역의 확대와는 반대되는 방향이다.

〈해운물류 시장에서 제시된 해결방안〉

물류운송수단의 다양화

코로나 사태이후에 확연하에 나타나는 현상은 세계적인 원양 정기선사들이 운송수단을 다변화해 나간다는 것이다.

NYK는 이미 30여년 전부터 물류회사인 NYK 로지스틱스를 만들어 종합물류업을 해왔다. 또한 NCA라는 항공화물운송회사를 만들어 1985년부터 적자를 보면서 운영을 했었는데 이번 코로나 사태에 서 대박을 터뜨렸다는 것이다. 머스크는 이미 종합물류화되었기 때 문에 고객에게 해상운송에서 문제가 있다면 항공이나 철도로 운송 을 해주고 있다. 기존의 물류회사 DAMCO를 머스크의 내부로 가져 와 서비스를 더 강화하고 있다. 미국 서부에서의 선박대기를 피하기 위하여 중국에서 철도를 이용하여 유럽으로 간 다음 유럽에서 대서 양을 건너 선박으로 미국 동부로 간다. 미국 동부에서 서부로 철도 를 이용하여 화물을 운송하는 서비스도 유럽의 정기선사에 의하여 개설되었다. CMA － CGM도 최근 항공화물기를 4대 구매하여 항 공업에 진출했고, CEVA를 자회사화하여 물류서비스를 강화했다.

이런 변화는 너무나 당연한 것이다. 정기선사들은 자신들의 고객 의 의뢰사항인 운송서비스를 신속하고 안정적으로 해줄 의무가 있 고, 운송수단은 여러 가지가 있다. 해상운송이 막혔다고 하여 운송 을 더 이상할 수 없다거나 높은 운임을 지불하라고 화주에게 요구 하기보다는 다른 운송수단을 제공하면 화주는 더 만족하게 될 것이 다. 특히 운임보다도 납기일이 중요한 전자 혹은 기계부품은 운임이 얼마가 되던 운송 자체가 중요하다. 이 때 정기선사들이 자신의 자 회사 혹은 내부에 항공화물사업부가 있다면 항공편으로 운송이 가 능할 것이다.

종합물류회사들은 기존에 해오던 업무 자체가 계약운송인으로 서 다양한 운송수단을 가진 운송인을 활용하던 것이므로 큰 변화 는 없다.

정기선 시장에 항해용선계약의 출현

적시에 납기가 어려워지자 화주들은 직접 선박을 빌려서 운송을 하기 시작했다. 월마트, 코카콜라 같은 화주들이 그 예이다. 그들은 항해용선계약을 체결한 용선자가 되는 것이다. 우리나라 팬오션의 컨테이너 선박 한 척을 빌려서 자신의 화물을 싣고 오는 것이다. 컨테이너 선박은 여러 항구를 들르고 선박에는 수천명의 각기 다른 화주들의 화물이 들어있지만 이 경우는 단일 화주에 단일 품목이 들어있게 된다. 전형적인 항해용선계약이 된다.

우리나라 철강회사도 제품을 적기에 실어 나르기 어렵게 되자, 선박을 용선하여 자신이 직접 제품을 실어서 수입자의 항구에까지 운송해주고 있다. 남는 공간에는 자매 철강회사의 제품을 실어주었다. 역시 항해용선계약이 체결된 것이다.

전자상거래의 활성화와 유통업자들의 운송인화

코로나 사태로 인하여 사람들은 재택근무를 하면서 이것 저것 간편하게 인터넷을 통하여 구매를 하게 되었다. 기존의 전자상거래는 무리없이 예정에 맞추어 잘 배달되었다. 코로나 사태 이후 미국에서 공급망의 병목현상으로 상품의 정시도착이 크게 지장을 받자, 유통업체들이 직접 물류업까지 하겠다고 나서게 되었다.

쿠팡이 항공기를 도입하거나 아마존이 항공기는 물론 선박까지 도입하여 운항하겠다는 계획을 말하는 것은 이들이 물류회사가 된다는 말이다. 유통업에 한정하던 상인들이 운송인으로 등장하는 계기가 마련된 것이다. 과거에는 소비자(구매자)-(전자상거래)-유통업자-(물류)(해상운송)-종합물류업자(정기선사)-매도인(판매자)로 이루어지던 것이, 소비자(구매자)-(전자상거래)-유통업자-(물류)(해상운송)-매도인(판매자)으로 변화가 생기는 것이다. 유통업자는 유통에서 한걸음 더 나아가 스스로 물류업 혹은 운송업에 종사하게 된다.

〈새로운 변화에 대한 법적 제도적 대응 방안〉

물류운송수단의 다양화

이 점은 원양 정기선사들의 종합물류기업화 지향이라는 단어로 요약할 수 있다. 이미 종합물류업은 큰 흐름으로 보면 대세로 자리 했다. 원양 정기선사들도 속속 종합물류기업화 되어가는 과정에 있 었는데, 코로나 사태 이후에 더 속도가 가속화되어간다는 점이다.

원양 정기선사들은 순수한 해상운송에만 서비스를 국한하는 회사 들과 종합물류화를 지향하는 회사들로 나누어질 수 있다. 전자에는 MSC, 대만의 양밍, 에버그린, 하파크 로이드, HMM, SM라인과 같은 회사들이다. 후자로는 NYK, 머스크가 있다. CMA - CGM이 최근 후자의 흐름에 합류하게 되었다.

원양정기선사들은 종합물류회사가 되면서 대량화주들과 직접 계 약을 체결하여 종합물류서비스를 체결하게 된다. 다양한 운송수단을 가지고 있어야 더 고객을 만족시켜줄 수 있다는 점이 확인되었기 때문에 종합물류회사가 되지 않을 수 없는 환경에 놓이게 되었다. 현재는 선복이 부족한 상황이기 때문에 버틸 수 있지만 운임이 다 시 폭락하여 경쟁체제하에 들어가면 종합물류서비스를 제공하는 정 기선사가 더 선호되어 경쟁력을 가질 것으로 보인다.

아쉽게도 우리나라는 물론이고 전세계적으로 종합물류업이라는 상행위가 법률로써 제도적으로 보장되지 못하고 있다. 종합물류업을 상법에서 정의하고 손해배상의 문제, 컨테이너 박스의 회수문제, 지 체료의 문제, 물류회사와 화주와의 법률관계를 정립해야한다.

정기선 시장에서의 항해용선의 등장

항해용선은 벌크 시장에서 나타나는 운송계약이다. 화주는 선박소유자에게 선박을 한 척빌려서 자신의 화물을 운송해줄 것을 부탁하는 것이다. 통상 단일화물에 화주는 한 사람이다. 운송조건이 세세하게 논의되기 때문에 완전한 계약자유의 원칙이 적용되는 계약이다. 법의 후견이 필요없다. 화주는 송하인이 되어 자신의 화물을 싣고가는 것이라서 유통선하증권을 발행할 필요가 없다. 법률관계가 단순해진다.

운송중에 발생하는 모든 채무불이행 책임은 운송인인 선박소유자가 부담한다. 선박충돌사고, 유류오염사고와 같은 사고에 대한 책임도 선박소유자가 부담한다. 운송중에 화물에 손해가 발생하면, 화주는 손해를 배상받아야하는데, 운송을 제공한 선박을 가압류하면 가장 효과적이다. 그런데, 그 선박이 선체용선된 선박이라면 채무자의 재산이 아니므로 가압류가 불가하다. 우리 상법은 이런 경우에도 상법 제809조를 이용해 가압류가 가능하다.

컨테이너 박스를 원목선과 같은 다목적 선박을 항해용선하여 실어나르는 경우도 있을 것이다. 다목적 선박의 운송인은 갑판적 화물에 대한 책임에 유의해야한다. 갑판적이 되면 항해중 손해를 입을 염려가 증대한다. 갑판적을 화주가 문제 삼아 손해배상을 청구하면, 갑판적 약정을 체결해야 책임을 면할 수 있다. 컨테이너 선사가 아닌 경우에는 발행하는 항해용선계약에 갑판적 약관이 있는지 확인해야하고, 없다면 추가해야한다. 다목적 선박에 갑판적된 컨테이너 박스를 고박할 장비들이 갖추어지지 않은 상태로 출항하게 되면 불감항이 되어 상법상 불이익을 입게 된다.

리쇼어링과 니어쇼어링

리쇼어링과 니어쇼어링은 자국에서 혹은 자국에서 가장 가까운 국가에서 제품을 생산하는 것을 의미한다. 이것은 결국 제품의 이동량을 줄이는 방향으로 작용할 것이다. 따라서 수출입물동량이 감소하는 흐름이 된다.

국내에서의 이동과 가까운 이웃나라에서의 이동이 먼 나라에서의 이동보다 많아질 것이기 때문에 대형컨테이너 선박보다 피드선 형태의 중형 및 소형 컨테이너 선박에 대한 수요가 많아질 것으로 예상된다. 중국이나 인도 등 아시아 시장에서의 생산이 줄어들 것이므로 해상운송보다는 육상운송이 더 많아질 것으로 보인다. 리쇼어링과 니어쇼어링에 따라 증대되는 육상운송수요 시장을 두고 원양정기선사들이 각축을 벌릴 것으로 예상된다.

우리나라의 경우 철도운송과 트럭운송과 같은 육상운송 법제도는 크게 발달되지 않았다. 북한의 존재 때문에 유럽대륙으로 직접 철도가 연결이 되지 않아서 CMR(국제도로물품운송조약), COTIF(국제철도물품운송조약)과 같은 국제조약에 가입되지 않았다. 이에 대한 연구가 더 필요하다. 부산항에서 블라디보스톡을 거려서 유럽으로 철도로 이동되는 경우 해상운송－철도운송이라는 복합운송이고 손해가 발생하여 어디에서 손해가 발생했는지 모르게 되면 거리가 긴 구간인 철도운송에서 적용되는 법이 손해배상의 문제에 적용된다. 따라서 COTIF의 내용이 중요하게 된다. 국내적으로는 복합운송에 대한 실체법을 만들어 상법에 규정하는 것이 법적 안정성을 높이는 길이다.

전자상거래의 활성화

전자상거래는 인터넷 상으로 매도인과 매수인인 소비자가 상품에 대한 거래를 하는 것이다. 매도인은 상품을 소비자의 문전에 까지 배달해준다. 해외에서의 구매인 경우 해외의 수출업자가 직접 운송인이 되어 운송을 해서 소비자에게 배달한다. 수출업자가 해상운송인 혹은 종합물류회사와 운송계약을 체결하는 점은 다른 일반 재래식 거래와 다를 바가 없다. 수출업자는 운송인으로부터 상품을 인도받아서 자신의 풀필먼트 센터에서 포장한 다음 소비자에게 배달한다. 제품의 생산자인 수출업자는 양륙항에서 인도받은 상품을 쿠팡이나 아마존과 같은 유통회사에 맡겨서 이들이 배달하도록 하기도 한다. 이제는 쿠팡이나 아마존이 직접운송인이 되는 경우가 늘어날 것이다.

쿠팡이나 아마존은 계약운송인이 되고 원양정기선사를 그의 이행보조자로 확보하여 운송을 실행하는 경우가 늘어날 것이다. 쿠팡이나 아마존은 계약운송인으로서 선하증권을 발행하는 운송인의 기능도 하게 된다. 해상운송중 발생하는 손해에 대하여 그가 채무불이행책임을 부담하게 될 것이다.

글로벌 물류망의 안정과 효율화를 위한 국제제도의 창출

최근에 많은 사람들은 상품의 원활한 흐름이 대단히 중요한 것임을 알게 되었다. 상품의 국제적인 거래에서 과거에는 바다나 하늘, 철도를 이용한 국경의 통과만을 중요하게 생각했다. 그 중에서도 위험하면서도 긴 항해를 해야 하는 바다를 안전하게 상품이 건너는 것에 초점을 맞추었다.

선박 자체라는 하드웨어가 안전한지 그 선박을 운항할 선장이 자격이 있는 자인지 등에 초점을 두고 국제제도를 만들어왔다. 이를 관리하는 UN기구로서 IMO를 두었다. 안전하게 항구에 도착한 것으로 모든 것이 종료되는 것은 아니다. 이 상품을 소비자의 집에까지 안전하게 예정에 맞추어 배달해주어야 한다.

최근의 공급망에서 병목현상은 선박의 안전한 항해와는 무관한 문제이다. 선박은 안전하게 LA항과 사바나항에 도착했다. 문제는 육상에서의 물류의 흐름이 막혀서 이것이 선박의 입출항 스케줄에 영향을 미치고 공급의 부족으로 이어져 운임은 천정부지로 오른 것이다.

이제는 안전하게 해상을 이동해온 상품이 육상에서 어떻게 안전하게 예정된 시간에 배달될 수 있는지 국제적인 제도를 만들어야한다. 미국 국내에서 발생한 육상물류대란이 한국과 중국 유럽에 까지 영향을 미친다. 모든 것이 물류라는 체인으로 연결되어있기 때문이다. 한국의 정기선사는 미국의 소비자의 소비패턴에 직접 영향을 받는 점이 확인된 것이다. 중국에서 컨테이너 박스가 제 때에 제작되어 공급되지 않으면 또 물류대란이 일어난다. 한진해운과 같은 도산 사태가 발생하면 공급이 줄어들어서 또 물류대란이 일어나게 된다.

화물이 실린 선박은 물리적으로 안전하고 실력있는 선장이 선박을 조종하고, 화물도 안전한 화물창에 들어있음을 해상운송인이 화주들에게 출항 전 확인해주는 것을 감항능력주의의무라고 한다. 이를 통하여 선박의 안전항해는 보장된다.

선박에서 운송인이 그러하듯 각 국가는 물류의 흐름이 제대로 작동하도록 각종 인프라를 갖출 의무를 부담해야한다. 현재 각국의 수출입업자들이 입는 손해는 미국에서 발생한 인프라의 부족 때문에 발생한 것이다. 이를 미국에게 손해배상청구를 할 수 있을 것인가? 과연 국가는 그런 의무가 있는 것인가?

현재는 도덕적 의무말고는 법률적인 의무는 없다고 보아야한다. 국제조약을 통하여 각 국가에게 글로벌 물류망에서 각종 인프라가 제대로 작동하도록 인프라를 갖출 의무를 부과해야한다. 이를 위반하였다고 하여 각국에 손해배상책임을 제기할 수 있는지는 불명확하다. 그렇지만, 이런 의무를 각국이 부담한다고 선언하고 이것이 조약화된다면, 적어도 각국 행정부의 인프라 구축을 위한 예산 마련에 큰 근거가 될 것이다.

나아가 종합물류계약을 통하여 수입자의 수중에 까지 물류서비스를 제공하는 종합물류업자도 "물류서비스완성 주의의무"를 부담하는 합의가 이루어지면 좋을 것이다. 이는 해상운송인이 부담하는 감항능력주의의무와 유사하다. 해상은 물론 육상의 인프라가 사전에 예약되어 충분히 상품이 수입자에 까지 예정되도록 준비가 되었음을 증명하는 것이다.

　물론 불가항력적 사항에 대하여까지 이들에게 손해배상책임을 물릴 수는 없다. 요컨대, 글로벌 물류안전화를 위한 국제조약을 성안하여, 국가에게 물류인프라를 갖출 의무를 부과하고 종합물류업자와 이용자 사이의 법률관계를 확정하여 안정된 물류의 흐름을 일 국가 차원이 아닌 글로벌 차원에서 확보되도록 해야 할 것이다.

(《한국해운신문》, 김인현칼럼(80), 2021년 11월 10일)

8. 물류대란, 해상운송주권 확보로 풀어야

　전 세계적으로 문제가 되고 있는 글로벌 공급망 불안은 필요한 원자재가 공급되지 않거나, 원료·자원을 원하는 장소로 이동시키지 못하는 물류 대란이 복합적으로 작용했기 때문이다. 원료 공급선을 확보해도 운송 수단이 없으면 무용지물이 된다. 우리나라 수출입 화물의 95%를 수송하는 해운 산업이 무엇보다 중요한 이유다.

　최근 글로벌 물류 대란은 미국에서 컨테이너 박스와 선박 등이 극심한 병목 현상을 빚어 항만 운영에 차질이 빚어졌기 때문이다. 미국의 물류 대란은 우리나라에도 영향을 끼쳤다. 전 세계가 글로벌 체인으로 엮여 있어 한 국가의 물류 흐름이 차질을 빚으면 다른 나라 물류에도 지장을 초래하기 때문이다. 한진해운 사태, 수에즈운하 에버기븐호 사고 때도 마찬가지다. 문제는 최근 이런 물류 대란이 반복적으로 일어난다는 점이다. 정시(定時)도착을 특징으로 하는 정기선 해운의 미주 지역 정시 도착률이 20% 정도로 떨어질 정도다.

　물류 대란 피해를 최소화하기 위해서는 '운송 주권'을 확보해야 한다. 수출입 화물을 적기에 실어 나를 선박과 컨테이너 박스, 항공기, 인력 등을 확보해야 한다. 가장 취약한 것은 컨테이너 박스이다. 20여 년 전만 해도 우리나라가 컨테이너 박스의 90% 이상을 만들었다. 하지만 인건비 상승 등으로 컨테이너 제작 사업이 대부분 중국으로 넘어갔다. 지금은 중국이 세계 컨테이너 박스의 90% 이상을 생산하고 있다. 중국 측이 컨테이너 박스 제작 및 수출에 미온적이면 우리나라 정기선사 및 수출업자는 큰 타격을 입게 된다. 정부는 충분한 운송 수단을 보유하고 컨테이너 제작 능력 등을 갖춰 운송주권을 확보해야 한다. (〈조선일보〉, 발언대, 2021년 12월 15일)

9. '코리아 원팀'으로 물류난 뚫자

새해가 밝았다. 해운물류 산업이 2022년 직면한 가장 큰 문제는 물류 대란을 어떻게 풀어 갈 것인가이다. 지난해 요소수 대란으로 인한 공급 문제가 사회 이슈로 부각된 기억이 생생하다. 중국에서 구입한 요소수를 우리나라에 가지고 와야 한다. 그 이동은 바로 물류산업이 담당한다. 선박을 이용한 해운의 비중이 가장 크다. 그런데 정시성이 생명인 컨테이너 선박의 정시율이 20%대로 떨어졌다. 미국 LA 항구에 100여 척의 컨테이너 선박이 대기 중이라고 한다. 부산에서 미국 서부항으로 가는 컨테이너 박스(40피트) 하나의 운임이 1만 달러로 무려 10배나 올랐다. 수출자들은 선적할 배를 구할 수 없어서 야단이다.

세계적으로 해운산업 특히 정기선 사업은 유례없는 호황이다. 전 세계의 원양 정기선사들은 수조 원의 영업이익을 올리고 있다. 우리나라도 마찬가지이다. 이런 해운기업의 호황 뒤에 숨은 그림자를 보아야 한다. 해운기업의 호황이 물동량의 증가와 경영의 혁신, 법제도의 개선에 의하여 만들어진 것이 아니다. 코로나 사태로 내륙에서 병목현상이 발생하여 선박을 항구에 대기하게 만들었다. 그 결과 컨테이너 선박과 박스 전체 공급량의 15%가 감소한 결과가 되었다. 이 사태는 언젠가 풀리게 되어 있다. 풀린 공급량이 시장에 다시 돌아오면 공급이 초과해 운임은 급락하게 될 것이다. 머스크 등과 같은 세계적 정기선사들은 남아도는 수익금으로 항공기를 대량으로 구입하면서 항공화물업에 진출했다. 수출입 물동량의 상당수가 현재 해운에서 항공으로 이동 중이다. 신선 화물은 정시 도착이 중요하니 항공편을 이용한다. 장차 해운 이용 물동량은 줄어들고 항공 이용 물동량은 늘어날 것에 이들은 대비하고 있다.

높은 해상운임은 수출기업이 부담해야 한다. 물류비의 상승으로 수출기업들은 무척이나 어려운 시기를 보내고 있다. 미국 국내에서 발생한 일이라고 치부하지 말고, 다양한 대책을 정기선사들이나 해운인들이 찾아내야 한다. 우리 원양 정기선사들이 임시 선박을 투입하는 등 협조적인 태도는 긍정적이다. 그러나 부정기선과 달리 정기선은 운송인이 일정을 미리 공표하고 운송물을 실어 줄 것을 약속한다. 이 물류 대란의 사태를 적극적으로 풀어 나갈 책무는 화주가 아니라 운송인 측에 있다. 더 적극적으로 이 사태를 해결하려고 나서야 한다. LA 항구에 100여 척의 컨테이너 선박이 대기하고 있지만, 미국 북서부인 콜롬비아강의 포틀랜드는 적체가 없다. 그렇다면 최대한 많은 선박을 미국 북서부로 보내도록 해 보자.

(《부산일보》, 오션 뷰, 2022년 1월 2일)

제 4 장
해운물류산업 발전방안

1. 해운산업 매출 100조 원 달성하자

우리나라 해운산업의 매출은 2008년 최고치인 51조 원이었지만 한진해운 파산으로 10조 원이 사라져 최근 30조 원대로 주저앉았다. 20년 동안 무역 규모는 7배 늘었음에도 불구하고 해운산업의 매출은 거의 제자리걸음이다. 다른 산업은 발전하는데 해운산업은 성장과 혁신이 없었다는 것을 의미한다. 해운산업에서 용선과 운송 매출을 더욱 확대하고 통계에 누락된 해운 부대 산업의 매출을 추가하여 5년 이내에 매출 100조 원 목표를 달성하는 데 해양수도 부산이 앞장서자. 이 정도 액수가 되어야 국민총생산의 5%에 해당한다. 필자가 생각하는 해운산업의 매출에는 다음 항목들이 포함되고, 또 확대되어야 한다.

첫째, 무엇보다 우리 선사가 운임수입을 확대해서 해운산업의 매출 규모를 크게 키워야 한다. 특히 컨테이너 화물은 미주의 경우 20%만 우리 정기선사가 운송한다. 한국은 무역대국인 만큼 우리 선주들이 매출을 더욱 증대시킬 여지가 많다. 우리 선사들은 더 적극적으로 3국 간 운송에도 진출해야 할 것이다. 이와 함께 모(母)기업이 만든 2자 물류회사들은 선박을 보유하지 않지만 상법상 운송인이다. 이들은 모기업으로부터 화물의 운송을 인수하여 계약운송인이 되고 다시 화주가 되어 실제 운송인에게 해상운송을 위탁한다. 이들은 자신이 받은 운임의 약 80%를 실제 운송인에게 주고 20%를 자신의 수입으로 한다. 자신의 몫이 되는 20%를 해운 매출(약 5조 원)에 추가해야 한다.

둘째, 외국에 법인을 둔 사실상 우리 선주사들에게 인센티브를 주고 우리나라로 법인을 옮기도록 하여 그 매출을 잡도록 해야 한다. 우리 선주들이 선박을 빌려주고 받는 용선료 수입을 확보하자는 것이다. 일본과 그리스에는 이런 영업을 하는 선주들이 많다. 선주사들은 낮은 선가의 선박을 확보하여 선가가 오를 때 팔아 매출을 많이 올리기도 한다. 그런 내역들이 해운산업 매출에 추가되어야 한다.

셋째, 부산에는 컨테이너 터미널 운영사를 포함한 유수의 하역 및 창고회사들이 많다. 이들의 매출도 해운산업의 매출에 포함해야 한다. 이들 기업 중에는 외국에 진출한 회사들도 있다. 외국 진출이 가속화되면 해운 매출도 덩달아 확대될 것이다.

넷째, 선박의 운항을 도와주는 선원송출업, 도선업, 예선업, 선박 연료유 공급업 등 해운 부대 사업들의 매출도 해운산업의 매출에 포함시켜야 한다. 부산이 그 중심지였던 선원송출업은 한때 매출 5,000억 원을 달성한 바 있다. 300여 명의 도선사가 항구에서 도선 서비스를 제공, 매출을 올리고 있다. 예선업도 마찬가지이다. 선박 연료유 공급도 부산에서 크게 이루어진다. 기타 선박관리업, 선박수리업, 선박대리점, 용선중개인 등도 전통적인 해운 부대 산업들이다.

다섯째, 해운 관련 지식산업인 선급, 해상보험, 해사법률도 매출을 확대해야 한다. 선급은 선박의 안전성을 검사하여 등급을 매겨준다. 부산에 있는 한국선급의 1,500억 원에 불과한 매출액을 늘려야 한다. 일본 선급은 3,800억 원, 로이드 선급은 1조 5,000억 원의 매출을 자랑한다. 선주를 위한 책임보험조합이 있는데 350억 원에 불과한 우리나라(Korea P&I)의 매출을, 일본(2,500억 원)과 노르웨이(8,500억 원)처럼 크게 신장시켜야 한다. 2,500억 원에 불과한 우리나라 선박보험의 매출도 신장시켜야 한다. 전체 매출이 6,000억 원이고, 매출의 40%가 해외에서 일어나는 일본을 벤치마킹해야 한다. 우리의 경우, 해운산업과 관련된 법률자문, 소송, 중재 대부분이 영국에서 이루어져 우리 매출로 잡히지 않는다. 이러한 해운 관련 지식산업에도 우리나라의 진출과 수요를 확대하고, 세계시장으로 진출해 더 큰 해운 매출을 올려야 한다.

부산을 기반으로 선주, 화주, 선박금융기관, 기타 해운인들과 부산시민이 하나 되어 내수기반을 탄탄히 하고 대외경쟁력을 갖추어 해운산업을 세계시장으로 뻗어 나가게 해야 한다. 그래서 5년 내 해운산업 총 매출 100조 원 달성을 이루자. 해운 매출의 상당수는 해양수도 부산에서 이루어진다. 해운 매출의 증대에 따른 일자리 창출과 세수의 확충은 부산시민의 삶을 풍요롭게 하는 기반이 될 것이다. 《부산일보》, 오션 뷰, 2019년 10월 6일)

2. 일본 해운 · 조선 · 물류산업 깊이보기 ⑥
– 종합물류 공급자 측면에서 경쟁력 강화시급하다

일본에서 6개월의 안식학기를 마치고 2020년 2월 27일 귀국했다. 나는 선원으로서 일본 회사인 산코기센에 10년간 근무했다. 1980년대 일본에 자주 기항했다. 교수가 되고 나서도 1년에 2번 정도는 일본에 갔다. 그렇지만 늘상 아쉬움이 남았다. 일본이 분명 무언가 있을 터인데, 사람들이 자신을 내세우지 않으니 뭐가 없는 것 같다. 어떻게 일본이 제1의 해운국의 지위를 유지하고 있으며 조선업도 우리보다 안정적일까 궁금했다. 그 비결을 알고 싶었다. 6개월을 찾아 헤맸다. 아직 정확한 답은 찾지 못했다. 그렇지만 어렴풋한 그림은 그릴 수 있게 되었다.

〈일본 해운의 성공비결〉

일본 해운의 성공비결은 오랜 역사에 있다. 1870년대부터 시작한 해운업이다. 2차 세계대전에 많은 선박들이 전쟁 수행을 위해 징발되면서 선사들은 선박을 잃었다. 폐허 위에서 해운을 다시 재건하게 되었다. 정부의 상당한 지원도 있었다. 무역입국을 위해서는 해운이 필요했다. 해운산업에 대한 국민들의 존경심도 상당하다. 일본의 근대화는 바다를 통해서 이루어졌기 때문이다. 바다의 날을 공휴일로 할 정도이다.

일본 해운의 힘은 해사 클러스터 개념에 있다. 해운, 조선, 철강, 화주가 한 묶음으로 돌아간다. 한 산업분야가 어려움에 처하면 다른 산업분야가 밀어준다. 더구나 대재벌이 모두 해운업을 하고 있다. 예를 들면, 미쯔비시 그룹은 해운회사 NYK, 해상보험회사인 동경해상보험, 미쯔비시 중공업, 미쯔비시 창고, 유센 로지스틱스를 가지고 있다. 이러다보니 각각은 독립된 법인이겠지만, 서로 도와주는 분위기가 형성돼있다. 이번에 내가 조금 손해를 보고 도와주면, 다음에 내가 도움을 받을 수 있다는 신뢰가 쌓여있다.

일본 해운의 힘은 선제적인 대응에 있다. 큰일이 닥치기 전에 미리 사전적인 대책을 강구한다. 너무나 많은 회사가 난립해 문제가 되자 1960년대 해운합리화 조치로 해운을 3개로 그룹화시켰다. 정기선에서도 문제가 되자, 정기선 3사는 2018년 운영사를 하나로 통합해 THE ONE을 출범시켰다. 조선소도 장차 일본조선이 인건비 등의 문제로 그 당시의 규모로는 견딜 수 없다고 보아 1980년대 규모를 1/2로 줄였다고 한다. 그 줄인 규모를 지금도 유지하고 있다. 최근에는 조선소를 합병해 불경기를 이겨내고 있다. 항상 뒷북을 치는 우리 해운, 조선과는 다른 점이다.

　일본에서 해운산업의 힘은 정기선해운이 종합물류화한 점에 있다. 그리고 해운산업은 물류산업의 일부분으로 인식된다. 물론 해운업의 비중이 물류산업에서 60% 이상을 차지하는 점도 인정된다. 물류업은 운송, 창고, 하역을 기본으로 한다. 우리나라 물류업은 화주기업이 자회사를 만들어 키워온 것처럼 되었다. 일본은 NYK와 같은 해운선사, 일본통운과 같은 육상운송회사, 긴데츠와 같은 철도회사, 미쓰이 창고와 같은 창고회사, 가미구미와 같은 하역회사가 화주기업인 히타찌와 같이 모두 종합물류업에 들어와서 영업을 하고 있다. 균형을 이루고 있어서 우리나라와 같은 2자 물류회사를 규제해야한다는 목소리가 전혀 없다.

　일본해운의 힘은 저금리로 건조되고 선박관리가 잘 된 선박 1,000여 척을 보유하는 일본 선주(owner)의 존재에 있다. 이들은 대형 정기선사에게 장기용선을 주고 그 용선료로 대출금을 변제하니 신용도 높아서 더 낮은 금리로 건조 대금을 은행으로부터 빌릴 수 있다. 선주사들은 저렴한 금리로 선박을 건조했으니 용선료도 상대적으로 낮게 책정이 가능하다.

　그렇지만, 일본 해운의 어려움도 있다. 전문 인력의 부족이다. 선원양성은 되지 않아서 특별하게 처리한다. 톤세 제도도 선원의 양성과 연결시켜두었다. 인구절벽시대가 도래해 해운과 조선분야에 얼마나 많이 젊은이들을 불러 올 수 있을지 노심초사한다. 그래서 해운계는 대대적인 홍보활동을 벌인다. 선박관리를 하는 일본 선주들도 일본 사람이 없어서 우리나라 선장과 기관장 출신을 영입하게 되고 상당한 숫자의 우리 전문가들이 일본 선주사에 진출하고 있음이 확인됐다.

상대적으로 풍부한 선원인력을 가진 우리나라가 유리한 분야다. IT산업의 활용이 일본은 더디다. 일본은 온라인(on line)보다 오프라인(off line)을 선호하는 것 같다. 이것은 일본의 보수적인 국민성을 말해주기도 하지만, 일자리의 확보에도 도움이 되는 측면도 있다. 종합물류업의 경우 IT가 발달된 우리나라에게 기회가 있다.

〈우리나라 정기선해운의 나아갈 방향〉

우리 해운산업 중 정기선 해운이 나가야할 방향을 그려본다. 20년 전부터 화주기업들이 물류라는 제도를 만들어 여러 개의 개별계약을 거치던 것을 하나의 계약으로 만들어 비용을 낮추면서 최적화시켜 나갔다. 이에 물류 서비스 공급자인 물류기업도 그 하나의 계약이라는 수요에 맞추는 과정을 마련하고 있다.

화주기업은 이 흐름을 앞서 가는데, 물류기업은 더디다. 특히, 우리나라는 더 더디다. 그래서 우리나라도 물류 공급측면에서 하나의 계약으로 처리되는 시스템에 순응하고 규모의 경제를 달성해 나가야 한다. 해운 물류 정책, 세제 혜택, 법제도도 이에 맞추어가야 한다.

20년 전만하더라도 생산자의 공장에서 수입자의 수중에 상품이 들어가기 까지는 여러 단계의 개별 계약이 필요했다. 포장, 육상운송, 하역, 해상운송, 하역, 통관, 육상운송 등을 거치는데 5~6개의 계약(종합물류계약)이 필요했다. 물류라는 개념이 도입돼 하나의 물류기업이 위 모든 계약을 이행하게 되었다. 화주기업으로서는 물류비용을 낮추면서도 한 사람의 상대방을 상대하므로 편리해졌다.

이러한 플랫폼에 순응해 앞서가는 세계적 물류기업이 탄생했다.

DHL, 아마존과 같은 회사들은 위 종합물류계약을 인수하게 되었다. 이들은 해상기업이 아니기 때문에 해상운송수단인 선박을 보유하고 있지 않았다. 그래서 자신들이 위탁받은 상품의 서비스를 위해 선박을 가진 해상기업과 운송계약을 체결하게 된다. 해상기업도 종합물류 사업에 뛰어들었다. 머스크도 DAMCO라는 물류회사를, NYK는 유센 로지스틱을 만들어 이러한 종합물류업에 동참하고 있다.

물류의 공급자의 일부를 구성하고 있는 우리 정기선사는 세계적인 조류에 뒤떨어져있다. 머스크와 NYK는 물류 수요자인 화주기업의 단일화된 물류화 수요에 순응해 그 서비스를 공급하는 전략을 취해 그룹전체의 경쟁력을 갖추고 있다. 해상운송에서보다 육상에서 일어나는 기타 물류활동에서 이윤을 많이 얻고 있다. 자회사를 만드는 형태와 정기선사 자체 내부에 물류활동 부서를 설치하는 두가지 형태가 있다.

우리 정기선사들은 이러한 움직임에 동참하지 못하고 있다. 현대상선도 종합물류회사를 현재 가지고 있지 않다(최근 물류전문가를 영입했다). SM상선도 마찬가지다. 장금상선은 전혀 없다. 다만 고려해운은 KCTC(고려종합운수)와 고려종합국제운송을 가지고 있다.

화주기업은 물류비용을 줄이기 위해 단일계약을 활용하게 되었다. 그런데 물류공급자들이 파편화돼 있거나 물류공급자들이 대형화되지 못하고 수많은 공급자가 활동하게 되면 공급자들은 물류비용을 낮게 책정할 수밖에 없는 불리한 지위에 서게 된다. 더구나, 이러한 물류공급자의 지위에도 서지 못하고 물류의 일부인 해상운송만 담당한다면 하청업자의 지위에 서게 되므로 더 열악한 지위에 놓이게 된다.

1단계로 우리 정기선사는 하루속히 종합물류회사화로 나가야 한다. 해상운송에서 육상운송, 창고업, 하역업으로 진출해야하고, 당장 어렵다면 이들 업자들과 전략적 제휴를 맺어야한다. 그렇게 함으로써 화주기업과 종합물류계약을 체결할 수 있는 종합물류회사의 지위로 올라서야한다.

2단계로 우리 정기선사는 경쟁력있는 물류공급의 일부분이 돼야한다. 정기선사의 경쟁력은 큰 틀에서 보아야한다. 비용을 발생하는 모든 참가자를 대상으로 보아야한다. 선박에 금융을 제공하는 금융업자, 조선소, 하역회사, 선박연료유 공급회사, 보험회사, 변호사, 선급협회, 해운관련 교수등 전문가 집단 모두가 참여해야한다.

〈운송기업의 종합물류기업화〉

당장 급한 것은 우리나라 하역회사, 운송회사를 진정한 종합물류회사로 만들어 나가야한다는 점이다. 지금까지의 정책은 2자 물류회사로 해금 모기업의 화물을 적게 가져가도록 하는 것이었다. 이것은 소극적인 정책이다. 우리 정기선사들도 3자 물류회사가 돼 경쟁하면 될 것이다. 이렇게 하는 것이 더 적극적인 정책이다. 그렇게 해서 종합물류계약을 화주들과 체결해야 한다. 소규모 포워더들의 화물을 수십개 모아서 처리할 수 있을 것이다. 이러한 시도가 없었던 것은 아니다. 과거 한진해운이 ㈜한진을, 현대상선이 현대로지스틱스를 가지고 있었다. 현대 글로비스가 좋은 예이다.

이러한 정기선사들이 종합물류회사로 나감에 있어서 이제는 과연 유센로지스틱스, 판토스 등과 경쟁이 될 것인가 하는 점이다. 만약, 어떤 정기선사가 자신의 기업 아래 한 부분으로서 종합물류파트를 두고, 종합물류계약을 체결한 경우를 생각해본다. 자신이 포장에서부터, 창고, 하역, 운송에 이르는 모든 단계별 서비스를 책임지는 한 사람의 계약당사자가 된다. 자신은 이들에게 다시 하부 계약을 체결해 서비스를 할당하게 된다. 종합물류에서 가장 비중이 큰 부분은 해상운송이다. 해상운송에서 경쟁력을 갖는다면, 먼저 자리를 잡은 기존의 종합물류회사들과도 경쟁이 가능할 것이다.

우리나라 정기선사들은 선박 확보시 소요되는 금융비용의 과다, 규모의 경제를 달성하지 못하고 있는 점, 영업의 능력 면에서 불리하다. 이 불리함을 청산하지 않는 한은 종합물류회사로 발돋움할 수 없다는 결론에 이른다.

저리 금융, 정기선사들끼리의 전략적 제휴로 경비절감, 영업망의 확충 등으로 나아질 수는 있을 것이다. 모든 종합물류회사들이 이렇게 할 것인데, 좀더 근본적이고 획기적인 것은 없을까?

일본과 같은 선주사 제도의 도입, 압축기장제도와 같은 세제혜택 등이 하나의 방안이 될 것이다. 화주들이 각각 떨어져있던 상품의 이동상의 기능들을 하나로 합쳐서 물류라고 불러서 경쟁력을 갖추었듯이 정기선사들도 전체적인 기능을 하나로 합쳐서 이에 필적하면 어떨까? 화주기업의 상대방으로서 종합물류회사로서 정기선사형의 장점은 선박을 가지고 있다는 점이다. 그렇다면, 이 선박과 관련된 비용과 정보제공에서 승부를 걸어볼 수 있다고 생각한다.

제안 1: 공유제도

=화주들이 전체로서의 물류라는 큰 틀에 대항해 운송인들도 큰 틀을 만들었어야 하는데, 우리나라는 특히 그렇지 못했다. 여전히 개별화, 파편화돼있다. 기존의 운송인이 갖는 개별의 의무가 있다. 하역과 보관이 그렇다. 상법 제795조에 나와 있는 것이다. 해상운송인은 해상과 연결된 하역과 보관업무를 송하인으로부터 위탁을 받는다. 하역과 창고업도 자신의 통제하에 둘 수 있다. 그 영역을 넓혀서 육상과 항공의 복합운송도 인수할 수 있다. 흔히 행해지고 있는 일이다. 육상분야의 하역과 창고, 운송도 이제는 자신의 통제하에 둘 수 있다. 이런 업무를 자신이 직영 혹은 자회사를 두게 되면 종합물류회사가 하는 업무와 같아진다.

이런 정기선사들 몇 개가 하나의 그룹이 돼 전략적으로 제휴를 하면 어떻게 될 것인가? 기자재, 선박연료유의 공동구매, 선급협회에 대한 공동가입, 선박에 대한 공유, 법률서비스의 공유, 컨테이너 터미널의 공유 사용, 보험의 공동가입 등과 같은 것이다. 2개~3개 회사가 같이 해도 효과가 있을 것이다.

예컨대, 선박 한 척을 보유하는 데에 우리의 경우 자기자본은 10%이고 나머지 90%는 금융기관으로부터의 대출이다. 이 선박을 두 정기선사가 공유를 하면, 각각 10%씩 자기자본을 출자하여 그 선박은 20% 자기자본이 들어갔기 때문에 금융조건이 혼자서 할 때보다 유리하게 된다. 갚아야할 돈이 적기 때문이다. 두 회사가 보증인이 되므로 따로 따로 20%를 하는 것보다 유리할 것이다.

하역회사와 선박회사가 조합을 이루는 경우, 하역회사에서 선박회사의 선박에 1/2의 지분을 가지고(한척의 선박에 선가의 10%는 선박회사가 10%는 하역회사가 부담), 선박회사는 하역회사의 장비에 1/2의 지분을 가지는 형식으로 투자하는 방안도 생각할 수 있다. 선박연료유를 A회사가 월 1만톤, B회사가 월 1만톤이 필요한 것을 각각 구매계약을 체결하는 것보다 한꺼번에 2만톤으로 계약하는 것이 더 저렴할 것이다.

선박보험에 가입하는 경우에도 각각 50척의 선박을 가입시키는 것보다 100척의 선박을 묶어서 가입하는 것이 보험료를 낮출 수 있을 것이다. 선박관리도 현재 각각의 선사가 따로 2개의 선박관리회사를 사용한 것이라면, 하나로 통합해 규모의 경제를 누릴 수 있을 것이다.

보험회사와 선박회사가 조합을 이루도록 하고, 선박의 소유에 대해 상법상 익명조합의 형식으로 해보는 방법도 있다. 자금을 출자하는 자는 외부에 나타나지 않는다. 선박회사만이 외부에 나타나고 이익은 공유하게 된다. 이렇게 된다면 해운을 둘러싼 조선, 금융, 보험, 선급등의 해사클러스트들이 상생하는 좋은 방안이 될 것이다.

제안 2: 선박 기능의 통합

＝정기선사는 선박을 이용한 해상운송을 해야 한다. 자신이 선박을 소유하던 아니면 용선을 하던 둘 중의 하나이다. 선박은 설계에서부터 건조, 진수, 인도, 20~30년 동안의 사용, 폐선으로 이어지는 사이클을 가진다. 선박을 유지하려면 선급의 가입, 보험에의 가입, 조선소에서의 수리, 용선계약, 선원의 관리, 선박의 수리 등의 업무가 필요하다. 이들 각각의 업무에서 비용이 발생되고 이 비용이 모두 운임이라는 원가에 반영된다.

금융을 일으켜 선박을 건조하게 되는데, 선박금융회사, 조선소, 선박등록사무소, 선급검사원, 보험회사, 변호사가 필요하다. 인도를 받게 되면, 선박소유자는 선박을 관리해야한다. 자신이 직접관리하기도 하고 외주를 주기도 한다. 선박관리에는 선원관리와 공무 및 해무관리가 있다. 선박소유자는 자신이 선박을 직접 운항하기도 하지만, 용선계약을 체결하기도 한다. 용선브로커가 필요하다. 정기선사는 선박을 운항해 화주의 화물을 일정한 시간에 장소에 배달한다. 컨테이너 박스와 터미널이 필요하다.

20~30년이 지나면 폐선을 하게 된다. 이러한 과정을 보게 되면 하나의 정기선사가 화주의 컨테이너 박스를 하나 운송하는 데에는, 십여개의 개별 계약이 존재함을 알 수 있다. 그 개별 계약으로 인한 비용이 모두 화주에게 운임이라는 이름으로 전가되게 된다.

선박을 공급하는 측면에서 하나로 통합가능한 것은 통합해 처리하면 시너지가 나지 않을까? 이런 목적을 달성하기 위해 선박등록업무, 선박관리, 연료유공급, 선급, 보험, 법률서비스를 하나로 묶을 수는 없을까? 정기선사는 한 회사에게 이 모든 과정을 일괄해 계약을 체결해 외주를 주는 것이다. 현재의 선박관리회사가 이런 역할을 할 후보군의 하나가 된다. 선박회사는 그 관리회사와 직접계약을 체결하게 된다. 이미 상당부분 진행돼있기도 하다. 한 장소에서 일괄처리하는 목적에 기여하는 것이 장소적인 해사 클러스트이다. 일본의 이마바리에서 이러한 효율적인 해사 클러스트를 보았다. 10분 이내의 거리에 조선소, 선박소유자, 선박관리회사, 선급, 선박등록처, P&I 보험사, 선박보험사, 변호사사무실이 모두 밀집돼있다.

제안 3: 세재혜택

=해운업에 더 많은 자본이 들어와야 한다. 주식회사제도에서 주식을 보유하는 것도 하나의 방법이다. 그렇지만, 이보다 더 직접적으로 해운관련 산업체가 해운에 들어오는 것이 좋다. 선박을 공유하도록 선박에 투자를 하는 것이 하나의 방법이다. 터미널도 같이 공동 소유할 수 있을 것이다. 현재 해운에 대한 국민이나 다른 산업분야에서의 인식은 대단히 낮다. 이들을 유인하기 위해서는 선박투자에 인센티브가 필요하다. 압축기장제와 같은 제도의 도입을 하자. 이는 매각 차액이 있는 경우 그 차액을 신조선을 구입할 때 차액의 80%를 감가상각을 해 법인세를 첫해에 적게 내도록 하는 제도이다.

제안 4: 집단지성

=화주기업의 단일화 전략에 발맞추어 공급측면에서 효율을 이루어내기 위해서는 우리도 집단지성이 필요하다. 많은 정보를 가져야하고 구성원들이 지식을 공유하면서 위기관리능력을 가져야한다. 한진해운 사태에서 회생절차 개시를 위한 준비가 되지 않았음을 우리는 목도했다. 경영진을 비롯한 중간 간부, 의사결정권을 가진 정책당국, 해운종사자도 회생절차법을 충분히 알지 못했다. 많은 부분이 그럴 것이다. 우리는 자신이 담당하는 분야는 잘 안다. 그렇지만, 해운산업에 필요한 경영이나 법학에 대한 지식이 부족하다.

그 이유 중의 하나는 해운산업에 종사하기 위해서는 선박운항, 해운경영, 물류, 해상법, 보험법, 세법, 도산법, IT 등에 대한 지식들이 있어야하는데, 모든 것을 전부 학교에서 공부하지 못하기 때문이다. 그렇다고 해 모든 분야의 전문가가 될 필요는 없다.

집단지성을 발휘해야한다. 일본에는 최고의 전문가는 없지만, 20여개의 전문 월간지가 발간된다. 150페이지 정도의 해운물류수산관련 문고판이 1년에도 30권은 출간되는 것 같다. 번역본도 많이 나온다. 공익목적의 사단법인등에 있는 연구진, 실무담당자들도 경험을 글로 남겨서 공유한다. 과연 우리의 경우는 어떠한가? 이 점에서 우리는 일본의 1/10도 안 된다고 필자는 생각한다. 혼자만 가지고 있어서는 안된다. 자신이 경험한 바를 글로 남기자. 유튜브의 영상을 남겨서 공유하도록 하자. 이런 공유의 장을 만들자.

조양상선이 파산된 10년 뒤에 한진해운 사태가 일어났지만, 조양상선파산에 대한 과정이나 교훈의 글은 찾아보기 어려웠다. 그 큰 사태가 우리 후배들에게 교훈으로 지식으로 전달되지 않았던 것이다. 관련 종사자들이 해운물류업을 영위하기 위한 다양한 지식을 습득하고 비상시 어떻게 행동해야겠다는 마음의 준비를 하도록 하자. 이것이 물류의 공급측면을 효율화하는 데 기여할 것이다.

제안 5: 원로 그룹의 역할

=해운분야에는 이런 저런 모임이 많다. 연구회도 몇 개가 있다. 그리고 포럼도 있다. 최고위 과정도 있다. 이런 모임은 각각의 순기능이 있다. 그런데, 전체 산업의 흐름을 조망하고 큰 흐름으로 인도하는 기능은 누가 하고 있으며 해야 하는가? 일본은 눈에 보이지 않지만 그런 어른들이 있다고 했다. LNG의 건조는 한국 조선소에서 건조해야한다. 그런데, 대형 조선소 3사가 경쟁해 건조가격이 적정 수준이하로 체결된다는 것이다. 왜 조정을 하지 못하는가? 일본이라

면 이렇게 되지 않을 것이라고 한다. 보이지 않는 손이 작용해 사이 좋게 적정한 가격을 받게 된다는 것이다.

우리 해운분야에도 이런 보이지 않는 손이 있어야한다. 정부나 연구기관이 할 수 있는 것도 아니다. 업계자체에 이런 손들이 있어 야한다. 주위를 둘러보아도 해운분야에 어른이 잘 보이지 않는다. 공익적이고 객관적인 입장을 견지하면서도 희생과 봉사에 앞장서는 경륜을 갖춘 어른들이 필요하다. 지금부터라도 이런 원로 어른 그룹 을 만들어 역할을 하도록 부탁하는 것이 좋겠다.

제안 6: 해상법의 방향

=물류라는 큰 흐름의 수요측면과 공급측면에 맞춘 법률의 정비 도 필요하다. 종합물류계약이 체결되는데, 우리는 지금도 과거의 각 각의 개별계약에 초점을 맞추어 법률문제를 해결하고 있다. 해상운 송에서 사고가 발생했다면 해상법을, 육상구간에서 발생했다면 육상 운송법을 적용하는 식이다. 이제는 종합물류계약을 하나의 독립된 상거래로 격상해 법률문제를 해결할 필요가 있다. 포장에서 문제가 발생했는지 아니면 운송에서 발생했는지 모를 경우에는 적용할 법 규가 없기 때문에 종합물류인은 포장당책임제한의 이익을 누리지 못한다. 이를 상법의 일부로 추가하는 작업이 필요하다.

헤이그 비스비 규칙은 개품운송(정기선)에 있어서 화주(송하인)은 약자이고 운송인은 강자라는 전제하에 조약이 만들어져있고, 우리 해상법도 그렇다. 화주를 보호하는 강행규정이 있다. 그런데, 종합 물류계약은 오히려 화주기업이 강자이다. 그렇기 때문에 상법의 전 제는 현실과 맞지 않는 부분이 많다. 화주를 보호하는 규정도 있지 만 오히려 운송인을 보호하는 강행규정이 필요하다. 개품운송의 규 정은 종합물류계약이 체결되는 B2B(해상기업과 화주기업)의 경우와 B2C(해상기업과 일반 소비자)의 경우를 구별해 현재의 제도는 B2C에 적용하고, B2에 적용되는 경우는 새로운 제도를 만들어가야 한다.

해상법은 그 연구의 범위를 넓혀서 해운세제, 선박금융, 해사도산, 해사경쟁법에 정기선해운의 특성을 반영한 특별한 제도를 두도록 노력해야한다. 상법에 해상법이, 국제사법에 해상편이, 보험법에 해상보험법이, 등기법에 선박등기법이 따로 있다. 이와 같이 해운이나 선박의 특수성을 반영한 내용이 세법, 해사도산, 경쟁법(공정거래법)에 만들어져야한다. 해운의 특수성을 반영하면서 예측가능하고 해운산업을 육성하고 보호해 국제경쟁력을 갖추는 데 기여할 수 있어야 한다.

그동안 필자의 글을 읽고 공감해준 독자들에게 감사의 뜻을 전한다. 　　　　　　　　　　　〈《한국해운신문》, 김인현칼럼(62), 2020년 3월 16일〉

3. 포스코 물류자회사 해운물류업 진출에 대한 해상법 학자의 견해

〈들어가며〉

코로나-19 이후 해운산업이 어떻게 살아갈 것인지 걱정이다. 선제적으로 대책을 세우자고 전문가 몇 분들과 의기투합하여 연구 중이다. 포스코의 해운물류업 진출에 대한 과제는 해상법 학자인 필자의 전문분야라서 더 큰 관심사항이다. 단순히 포스코라는 단일 기업의 해운물류업 진출 때문만이 아니다. 해운계와 화주기업의 2자물류회사의 갈등은 지난 20년 동안 조금씩 진행되어오면서 축적된 것이다. 갈등이 폭발할 지경에 이르렀다.

물류정책기본법에 따른 국제물류주선업 진출이 해운업과 무관한가?

포스코 측은 이번의 움직임은 해운업 진출이 아니라고 주장한다.

해운법의 적용의 대상이 아니기 때문에 해운업 진출이 아니라는 말은 형식상 맞다. 그렇지만, 크게 보면 실질적으로 해운업 진출이다. 상법상 해운업이란 운송과 용선을 영업으로 하는 것을 말한다. 해운기업들의 수입은 용선을 통한 용선료 그리고 운송계약을 통한 운임의 획득에 있다. 우리 상법은 종전에는 선박소유자만 운송인이 될 수 있던 것을 1991년부터 누구나가 운송인이 될 수 있도록 개정했다. 운송주선인(포워더)도 운송인이 될 수 있다. 즉, 화주와 운송계약을 체결하면 운송인이 될 수 있는 것이다. 운송인이 되기 위하여는 그 사람이 운송에 투입될 선박을 보유할 필요성이 없어졌다는 것이다.

실무를 보면 운송주선인들은 화주와 운송계약을 체결하고 선하증권을 발급한다. 그래서 자신들은 화주에 대하여는 운송인이 된다. 자신들은 운송을 할 선박이 없으니 운송인과 제2의 운송계약을 체결한다. 이 때에는 자신들이 화주가 된다. 이렇게 하여 운송은 완성된다.

1991년 이전에는 화주 - 선박소유자(운송인) 사이의 하나의 운송계약을 통하여 운송이 종결되었다. 그런데 그 이후로는 화주 - 포워더(제1운송인) - 해상운송인(해운기업)(제2운송인)으로 재편된 것이다. 해운기업은 화주와 직접계약을 더 이상 체결하지 못하고, 포워더의 하청을 받는 하청업자의 지위로 전락하게 되었다. 이러한 과정에서는 포워더가 일정한 수수료 형식의 보수를 취하게 된다.

그 후 화주기업들은 물류자회사를 만들기 시작했다. 이들은 물류정책기본법상 포워더(국제물류주선인)로 등록을 한다. 물류자회사의 상법상 성격은 운송주선인(포워더)이다. 이들은 선박 등 운송에 필요한 장비에 대한 투자는 전혀하지 않고 해상기업이 보유하는 장비를 활용하는 자로서 계약운송인이 된다. 미국에서는 이러한 자들은 무선박보유운항자(NVOCC)라고 불린다.

화주기업은 과거 해상기업과 직접운송계약을 체결하던 것을 자신들의 자회사인 물류자회사에게 일감을 몰아주게 되었다. 즉, 화주기업과 물류자회사 사이에 제1차의 운송계약이 체결된다. 운송수단이 없는 물류자회사는 해상기업과 제2의 운송계약을 체결하여야만 한다. 물류자회사는 일정한 보수를 취하게 되고, 물류자회사로부터 물량을 받는 해상기업의 운임수입은 그 만큼 줄어들 수 밖에 없게 되었다. 물론 물류자회사들의 매출 중 상당부분은 해상운임으로 지급된다. 필자의 추산에 따르면 이렇게 하여 줄어든 해상기업의 매출은 연간 3조원에 이른다(직접 운송계약 체결시와 비교하여).

포스코가 설립하려는 물류자회사가 선박을 보유하는 해운회사가 아닌 것은 맞다. 그렇지만 물류자회사를 만든다는 것은 이와 같은 계약운송인이 되겠다는 것을 전제로 한 것이다. 따라서 이를 해운업에 진출하는 것이 아니라고 하는 것은 상법상으로는 맞지 않는 말이다. 해운업에 진출하여 운송인이 되는 것이기 때문이다. 해운업에 진출하여 기존에 직거래를 하던 해운기업의 사이에 물류자회사가 끼어들어 통행료를 받는다는 비판을 받는 이유이기도 하다.

화주기업이 고려해주어야 할 사항

수출입화물의 흐름에서 종합물류계약이 주된 흐름이 된 것도 사실이다. 2019년 우리나라 대법원 판례에도 종합물류계약이 나타날 정도가 되었다. 종합물류계약이란 수출자의 공장에서 수입자의 공장에 이르는 물류의 흐름을 하나의 물류기업이 인수하는 계약이다. 포장, 통관, 보관, 해상운송, 육상운송, 하역, 재고관리에 이르는 모든 것을 물류기업이 처리하는 것이다. 물류기업은 자신이 비록 하청을 개별회사에게 주는 한이 있어도 계약상 자신이 책임지고 물류를 완성시키게 된다. 수출자인 화주기업의 입장에서는 기존에 하역회사, 해상운송을 위한 해상기업, 창고업자 등과 개별적으로 계약을 체결하던 것을 한사람에게 일임할 수 있으니 너무나 편리하다. 이러한 업무의 편리함, 이로 인한 비용의 절감이 기업의 경쟁력을 갖추는 방법으로 인정되어야 한다.

이러한 목적으로 화주기업들이 자회사를 만들어 나갈 때에는 고려해야할 사항이 있다. 가장 대표적인 것은 해상운송의 비중이다. 종합물류계약에서 해상운송이 차지하는 비중은 통상 50% 이상이 될 것이다. 특히 포스코와 같이 부정기선 화물의 경우에 종합물류계약에서 해상운송이 차지하는 비중은 더 높아질 것이다.

화주기업들의 자회사들은 결코 선박을 소유하거나 보유하지 않는다. 선박을 소유하거나 보유하는 것은 고정비용이 너무 많이 들고 위험관리도 쉽지 않다. 물류자회사들은 해상기업이 힘들게 보유하고 유지하는 선박을 활용하여 영업을 하는 것이다. 또한 운송인이기 때문에 포장당 책임제한을 할 수 있는 특혜도 주어진다. 그런데 종합물류회사가 해상기업을 파트너로 조합하지 않는다면 종합물류계약이 성립할 수 없는 것이다. 그렇다면, 건전한 해상기업의 존재야말로 자신들이 생존할 수 있는 토대가 되는 것이다.

이번 코로나 사태를 보자. 종합물류망을 구성하는 플레이어 중 가장 큰 타격을 받는 자는 누구인가? 물동량이 적어져 종합물류계약의 수요도 떨어질 것이다. 그 비중의 절반 이상을 차지하는 해상기업은 자신들이 운항하는 선박에 대한 대출금 및 이자 상환에 큰 어려움을 겪을 것으로 예상된다. 수입이 없어도 이는 갚아야 하기 때문이다. 물류자회사는 해상운송수단을 보유하지 않기 때문에 이런 고정비용이 상대적으로 적게 든다는 것은 명백하다. 가장 큰 타격을 입는 곳은 결국 해상기업이 될 것이다.

그렇기 때문에 국내 해상기업들이 생존할 수 있는 여지는 남겨두어야 하는 것이다. 선·화주 상생이 구호에 그치지 않고 현실적으로 꼭 필요한 이유는 여기에 있다. 국내 해상기업은 외국계 해상기업들이 운임을 지나치게 올리지 못하게 하는 기능을 수행하고 있음도 고려해야한다.

화주와 선사의 상생 방안으로서의 선박공유

화주기업들은 20년 전에 비하여 적어도 10% 정도의 물류비는 자회사들이 취하여 이득을 취하였고 이에 반비례하여 해상기업의 수입은 줄어들었음을 인식해야한다. 7대 물류자회사들의 매출이 수십 배 성장하여 약 30조원에 이르렀다. 20년 전에는 이런 사업이 없었으니 제로에서 30조원이 된 것이다. 그런데, 20년 동안 해운매출은 20조원에서 30조원대를 맴돌고 있다. 매출이 늘지 않는 이유에는 화주기업들의 물류자회사로의 진출과 해상기업들의 적극적인 활로 개척이 없었다는 점도 있다고 본다.

위에서 말한 바와 같이 물류자회사와 해상기업은 상생의 관계에 있다. 화주기업들은 어려움에 처한 해상기업들이 경쟁력을 갖도록 도와주어야한다. 해상기업들의 주식을 보유하는 방법도 있지만, 선박공유제도를 통하여 선박에 투자할 것을 제안한다.

우리 해상기업은 자기자본 10%에 은행융자는 90%까지 한다. 이자율도 7%대에 이른다. 대출금상환 부담이 너무 크다. 척당 30%에 해당하는 투자를 화주기업들이 직접하여 선박에 대하여 구분 소유자가 되는 것이다. 화주기업은 선박에 대한 소유자로서 30%에 해당하는 원리금 상환도 매달하고, 수익이 나면 수익배당도 받는 것이다. 이렇게 되면 우리 해상기업은 상환할 금융비용이 줄어들어 재무적으로 튼튼해져서 더 낮은 운임을 화주기업들에게 제공할 수 있게 된다.

해상기업의 종합물류업 진출을 장려함

화주기업들의 물류업 진출을 더 이상 막을 수 없는 대세가 되었다면, 해상기업의 전략은 무엇이 되어야하는가? 해상기업도 물류자회사를 만들어 경쟁력을 갖추는 길 밖에 없을 것이다. 그렇지 않다면 해상기업의 매출은 자꾸만 줄어들어 해운산업은 경쟁력이 없는 작은 규모의 집단이 되고 말 것이다. 해상기업의 줄어드는 매출을 그의 물류자회사 혹은 사내의 종합물류부서가 만회하도록 하는 것이다. 더 커지는 시장에 들어갈 자격을 얻어야하는 것이다. 종합물류계약 입찰시 응찰자격을 가지는 해운기업의 물류자회사(종합물류회사)가 있어야 한다.

해상기업이 물류자회사를 가지고 있는 예는 많다. 일본의 대형 정기3사는 모두 물류자회사를 가지고 있다. 유센 로지스틱스가 대표적이다. 머스크의 담코도 있다. 과거 한진해운도 유수로지스틱스, 현대상선도 현대로지스틱스를 운영한 바 있다.

이들 해상기업의 물류자회사는 자연스럽게 제3자 물류회사가 된다. 운송회사의 물류자회사는 화주기업의 물류자회사와 달리 모기업이 밀어주는 물량이 없기 때문에 존립이 쉽지 않다. 또한 해상기업(A)의 자회사(B)가 종합물류회사의 기능을 하게 되면, 다른 종합물류회사(C)들이 B－A의 결합 때문에 더 이상 자신의 물량을 A에게 주지 않을 여지가 크다. 그렇지만 가만있게 되면 종합물류계약의 입찰에 참여할 자격이 없기 때문에, 해상기업은 점차 어려워져 갈 것이다. 최종적으로는 종합물류회사의 하청을 받는 지위로 추락할 것이다. 이는 해상기업의 사활이 걸린 문제로 판단된다.

정부는 화주기업의 물류자회사 등록을 자유롭게 하면서 DHL이나 아마존 등과 같은 제3자 물류회사로 성장하도록 기대하고 있다. 그렇지만 아직 그 길은 요원한 것으로 보인다. 우리나라 물류자회사들이 거의 모두 화주기업의 물량을 기반으로 하고 있기 때문에 해외로 치고 나가지 못해 경쟁력을 가지기가 어렵다는 지적이 있다.

이에 반하여 해상기업의 물류자회사는 처음부터 화주기업을 찾아

다니면서 종합물류계약을 따 내야한다. 해외로도 진출해야한다. 과
거 한진해운과 같은 경우 제3국간 화물의 수송이 국내화물 운송보
다 더 많았던 적도 있다. 이런 전통을 이어받자. 물류정책기본법은
3자 물류기업의 육성을 천명하고 있는데, 해상기업의 물류자회사는
출발부터 제3자 물류기업이므로 입법 취지에 맞게 이들의 종합물류
화에 관심을 가지고 지원하는 것이 맞다고 본다.

필요한 입법조치

특단의 조치가 없으면 해상기업은 존속하기 어렵다. 해상기업은
우리나라 기업끼리 경쟁하는 것은 아니다. 외국의 해상기업과 무한
경쟁하에 있다.

종합물류의 50% 이상은 해상운송에 있는데, 해상기업이 존재하
지 않으면 종합물류도 없다. 불행하게도 우리 해상기업은 높은 이자
율과 낮은 자기자본 비율 때문에 선박보유에서부터 외국기업들에
비하여 불리함을 안고 있다. 한국의 해상기업이 존재하지 않고는 수
출입화물의 안정적인 수송과 경쟁력있는 운임의 확보가 어렵다. 그
렇다면, 한국의 해상기업이 존속하도록 해야 한다.

화주기업들도 살아야하기 때문에 경비를 줄이기 위하여 물류자회
사를 만들어 종합물류계약의 체결로 전환해야한다. 이것은 거스를
수 없는 흐름이다.

이런 양자의 이익을 동시에 고려해야 한다는 데 어려움이 있다.
한국의 해상기업도 살리고 화주기업의 이해도 충족시키기 위해서는
입법 조치를 통해 풀어나갈 수 밖에 없다(자세한 내용은 김인현, "2자
물류회사의 법적 지위와 개선방안", 상사법연구, 제28권 제2호(2019)를 참
고바람).

첫째, 화주기업의 물류자회사는 운송인이므로 해운법의 적용대상
이 되어야 한다. 무선박보유운항자(NVOCC)를 해운법에 적용 주체로

신설하여 넣어야한다. 그렇게 함으로써 이들을 보호하기도 하고 제어하기도 해야 한다. 물류정책기본법에 포워더들이 운송인으로 기능함에 어떠한 규제나 보호제도도 없다는 점에 주목해야한다.

둘째, 화주기업은 자신의 물류자회사에게 자신의 물량의 30% 이상을 주어서는 아니 된다는 규정을 해운법에 넣어야 한다. 이는 상생의 정신에서도 그러하지만, 경쟁법상 불공정거래의 한 유형인 일감몰아주기라는 비난을 피하기 위한 대책이기도 하다.

셋째, 화주기업은 70%에 해당하는 물량에 대하여는 종합물류계약이건 해상운송계약이건 공개적인 입찰을 거치도록 하여 공정한 거래질서를 잡아나가야 한다. 이를 위하여 해상기업도 종합물류계약을 수행할 수 있고 응찰할 수 있는 체제를 갖추면서 3자물류회사로 성장할 준비를 해야 한다. 이것은 단일회사가 할 수도 있고 정기선사 혹은 부정기선사가 출자한 자회사를 만들 수도 있을 것이다.

〈마치며〉

포스코가 선박을 보유하는 해운업에 진출하는 것은 해운법상 저지할 여지가 있지만, 선박을 보유하지 않는 물류업에 진출하는 것은 법률상 저지할 근거가 희박해 보인다. 그렇지만 해운업은 종합물류업의 근간이 되는 분야이고 해상기업은 막대한 설비 투자를 해야하는 바, 그러한 설비투자의 결과인 선박을 물류자회사들이 활용하는 것이므로, 건전한 해운기업의 존재는 화주기업과 물류자회사들의 영업에 필수불가결한 것이다.

양자는 상생해야한다. 그 상생의 방법으로 앞서 화주기업이 선박에 지분 투자해 공동 소유자가 될 것을 제안했다. 또한 상생을 위해 2자 물류자회사들의 영업 방식이나 규모를 법률로 제한할 필요가 있고 그것이 가능하다는 게 필자의 생각이다. 자신의 물량 30%만

물류자회사에게 줄 수 있도록 제한할 필요가 있다. 그리고 해상기업
도 물류자회사를 설립하여 보다 적극적인 방법으로 생존할 방안을
찾아야한다.

물류자회사는 운송인으로서 해운업을 이미 행하고 있는 것이므로
미국의 NVOCC가 미국 해운법의 적용 대상이 되듯이, 우리 해운법
에도 적용 대상이 되어 보호도 하고 제약도 해야 한다. 이렇게 함으
로써 물류자회사들도 운송인으로서 기존의 해상기업과 당당한 한축
으로서 한국해운물류산업을 이끌어가야 할 것이다.

이상의 논의는 해상기업과 2자 물류회사의 관계에 대하여 지적
한 것이지만, 이런 논의를 기존의 하역회사, 창고회사에 대입시켜도
마찬가지이다. 화주기업과 이들이 직접 계약을 체결하던 것이 중간
에 종합물류계약을 체결하는 2자 물류회사가 개입하게 되면, 그 간
의 매출이 줄어들게 될 것이다.

이런 문제점을 해결하기 위해서인지 몰라도 일본은 미쓰이 창고
와 같은 창고업자, 가미구미와 같은 하역회사도 종합물류업자로 나
서서 성공적인 영업을 하고 있다. 일본은 화주기업이 자신의 물류자
회사로 하여금 독점적 지위를 누리게하여 자신들의 종합물류의 파트
너들인 해상운송인, 창고업자, 하역회사를 옥죄는 것이 아니라 균등
하게 일감을 나누어가지면서 상생하는 분위기가 되어있는 것 같다.

그렇지 못한 우리나라의 실정이 너무나 안타깝다. 일본에 체류하
는 동안 한국의 2자 물류회사 문제를 이야기하니 일본 전문가들이
일본에는 그런 일이 전혀 없다고… 이해하기 어렵다고 하였다. 솔직
히 우리 현실이 부끄러웠다.

포스코의 물류자회사 문제가 불거진 이 때에 화주기업, 해상기업,
항만하역기업, 그리고 2자 물류회사들이 함께 모여서 진정으로 상생
하는 길이 무언지 논의를 하고 해결책을 찾아가야겠다. 코로나-19
이후에는 물동량이 줄어들 수도 있어 우리끼리 뭉쳐서 상생할 필요

가 있기 때문이다.

정부의 지원도 우리 해운물류기업들이 상생하는 모습을 보이고 국제경쟁력을 유지하기 위한 자구노력을 할 때 더 쉽게 얻어낼 수 있을 것이다. 〈〈한국해운신문〉, 김인현칼럼(64), 2020년 5월 14일)

4. 운송주권 확보의 관점에서 본 해상기업의 물적 설비인 컨테이너박스

상인과 해상기업

상법은 상인과 상인, 상인과 비상인 사이의 거래에 적용된다(1조, 3조). 상법 제46조의 기본적 상행위를 영리로 자기의 이름으로 하는 자가 당연상인이 된다(4조). 임대차, 운송, 보험, 모두 제46조에 열거되어있다. 소멸시효가 민법은 10년, 상법은 5년 혹은 1년이다. 이들 거래는 상의 색채가 있기 때문에 민법을 적용하지 않고 상법을 적용한다. 반복성, 대량거래, 영업소의 존재, 보통거래약관의 이용으로 인한 정형화 등이 상의 색채다. 상법을 통하여 상인은 보호되고 거래의 상대방도 보호된다.

상법은 해상편(해상법)을 두고 있다. 선박을 이용한 영리활동을 하는 자는 해상의 상인(해상기업)이다. 영리활동은 용선계약과 운송계약이 있다. 상법 제46조의 임대차와 운송에 이미 포함된다. 그러나 대규모이고 중요하기 때문에 특별히 상법은 해상편을 두었다.

상법총칙에서의 인적설비와 물적설비

기업은 혼자서는 영리활동을 하지 못한다. 설비가 필요하다. 상업사용인-지배인이라는 인적설비가 필요하다. 상호, 영업소와 같은 물적설비도 필요하다. 이들에게 특별한 의미를 부여한다. 지배인에게는 대리권을 부여하고 지배인의 거래행위는 상인(영업주)에게 법률효과로 귀속된다(11조). 상호에게 배타적 효력, 재산상의 효과를 부여하여 보호한다(22조).

해상법상의 인적설비와 물적설비

상법총칙에서의 인적설비와 물적설비는 당연히 해상기업에게도 적용된다. HMM은 달라스지점에 지배인을 두었다. 지배인이 체결한 운송계약은 HMM에게 효력이 귀속된다. 또한 선장이라는 특별한 인적설비를 가진다(745조). 선장은 지점의 지배인과 동일한 효력이 부여되어있다(749조). 선장과 거래하면 선주에게 효력이 귀속된다. 선장은 임의대리인이지만 그 대리권의 범위는 광범위하게 법정된다. 대리권의 범위를 확인할 필요가 없게 한다. 수권의 범위가 아니라면 무권대리가 되어 효력이 없으므로 피해를 보게 되는데, 해상법은 이를 피하게 하여 상대방을 보호한다.

선박이라는 특별한 물적설비를 가진다. 20톤 이상의 선박만 등기가 가능하게 하고(740조), 선박은 동산이지만 질권의 대상으로 하지 못하게 한다(787조). 선체용선계약에서 선박소유자가 "선박과 선원"을 용선자에게 인도해야 한다(847조). 정기용선계약에서도 선박소유자가 "선박"을 용선자에게 인도해야 한다(842조). 선박우선특권의 대상은 "피담보채권을 발생시킨 선박 그 자체"다(제777조).

컨테이너 박스

컨테이너 박스는 개품 운송인(정기선사)이 제공해야 한다. 상법에 근거 규정은 없다. 상법상 물적설비가 아니다. 상관습법으로 인정되는 것으로 보인다. 아무도 이의를 제기하지 않고 운송인이 제공한다. 계약운송인(포워더, 2자 물류회사)이 제공하는가? 화주 → 계약운송인→실제운송인으로 계약이 이어지지만, 실제운송인(정기선사)이 제공한다. 상법 제795조의 의무는 운송물에 대한 것이다.

정기선사는 통상 자기 선복의 1.5배 크기의 박스가 필요하다. 우리나라 특정 선사의 선복량이 70만teu라고 하면 약 100만teu의 박스가 필요하다. 개당 300만원으로 계산하면 100만teu면 3조원에 해당한다(소유하는 경우). 1/2은 임대한다고 해도 상당한 자본이 필요하다.

반드시 실제운송인이 구비하여 제공하여야 하는가? 그렇다면 실제운송인에게 엄청난 부담을 주는 것이다. 계약운송인이 운송인으로서 제공하거나, 송하인 자신이 제공하는 방법은 없는가?

담보로서 활용도 잘되지 않는 문제도 있다. 선박은 건조시부터 선순위담보에 활용된다. 선박은 동산이지만 부동산으로 보아 등기로 저당권설정이 가능하다. 채권자를 보호하는 기능도 잘 안 된다. 가압류의 대상도 쉽지 않다.

컨테이너 박스 개선방안 1

컨테이너 박스를 상법상 물적설비로 격상시킬 것을 제안한다. 선박과 동등한 지위로 만드는 것이다. 이를 통하여 각종 보호제도와 활용도를 높일 수 있다. 이렇게 되면 법적 제도적 장비로서 보호받게 된다. 현재는 관습과 계약에 의존하여 불안정하다.

컨테이너 박스에 대한 정의규정을 둔다(743조의2). 개품운송에서 운송물을 담는 용기라는 내용이다. 컨테이너 박스를 등록하도록 하는 방안을 강구하자. 선박은 등기(법원)와 등록(해수부)의 이원화되어 있다. 자동차는 등록으로 일원화되어 소유권 관리와 행정감독이 동시에 이루어진다. 자동차는 전국적으로 약 2,000만대 정도 예상된다.

우리나라 컨테이너 박스는 200만teu 정도로 추정된다(전세계 4천만teu). 따라서 등록업무가 불가능한 것은 아니라고 본다. 해양수산부가 관리하도록 한다. 이를 통하여 동산저당이 가능하도록 한다. 컨테이너 박스는 "질권의 목적으로 하지 못한다."는 규정을 상법에 추가하는 것을 검토한다.

컨테이너 박스에 대한 개선방안 2

제공 의무를 누구에게 할 것인지 문제된다. 현재 상법에는 아무런 규정이 없다. 개정안으로 컨테이너 박스는 "특별한 약정이 없는 한" 실제운송인이 제공한다고 정한다(792조의2). 이렇게 함으로써 화주, 혹은 계약운송인이 제공할 여지를 두게 된다.

반납의무와 지체료를 상법상 부과한다(807조의2). 현재 상법에는 공컨테이너의 반납의무 규정이 없다. 관습과 계약에 의존한다. 운송계약에서 운송인과 송하인 사이에 송하인이 반납의무를 진다고 봐야 한다. 그러나 현실적으로 송하인이 반납하는 것은 불가하다. 개정안으로 "특별한 약정이 없는 한" 수하인에게 반납할 의무를 부과한다. 이렇게 함으로써 반납 근거와 지체료 청구 근거가 마련되게한다.

컨테이너 박스에 대한 개선방안 3

최근의 선박과 컨테이너 박스 대란의 해결책은 무언가? 미국에서 컨테이너 박스 환수가 되지 않는 것도 큰 원인이 된다. 더 착실하게 환수해야 한다. 예비 박스를 보유해야 할 필요성도 증대되고 있다. 모두 비용으로 돌아간다. 컨테이너 박스는 고속도로나 기차와 같은 공공재의 성격을 가진다고 판단된다. 정부, 관련자(정기선사, 계약운송인, 2자 물류회사, 화주)가 모두 기여할 대상이다.

선하증권을 발행하면서 운송인이 되는 계약운송인(2자 물류회사)은 물적설비나 인적설비를 제공하지 않는다는 점에서 실제운송인과 많이 다르다. 상법상 포장당 책임제한, 특히 선박소유자책임 제한은 해상기업의 위험을 완화해주기 위하여 인정되는 것이다. 우리 상법상 운송주선인에게는 포장당 책임제한권을 부여하지 않는다. 계약운송인에게는 포장당 책임제한은 인정해주고 있다.

계약운송인이 선박소유자책임제한의 이익을 누릴 수 있는가에 대하여 부정설이 다수설이다. 컨테이너박스와 같은 물적설비를 제공하면 이익의 향유가 가능할 것이다. 현재 대형 컨테이너 선박에서 대형사고들이 발생하는 바 계약운송인의 선박소유자책임제한의 원용가능성이 중요한 이슈가 될 것이라서 시사성이 있다.

화주측이 컨테이너 박스 소유자가 되면서 운송인에게 대여하는 방안도 고려해보자. 이렇게 하면 전체로 보아서 컨테이너 여유분을 가질 여지가 생긴다. 2자 물류회사가 소유자가 되는 방안도 있다. 현재도 화주 소유컨테이너(Shipper's Own Container)개념이 있다. 이런 제도는 정기선사의 금융비용부담을 줄여준다. 2자물류회사는 운송인으로서의 기능을 다하게 된다. 정기선사와 다른 플레이어들이 공유하는 방안도 있다. 컨테이너박스의 소유에 관련 당사자들이 참여하여 지분을 가지는 것이다.

컨테이너 박스에 대한 개선방안 4

컨테이너 박스 보유방법은 직접 소유, 소유권유보부, 리스의 형태이다. 직접 소유의 경우 현금이 지급되고 대출금이 필요하다. 소유권유보부는 BBCHP형태다. 해외에 SPC를 설치하고 SPC가 소유자가 된다. 금융사는 SPC에 대출하고 양도담보권자가 된다. 정기선사는 가액을 나누어 지급후 소유권을 추후에 취득하게 된다. 박스자체가 담보로서의 가치가 약하다. 리스형태는 금융사가 리스회사가 되어 소유한다. 정기선사는 용선료를 지급한다. 소유와 소유권유보부의 경우 담보로서의 기능을 하도록 해주면 좋을 것이다. 이를 위해서는 언제나 추적이 가능하도록 장치를 컨테이너박스에 부착하는 방안이 있다. 집행이 가능하게 하는 국제적인 망이 필요하다.

운송주권과 선박의 물적설비

2020년 후반부터 시작된 컨테이너 선박대란, 컨테이너 박스대란에서 운송주권의 개념이 부각되고 있다. 북미서향의 컨테이너 화물의 20%만 우리 정기선사가 운송한다. 전체 선복의 6%정도만 우리 선사가 보유한다. 80%라는 외국 정기선사의 비중이 너무 크다. 컨테이너 박스도 원활하게 공급되지 않고 있다. 비상시 컨테이너 박스의 공급도 필요하다. 우리나라에서는 건조가 되지않는 것으로 알려지고 있다. 화주 혹은 2자 물류회사가 컨테이너 박스를 보유할 필요성도 있다. 예비선박이나 예비 컨테이너 박스를 가지는 것은 수요가 줄 경우에 어려움이 가중되므로 조심스럽게 접근할 필요성 있지만, 공익적인 목적이므로 정부가 개입할 부분이다. 정기선운항은 공공재적 성격을 가짐에 공감대 형성이 필요하다.

2020년부터 시행된 "해운항만기능유지법"과 유사한 접근이 필요하다. 다목적 선박의 보유 혹은 예비 선박보유(관련자들이 모두 투자하여 비용분담), 컨테이너 박스의 화주2자 물류회사 소유 및 제공방안을 검토할 시점이다.

마치면서

필자는 오래전부터 정기선 운항에서 컨테이너 박스도 선박만큼이나 중요한데 법적인 보호장치가 부족함을 느껴왔고 개선의 방향을 찾아왔지만 쉽지 않았다. 상법에서 컨테이너 박스도 물적 설비로 격상하고 제공주체와 반납에 대한 법률관계를 분명하게하면 개품운송(정기선 운항)의 효율적인 운용에 기여할 것이다.

컨테이너 선박이 대형화되면서 거점항에만 기항하게 되었다. 이로 인하여 목적지까지 컨테이너 박스의 이동이 더 필요하게 되었고, 피드선이 필요하므로 더 많은 컨테이너 박스가 필요하게 될 것이다.

충분한 혹은 여유분의 컨테이너 박스의 확충에는 제작자금이 필요한데 정기선사에게만 맡기기에는 합리적이지 않다. 또한 대형화된 컨테이너 선박을 항만이 충분히 수용할 수 있어야 한다. 항만이 대형선을 처리할 준비가 되지않은 상태라서 컨테이너 선박이 대기를 많이 하게 된다면 이미 정기선으로서의 기능을 다하지 못하는 것이 된다.

코로나-19와 같은 사태에는 하역과 내륙수송을 담당하는 인력공급에 차질이 생겨 하역작업이 늦어진다. 이들 이유로 인하여 컨테이너 박스의 회수가 늦어져서 수출지에서는 여유분의 컨테이너 박스가 없다면 수출입에 지장을 주게 된다. 최근에 발생하는 컨테이너 부족사태는 이런 영향도 있는지 살펴보고 개선해야한다. 컨테이너 운송은 수출입화물의 이동에 지대한 영향을 미치는 공적인 개념이다. 어쩌면 이들은 전 세계적인 문제이므로 해결을 위해서는 각국 정부들이 외교회의를 개최하고, 각국의 선화주들이 힘을 모아야 할 필요도 있다.

우리나라 정기선사, 정부, 2자물류회사 등 관련자들은 컨테이너 박스를 신속하게 제작하여 부족한 컨테이너 박스의 공급에 나서야 할 것으로 본다. 해상법학자들은 이를 뒷받침할 법적 제도적 장치의 마련에 나서야할 것은 물론이다. 《한국해운신문》, 김인현칼럼(72), 2021년 2월 24일)

5. 컨테이너의 활용도를 높이고 운송주권을 확보하자

컨테이너는 정기선 운항에서 운송물을 담는 용기인 박스를 말한다. 정기선사는 컨테이너를 준비하여 화주에게 제공해야한다. 최근 컨테이너의 부족현상으로 운임이 급등하기도 하였다. 이런 가운데 컨테이너를 생산하여 제공할 제조공장이 한국에는 없음이 알려져서 운송주권확보에 문제가 있다는 지적도 있다.

컨테이너의 법적 지위

컨테이너는 정기선 운항에서 필수불가결한 것임에도 불구하고 법적 지위는 미미하다. 선박은 상법상 해상기업의 물적 설비로서 당당하다(상법 제760조). 선박은 동산임에도 불구하고 선박법상 등록(선박법 제8조) 및 등기제도(선박등기법 제2조)를 도입하여 효율적으로 선박을 관리하여왔다. 또한 상법은 등기한 선박은 저당권의 대상으로 하여 효용가치와 담보가치를 높이고 있다(상법 제787조).

정기선 운항에서 선박과 마찬가지로 중요한 컨테이너는 상법상 물적 설비가 아니고, 등록 및 등기제도의 대상도 아니다. 따라서 컨테이너는 질권설정의 대상이 되어 점유가 채권자에게 이전되어야 한다. 이를 피하기 위하여 실무에서는 양도담보가 설정된다. 컨테이너는 전 세계에 걸쳐서 이동되므로 채권자가 자신의 채권을 회수하기 위하여 가압류나 경매를 하기가 대단히 어렵기 때문에 담보가치가 낮다. 따라서 컨테이너를 소유하는 자들은 자산가치를 활용하지 못하고 사장되고 만다.

상법을 개정하여 컨테이너도 물적 설비의 하나로 격상시키고 그에 적합한 보호와 관리를 해야 한다. 상법에 컨테이너에 대한 정의 규정과 선박법에 따라 등록된 컨테이너는 저당의 대상으로 할 수 있도록 하자.

선박은 동산이면서도 등기와 함께 등록이 된다. 등기는 소유권의 문제를, 등록은 행정상의 감독을 위한 목적으로 활용된다. 자동차와 항공기는 등록을 하면 소유권까지도 처리된다. 컨테이너도 등록제도를 도입한다. 해양수산부가 관리하는 등록원부에 고유번호를 부여한 컨테이너가 등록되면 관리에 도움이 될 것이다. 위치추적 장치까지 부착하면 담보가치가 월등히 높아질 것이다. 홍콩에서는 컨테이너의 등록제도가 운영되고 있다.

운송인과 화주의 컨테이너관련 의무

정기선에서 운송인은 컨테이너를 제공한다. 법률의 규정이나 약정에 의한 것은 아니다. 그렇지만, 실무상 거의 대부분 운송인이 컨테이너를 제공한다. 이것은 관습법화된 것으로 판단된다.

화주는 컨테이너에 자신이 수출하는 운송물을 적재한 다음 이를 운송인에게 넘겨준다. 이때부터 운송인의 운송물에 관한 주의의무가 적용되기 시작한다(상법 제795조). 컨테이너를 다시 수령한 수하인은 자신의 운송물을 빼어낸 다음 컨테이너를 운송인에게 반납해야 한다. 그런데 이에 대한 규정이 상법에는 없다. 운송인과 송하인 사이에 계약으로 컨테이너의 반납의무를 수하인에게 부과시킬 수가 없다. 법률로서 규정되어야 한다.

컨테이너 제공의무는 상법상 운송인의 의무에 포함되어있지 않다. 상법상 운송인의 의무는 운송물을 수령한 다음부터 발생하는 것이다. 운송계약에는 컨테이너를 제공하는 의무가 포함된 것으로 해석이 가능할 것이지만, 확실하게 하기 위하여는 상법에 "운송인은 특별한 약정이 없으면 컨테이너를 송하인에게 제공하여야 한다."는 규정을 넣는 것이 좋다. 운송인에는 계약운송인과 실제운송인이 있기 때문에 어찌할 것인지가 문제된다. 계약운송인은 송하인에게, 실제운송인은 계약운송인에게 그 의무를 부담하는 것으로 해석하면 될 것이다. 중간단계가 생략되어 실제운송인은 계약운송인의 이행보조자로서 컨테이너를 제공하는 것으로 해석할 수도 있다.

수하인이 컨테이너화물을 수령한 다음에는 용기 안에 담긴 운송물을 꺼낸 후 신속하게 컨테이너를 운송인에게 돌려주어야 한다. 이런 의무가 묵시적으로 수하인에게 부과되어있다고 보아야 한다. 선하증권에 이런 내용이 명기되어있다. 그러한 약정이 없는 경우도 있으므로 상법에 이런 의무를 명기해야 한다. 그 의무의 대상자는 수하인 혹은 선하증권 소지인이다.

선박우선특권의 대상

선박은 우선특권의 대상이다. 선박채권자는 선박에 대한 임의경매를 신청할 수 있다. 선박과 속구만 경매의 대상이 된다. 컨테이너는 선박과 결부되지 않고 선외로 이동하는 동산이므로 속구라고 할 수 없다.

컨테이너는 선박과 일체를 이루는 속구가 아니기 때문에 선박에게 부과된 상법 제777조의 우선특권을 컨테이너에게 부과할 수는 없다. 예컨대 선박충돌의 경우 선박자체가 피고라는 관념을 이해할 수 있지만 컨테이너도 동시에 피고가 된다고 볼 수는 없다. 왜냐하면 컨테이너가 충돌에 기여한 바는 없기 때문이다.

컨테이너 자체에서 발생하는 하역료, 운임 등에 대하여 채무자와 무관하게 임의경매가 가능하도록 하는 제도의 도입은 가능할 것이다. 특히 공 컨테이너의 경우에는 효용이 있을 것이다. 갑 운송인이 제공한 컨테이너를 하역한 하역회사는 그 컨테이너에 대하여 가압류 등 강제집행을 할 경우에 갑이 임차한 것이라면 이것이 불가하다. 그러나 우선특권을 부여하면 채무자와 무관하게 임의경매가 가능하게 된다.

컨테이너 관련 산업의 보호와 육성

해운업자의 육성을 위한 법으로는 해운법이 있다. 해운업에는 선박을 보유하고 영업에 종사하는 해상여객 및 화물운송사업자를 적용대상으로 한다(해운법 제3조 및 제23조). 해운중개업, 해운대리점업, 선박대여업 및 선박관리업도 해운법 제33조에 규정되어있다. 그런데, 컨테이너 박스는 선박이 아니므로 이를 중심으로 영업을 하는 컨테이너 리스회사, 제작사, 관리사에 대한 규정이 없다. 따라서 해운업을 지원하기 위한 목적으로 설립된 해양진흥공사도 컨테이너 제작사나 리스사를 지원할 근거가 없다.

컨테이너는 정기선사가 100% 소유하게 하는 것은 리스크 분산의 차원에서도 합리적이지 않다. 실무에서도 1/2은 임차를 한다. 임차를 한다는 의미는 소유자 즉 리스회사가 있다는 말이다. 따라서 컨테이너 임대업도 하나의 사업영역이다. 그리고 제작회사도 필요하다. 이들 사업은 중국 등과 경쟁이 치열한 상황이다. 국가적인 지원이 필요하다. 해운업에 대한 국가적인 지원과 함께 이들도 해운부대사업의 하나로 포섭하여 보호할 필요가 있다. 해운법에 컨테이너, 컨테이너임대업, 컨테이너제조업에 대한 정의규정을 두고 이들을 지원할 수 있는 근거규정을 마련하도록 한다.

선주, 화주, 물류회사의 역할분담

컨테이너의 제공의무는 현재 법률로 정해진 것은 없다. 운송인이나 화주중 누구나 제공하면 된다. 그리고 운송인 중에서도 반드시 해상운송인이 제공하라는 규정도 없다. 해상운송인이 제공하는 것은 가장 비용이 적게 들고 효율적이기 때문일 것이다. 정기선운항은 국가 기간산업이고 수출입경쟁력과 관련이 된다. 그러나, 컨테이너 자체를 준비하는 것에도 수요예측이 필요하고 많은 비용이 발생한다.

운송인은 자신의 선복의 1.5배의 컨테이너가 필요하다고 한다. 장기운송계약을 더 많이 체결하면 할수록 운송인은 필요한 컨테이너 수량의 예측이 가능하게 될 것이다. 따라서 화주는 가능한 많은 양의 장기운송계약을 체결해야 한다. 운송인도 스폿운임이 높다고 하여 낮은 운임의 장기운송계약을 회피해서는 아니된다. 장기운송계약의 체결은 운송인으로 하여금 적절한 컨테이너의 준비가 가능하게 하여 부족사태를 미연에 방지하게 한다.

종합물류계약이나 복합운송하에서 화주와 해상운송인이 직접 운송계약을 체결하는 것이 아니라 중간에 계약운송인이 끼게 된다. 계약운송인이 컨테이너를 제공하는 것이 더 순리적일 수 있다. 단순한 포워더가 계약운송인일 수 있지만, 2자물류회사와 같은 튼튼한 계약운송인도 있다. 후자의 경우는 충분히 자신의 컨테이너를 제공할 수 있다. 현재 이런 영업이 실제 존재하기도 한다. 이들이 컨테이너를 소유하면서 정기선사들에게 임대하는 영업을 할 수도 있을 것이다. 계약운송인이 선하증권도 발행하면서 운송인이 되어 모든 상법상 혜택을 보기 때문에 자본이 투자되는 컨테이너를 소유하면서 이를 실제운송인에게 임대하는 형식을 취해도 될 것이다. 어떤 형태로던 정기선사의 컨테이너 보유의 부담을 덜어줄 필요가 있다.

운송 혹은 물류주권 확보관련

현재 우리나라에는 컨테이너를 제작하는 사업체가 존재하지 않는다. 중국이 일반 컨테이너의 99% 이상을 제조한다. 중국은 컨테이너 제작 숫자를 조절한다고 한다. 대형정기선사인 코스코가 1~2위(CIMC, DongFang)의 제작회사를 자회사로 가지면서 독점적 지위를 누린다(연간 230만TEU 생산 중 70%의 점유율). 컨테이너가 제공되지 않으면 수출입이 되지 않는 것은 자명하다.

현재 우리나라는 정기선사의 선박의 규모를 늘리고 있는 중이다. 10만TEU에는 15만TEU의 컨테이너가 필요하다. 정기선사가 대형화되면서 피더선이 늘어나게 되면 그만큼의 컨테이너수요도 늘어난다. 일정 수량의 컨테이너를 우리나라에서 제작할 수 있어야한다. 경제성 때문에 이것이 불가하다면 베트남 등에 제작소를 두어서 우리가 관리할 수 있도록 해야 할 것이다. 미국의 반도체 조치에서 보여주는 것과 같이 운송안보의 차원에서 컨테이너를 바라볼 필요가 있다.

6. 화물차 안전운임, 물류경쟁력도 생각해야

수출입 화물을 이동하는 데는 화물자동차의 역할이 매우 중요하다. 그런데 이들 화물자동차 차주들이 제공하는 서비스의 대가인 운송료가 너무 낮아 개선이 필요했다. 오랜 논의 끝에 '안전운임제'라는 명칭의 제도가 도입돼 이달부터 본격 시행에 들어갔다. 차주들에게 최소한의 수입을 보장하자는 취지다.

수출화물은 수출자의 공장에서 부두까지, 수입화물은 부두에서 수입자의 공장까지 운송하며, 자동차가 사용된다. 부산항에는 큰 배로 싣고 온 화물을 작은 배에 실어 중국의 목적지로 가는 화물이 많다. 이런 환적(換積)화물의 부두 내 이동에도 자동차가 필요하다. 모두 안전운임제의 적용 대상이다.

안전운임제는 안전운임보다 낮은 금액을 운임으로 정한 운송계약을 무효화함으로써, 화주와 운송업자들에게 적정운임 이상을 지급할 의무를 지우고 있다. 안전운임에는 운송원가에 적정이윤이 반드시 합산돼야 한다고 화물자동차운송법은 정하고 있다.

수출입화물은 물류(物流)라는 큰 흐름을 통해 이동한다. 하나의 물류기업이 전체 흐름을 책임지고 화물을 이동한다. 이 물류기업은 해상운송은 물론 육상운송과 하역작업 등을 포함한 서비스에 대한 대가로 보수를 받는다. 정기선사는 차주에게 육상구간에 대한 자동차운송을 의뢰하고, 그에게 보수를 지급한다. 그 보수는 자신이 화주에게서 수령한 전체 보수의 일부분이다. 그런데 전체 물류흐름의 참여자 중 특정 당사자에게만 적정이윤을 보장하면, 다른 참여자들의 수입은 감소하게 된다.

물류는 국제적인 사업으로 하나의 시장 안에서 움직인다. '화주―정기선사―차주'로 이어지는 물류망에서 정기선사가 안전운임 지급의 의무자가 된다. 정기선사는 안전운임 지급의무로 인해 경영상 어려움을 겪게 되고, 증가한 비용 부담을 화주에게 전가하고자 운임을 높게 책정하면 경쟁력을 잃는다. 결국 무한경쟁의 글로벌 시장에서 이들은 국제적인 경쟁력을 잃어버리게 될 것이다. 또 외국 정기선사들은 환적비용이 많이 발생하는 부산항에 기항하지 않으려 할 것이다. 더구나 해상운송계약은 수요와 공급의 법칙에 따라 운임이 결정되는데, 전체 물류 흐름의 일부를 구성하는 자동차 운송부분에 대해서만 일정한 금액 이상의 운임을 법률이 보장하는 것은 계약자유의 원칙에 반한다.

과거 정기선사들은 여러 선사들이 연합해 운임을 일정하게 유지함으로써 적정운임 확보에 나섰다. 이를 '동맹제도'라고 불렀다. 1990년대부터 동맹제도는 독점금지법 위반이란 이유로 폐지됐다. 이에 따라 정기선사들은 완전경쟁 아래 놓였고, 운임은 떨어져 적정이윤을 확보할 수 없었다. 2017년 한진해운이 파산한 이유도 여기에 있다.

안전운임의 인상분이 지나쳐 우리 정기선사나 부산항이 국제경쟁력을 잃을 수 있다. 이를 방지하기 위한 제도적 보완이 필요하다는 지적이다. 국제운송의 경우 정부·화주·정기선사·차주들이 모여 공적기금을 마련하고, 적정이윤을 포함한 안전운임의 일정 부분을 여기서 부담하도록 하는 방안을 생각해 볼 수 있다. 3년 일몰제로 시행된 이 제도가 잘 정착돼 차주들을 보호하면서도 국내 물류 경쟁력을 높이는 계기가 되기를 바란다. 〈〈한국경제〉, 2020년 3월 21일)

7. 국적 원양정기선사와 우리 수출기업들의 상생의 길

모처럼 밝은 소식이 이어지고 있다. 중국/한국에서 미국북서부로 가는 40피트짜리 컨테이너 박스 하나의 운임이 3,000달러를 돌파, 3,200달러로 인상되었다는 기사가 났다. 얼마만인지 모른다. 1,500

달러는 되어야 흑자가 유지되는 항로에서 1,000달러 이하로 운임이 오랫동안 형성되어 우리 외항정기선사는 어려움을 겪었다. 이것이 2016년 한진해운 파산의 원인의 하나가 되기도 했다. 물동량은 거의 정체상태로 늘지 않는데 물동량을 실어 나를 선복은 지속적으로 증가하였다. 머스크 등 유럽의 정기선사들이 치킨게임을 벌려 대형선을 발주하여 시장에 투입하면서 공급과잉 상태가 거의 10년 이상 지속되었다.

높은 금융비용과 고용선료 지급으로 지출은 많은데 저가 운임이 지속되니 우리 외항정기선사는 어려움을 겪지 않을 수 없었다. 금년 2월부터 코로나-19사태가 발생하면서 물동량이 줄어들 것이 예상되자 선주단체는 물론 전문가들도 큰 걱정을 한 것이 사실이다. 약 5개월이 지난 지금 해운 특히 원양정기선 분야는 우리나라 뿐만 아니라 전 세계적으로 시황이 괜찮은 것으로 보인다.

이것은 코로나-19사태를 극복하기 위한 선제조치로서 정기선사들이 선복을 줄이는 정책을 편 결과이다. 계선하는 선박의 수가 늘어나고 있다는 통계가 이를 말하여 준다. 필자는 사실 이런 결과를 기대하거나 예상하지 못했다. 공급과잉의 상태를 오랫동안 해결하지 못하는 선주측의 행동에 큰 실망을 하고 있었기 때문이었다. 2008년부터 10년 이상 지속된 불경기에 공급량을 줄여서 운임을 올렸어야함에도 세계 각지의 선주들은 선박 발주를 계속해왔었다.

학습효과가 있었던지 이번에는 정기선사들이 운항하는 선복을 자발적으로 줄이면서 운임이 인상되는 효과를 가져왔다. 유럽의 정기선사들이 전략을 바꾸어 저가 운임은 더 이상 용인하지 않는다는 입장을 취한 결과인지도 모른다. 유럽의 모 대형정기선사가 주력이던 크루즈 산업이 직격탄을 맞아 컨테이너 운항에서 수익을 올릴 필요가 있기 때문에 운임인상 전략을 취한다는 설명이 설득력을 얻는다.

그런데 일본의 지인을 통해서 일본의 상황을 알아보았다. 일본의 항구에서 미국의 서안으로 향하는 40피트 컨테이너 박스의 운임은 2,000달러 정도로 연초에 비하여 10% 정도 오른 수준이라고 한다. 왜 두 개의 수치는 이런 차이가 나는가?

정기선운임은 두 가지가 있는데, 하나는 서비스 계약으로 불리는 장기간 운송계약을 체결하여 할인된 가격이다. 다른 하나는 그 때 그 때 수요와 공급의 법칙에 의하여 결정되는 스폿 가격이다. 3,000달러는 스폿가격이 위주가 된 수치이다. 일본은 서비스계약이라고 하여 연간 계약을 체결한 운임이 주를 이룬다. 그렇기 때문에 운임은 안정적이다. 현재의 시장가격과는 무관하게 작년 말에 체결된 장기계약상의 운임이 적용된다. 우리나라는 스폿계약의 비중이 더 많다. 이 경우는 수요와 공급의 법칙에 따라 운임이 결정되므로 공급이 많으면 운임은 크게 떨어지고 공급이 줄어들면 운임은 크게 올라간다. 이번의 높은 운임은 바로 공급이 줄어든 스폿시장에서의 운임현상을 반영한 것이다.

필자는 2015년경부터 선·화주 상생을 주장해왔다. 유럽의 대형 정기선사의 주도로 시작된 대형선의 시장진입으로 선복공급이 넘쳐 났다. 이 결과로 운임은 떨어져 우리 정기선사는 견디기 어려운 상태가 되었다. 2016년 한진해운은 회생절차 개시신청을 했고 결국 파산에 이르렀다. 우리 화주들이 우리 선사에 더 많은 물량을 실어달라고 그리고 운임도 좀 올려달라고 호소했다. 큰 효과는 없었다.

일본에서 수출하는 상품과 비교할 때 우리나라에서 출발하는 상품의 운임이 높다면 우리 상품은 원가경쟁력을 잃게 된다. 이는 바람직하지 않다. 한편 외항정기선 스폿 시장에서의 높은 운임은 일시적인 현상으로 아직도 우리 정기선사들은 어려운 상황이다. 이런 상황을 개선하기 위하여 우리는 두가지를 할 수 있다고 생각한다.

첫째는 장기운송계약(서비스계약)의 물량을 늘려 나가야한다. 현재 우리나라는 대형화주의 화물만 장기운송계약이 된다. 중소형 화주의 물량도 포워드들이 화물을 모아서 그가 계약운송인이 되어 이를 외항 정기선사와 장기운송계약을 체결할 수 있을 것이다. 이렇게 하면 할인된 그리고 고정된 가격으로 안정된 운임으로 수출이 지속되게 된다. 시장의 운임이 내려갈 때를 생각하면 이는 원양정기선사에게도 좋은 일이다. 정부도 그 필요성을 인정하여 장기운송계약서를 표준화하는 등 장기운송계약의 증대를 장려하고 있다.

둘째, 국적 외항정기선사들은 스폿으로 수출되는 상품에 대하여 현재 시장에서 형성되는 시장가보다 10%라도 운임을 낮추어 주어서 수출기업의 애로를 덜어주자. 우리나라에서 수출되는 상품의 2/3 이상은 외국 대형 정기선사들이 싣는다. 스폿 시장에서의 운임은 현재 3,000달러 이상이다. 우리 정기선사들이 앞장서서 10%라도 낮은 운임을 공표하면 이 운임이 전체 시장에 파급효과를 주게 될 것이다. 2700달러로 운임을 제공하는 우리 정기선사를 수출기업이 선호하게 될 것이므로 다른 외국의 정기선사들도 앞 다투어 운임을 낮추게 될 것이다.

이런 장기운송계약의 확대 및 운임인하 조치를 통하여 우리 국적 원양정기선사들은 수출입기업의 상품단가를 낮추어 수출경쟁력을 높여줄 것이다. 이것이 바로 우리나라에 국적 원양정기선사가 꼭 필요한 이유이다. 한진해운 파산 이후 정부와 업계가 국적 정기선 재건을 왜 그렇게 강하게 주장하면서 관철해왔는지 증명해 보일 수 있는 좋은 기회가 찾아온 것이다. 국적 원양정기선사는 국익의 보호에 기여할 절호의 기회를 맞이했다. 우리 수출입기업은 국적 원양정기선사와 장기운송계약의 체결로 많은 물량을 우리 정기원양선사에게 확보해주고 국적 원양정기선사는 운임인하 조치를 통하여 수출상품의 경쟁력을 높여주게 된다. 이런 조치들을 통하여 선화주 상생의 문을 활짝 열자. 《한국해운신문》, 김인현칼럼(66), 2020년 8월 7일)

8. 해운산업은 일반화와 특수화를 동시에 추구해야

해운법에 의거 대량화주의 해운업 진입이 제한된다든지, 상법상 운송인은 포장당 책임을 제한할 수 있다 던지, 도선사는 선장경력 3년 이상인 자만 시험을 볼 자격이 주어진다던지 하는 것은 해운산업이 특수하므로 그 특수성에 맞추어 행해지는 것이다. 해운경영에도 해운산업의 특수성이 나타난다. 육상의 다른 산업들과 달리, 선박 건조의 경우 선박가격의 90% 상당을 은행으로부터 조달한다. 해운업에 종사하는 사람들은 어려울 때 정부에 손을 벌리고 경기가 좋을 때는 말이 없다고 한다. 해운산업은 국제 경쟁하에 있기 때문에 각국은 정부는 해운산업을 보호하고자 한다. 경기가 호황일 때에는 정부의 개입 필요성이 사라지므로 위와 같은 말이 생겨났을 것이다. 이것도 역시 해운업의 특수성이 반영된 것이다.

한편, 2015년 대한항공 땅콩회항 사건으로 굳어진 국민들의 한진그룹에 대한 부정적인 기업 이미지는 다음 해인 2016년 한진해운 사태 발발 시에도 그 사건처리에 악영향을 미쳤다. 이러한 것은 일반인들의 인식이 해운산업에 미친 영향을 보여준다. 코로나-19 여파로 인해 사람들의 이동이 제한됨에 따라, 많은 이들은 해상여객운송사업, 화물운송사업에 대한 수요가 감소할 것으로 예상했다. 그러다 최근 밀렸던 운송수요가 폭발하면서 수출입을 위한 선박이 부족하게 되어 정기선의 운임이 폭등세이다. 해운산업은 무역과 연동되어있다는 것을 알 수 있다. 필자가 주도했던 바다, 저자와의 대화가 10회에 걸치며 인기를 끌었던 것도 줌(Zoom)을 이용한 온라인 방식을 활용했기 때문이다. 줌은 해운계가 만든 것이 아니라 전세계적인 소통의 방식으로 나온 것이다. 이러한 예들은 해운산업이 독자적으로 생존이 가능한 산업이 아니라 전체 산업 및 일반경제생활과 밀접히 관련되어있음을 말한다. 해운업은 전체 산업의 일부이고 전체

산업을 구성하는 국민들이 해운에 영향을 준다는 의미이다.

해운산업의 특수한 점은 이를 더욱 발전시켜 해운산업이 보호되고 국제경쟁력을 갖도록 해야한다. 한편, 해운산업은 우리 산업의 한 분야로서 다른 산업과 유기적인 관련성이 있다는 점을 강조하고 해운인만이 아니라 일반국민들에게도 중요함과 소중함이 잘 인식되도록 해야한다. 이렇게 함으로써 해운산업은 온 국민의 지지를 받는 국가 기반산업으로 자리 잡아야한다.

일반화를 새로운 시각에서 더 철저하게

해운산업이 우리 산업에서 차지하는 비중은 5% 이내이다. 해운산업이 아무리 중요하지만, 대한민국의 헌법의 경제질서하에 놓인다. 해양수산부의 예산은 국회를 통과해야한다. 그런데, 국회의원 중 해운업계 출신은 한 명도 없다. 국회라는 일반화된 조직체에 해운산업의 중요성을 강조하고 설득하는 것은 쉽지 않은 일이다. 해운산업 출신 국회의원을 배출하여 국회에 진출시킨다면, 해운산업 일반화에 상당히 일조할 것이다. 금융위원회에 해운계 출신 젊은이를 보내자는 제안, 일간신문에 해운전문기자를 양성해서 해운관련 칼럼이 많이 실리도록 하자는 제안도 일반화의 과정을 말하는 것이다.

선장을 배출하거나 해양대학 교수를 양성하는 것은 해운산업의 특수성을 추구하는 것이라면, 국회의원 배출, 금융위원회 인력 충원, 일간신문 해운전문기사 양성 또는 일반대학 교수 배출은 해운산업 일반화를 위한 길이다.

해운과 선박을 탐구의 대상으로 하는 것이 해상법이다. 해상법 교수와 해상변호사 등 전문가는 어떻게 길러지는가? 한국해양대학·목포해양대학에서 전적으로 길러지는 것은 아니다. 해상변호사가 되려면 로스쿨을 가야한다. 이들 해양계대학교에는 로스쿨이 없다. 로스쿨 입학시험에 해운산업출신이라고 특별히 가산점을 주지 않는다. 해운관련 법조인을 어떻게 양성할지는 일반대학과 관련된다. 해기사 출신 혹은 해운계 출신을 특별히 관리하여 해상변호사를 만들고자 하면 일반대학의 로스쿨에 진학시키고 일반과목인 민법, 형법, 헌법 등을 공부시켜야한다. 이런 목표를 해운계가 세워서 목표를 달성하는 과정은 해운산업이 일반화되는 과정이라고 말할 수 있다.

해상법은 학계에서는 버려진 자식처럼 되었다. 로스쿨이 도입되면서 해상법이 변호사시험에 출제되지 않고, 작은 규모의 학문이라 하여 교수를 충원하지 않는다. 이에 해상법 과목을 국제거래법의 한 분야로 보아 통합하자는 주장, 보험법과 해상법을 한 과목으로 하여 선택과목으로 하자는 주장들이 나왔다. 이렇게 되면 더 이상 해상법은 상법의 일부가 아닌 것이 된다. 전체 상거래의 일부를 이루는 해상운송을 다루는 것이 해상법이고, 매매와 더불어 상거래의 핵심이 해상운송인데 스스로 주인임을 버리는 것이 된다. 그래서 필자는 이 주장에 반대를 해왔다. 필자는 해상법의 일반화를 주장하는 것이다. 해상법은 상법의 일부라야 제대로 이해되고 기능하는 것이기 때문이다.

2000년대에 10곳 이상의 해운회사가 회생절차에 들어갔다. 회생절차가 어떤 의미를 갖는지 어떻게 해야하는지 해운계 사람들은 그 내용을 잘 몰랐다. 경기가 하락하자 높은 용선료로 배를 빌렸던 회사들은 수입보다 지출이 많아지니 견디기가 어려웠다. 이 때 회생절차에 들어가면 회생절차개시 이후에는 장래의 용선료는 아주 낮아질 수 있다. 이를 목적으로 회생절차에 들어간다. 다만 그 과정에서 화주와의 관계를 잘 유지하도록 철저하게 관리할 필요가 있다. 이를 제대로 이행하지 못한 것이 한진해운의 파산 사유 중 하나이다. 해운계 CEO들이 채무자회생법을 알아야했다. 이는 해운산업이 전체 도산법체제하에 속해있다는 것을 의미한다. 한편 정기선운항에서 회생절차에 들어가면 정시성을 지킬 수 없으므로 곧 도산이 된다는 의미라는 것을 금융당국이 알았다면 그런 결정을 내리지 않았을 것이다. 해운업의 특성을 금융당국자들이 알도록 했어야한다. 해운업이 그만큼 일반화되지 않았다는 의미이기도하다.

20년 동안 해운산업의 매출은 30조원의 언저리를 맴돌고 있다. 반면 물류산업은 40조원의 매출을 달성하면서 매년 급성장하고 있다. 물류에서 60%~70%는 해상운송이라는 것은 주지의 사실이다. 그럼에도 불구하고 해운산업의 매출은 늘지 않고 이웃 물류기업의 매출만 늘어나는 것은 우리 해운산업이 종합물류라는 일반화 과정에 올라타지 못하고 있다는 것이다. 이것은 머스크와 일본 NYK 등 해운기업의 물류산업진출의 예에서도 확인된다. 우리나라 정기선사들은 종합물류업으로 진출하지 못하고 있다. 일반화가 되어야 할 시급한 과제 중의 하나이다.

법률적으로 보아 계약운송인인 무선박운송인(NVOCC)을 해운법의 주체로 인정하지않는 것은 상법과의 체제와 맞지 않을뿐더러 해운산업의 외연확대를 못하는 결과를 낳고 있다. 상법은 1991년 개정작업을 하면서 선박소유자 중심주의에서 운송인 중심주의로 변화되었다. 이 전에는 선박을 소유하거나 보유한 자만이 운송인이 될 수 있었다. 그러다 1991년부터 법이 개정되어 누구나 운송인이 될 수 있고, 그 운송인은 선박 소유 유무와 관계없이 운송인으로서 포장당 책임제한 등의 이익을 누릴 수 있게 됐다. 전 세계적인 실무를 반영한 것이다. 일반화의 길을 간 것이다. 그런데, 우리 해운법은 아직도 선박 보유를 전제로 기술되어 있다 보니, 무선박운송인은 아직 운송주체가 아니고 보호를 받거나 의무를 부담하지도 않는다. 이들은 현재 물류정책기본법에 의한 규율을 받고 있다. 40조원의 매출을 올리는 2자물류 회사들도 기본적으로 계약운송인이 된다. 이들의 운송인 기능을 포착하여 해운법의 적용대상으로 보아 그들의 매출을 해운매출로 책정하고, 기존 해운업 주체들과 함께 생존하는 방안을 모색해야 한다. 이는 해운물류분야의 일반화의 하나이다.

조선업은 해운산업의 파생산업이다는 말이 있듯이 조선산업은 해운업과 같이 혹은 반대방향으로 가는 연관산업인 것은 확실하다. 선주업을 육성하여 우리 조선소에 건조를 많이 하게 되면 현재 10%인 내수를 20%로까지 올려주어 우리 조선산업이 더 안정화된다는 취지의 주장은 해운산업의 일반화과정을 말하는 것이다. 수산업은 항상 해운업과 분리되어있는 것 같다. 수산업과 해운산업은 서로 연결되지 않을까? 해운업은 공산품과 원료만 운송하는 것이 아니다. 북태평양에서 잡은 연어를 냉동하여 운반하는 특수한 운송회사도 있다. 우리가 즐기는 오징어는 국내산이 아니라 남미산이 대부분이다. 어떻게 가져오는가? 선박을 통하여 수입되는 것이다. 이렇게 수입된 오징어는 어촌등에서 가공되어 수산업매출을 올리게 한다. 연간 5,000억원의 수출을 달성했다는 우리의 김은 선박을 통한 해상운송을 통해서 가능하다. 이처럼 해운산업, 조선업 및 수산업의 연관성을 발견하여 하나의 공동체라는 인식을 갖도록 하자. 해운산업의 일반화 과정이다.

최근 업계의 큰 화두가 되고 있는 온실가스 배출을 줄이는 친환경운동은 해운계 자체의 일이 아니고, 유엔을 중심으로 하는 지구를 살리기 위한 전 인류와 우리 국민의 운동의 일환인 것이다. 이는 해운산업이 일반 제도에 의하여 영향을 받는 좋은 예이다.

특수함을 더 깊고 정교하게 가져가야

해운산업이 우리 경제·사회에 파고들어 일반화됨과 동시에, 미처 해운산업의 특수성이 반영되지 못하여 일반산업 분야의 수준에 머물고 있는 것은 시급히 그 특수성을 인정하고 특수성을 심화해가야 한다.

법률분야를 본다. 상법에는 해상법을 특별히 두었다. 일반상인들은 책임제한을 할 수 없다. 허베이 스피리트 사고에서 국내기업은 2,500억원이 될 손해배상을 50억원으로 줄일 수 있었다. 책임제한제도 덕분이다. 한진해운 파산에서 보았듯이 해운산업은 회생절차에 신청하는 것 자체가 곧 파산임을 알게 되었다. 일반기업은 그렇지 않다. 정기선사가 회생절차에 들어가도 하역회사, 도선사와 같은 서비스제공자들의 작업이 제대로 이루어져서 물류대란이 발생하지 않도록 하는 법제도의 마련이 시급하다. 해운산업의 특성에 맞게 규정하여 이들의 회생을 도와주는 정책을 펴야한다. 회생절차 개시 20일 전에 체결한 물품공급채권은 공익채권이라고 하여 언제나 변제받을 수 있게 되었다. 2016년 채무자회생법의 개정을 통해서 이루어진 일이다. 해운과의 밀접성 측면에서 도선료나 예선료와 같은 서비스 제공도 공익적 목적이 인정되므로 공익채권으로 보호되어야 할 것이다. 국적취득부선체용선의 경우, 선박대금의 99%를 변제하였더라도 그 선박은 채무자인 선사의 재산이 아니므로 압류의 대상이 되고 저당권자로부터 환수 당하게 된다. "해운"편에 이에 대한 규정도 넣어서 자신의 재산을 회생에 활용하도록 해야할 것이다.

이와 같이 우리 선배들은 법률에서 해운의 특수성을 반영하여 특별한 장을 마련했다. 대표적으로 상법, 국제사법, 민사집행법, 선원법등이 바로 그런 법이다. 선박을 이용한 상인을 위해서 상법은 제5편에 해상(해상법)을 두었다. 외국적 요소가 있을 때 준거법을 정하는 국제사법도 제60조 이하에 해상편을 두고 있다. 선박집행을 위한 절차법인 선박집행법은 민사집행법의 특별법이다. 바다라는 열악한 환경에서 근무하는 선원들을 위해서 근로기준법의 예외로서 선원법을 두었다. 이런 법률은 놀랍게도 1960년대에 만들어진 것들이다.

그렇지만 헌법, 경쟁법, 채무자회생법, 금융법 등에서는 특수성을 반영하지 못하고 있다. 예컨대 헌법에 해양이나 바다 그리고 해운업의 중요성을 언급해주어야 하는데 그렇지 못하다. 해운에 대한 경쟁법은 해운법에 규정이 있기는 하지만 공정거래법에 예외규정이 없기 때문에 적용에 혼선이 빚어지고 있다. 미국의 FMC와 같은 해사 경쟁법 집행기관이 없다. 제도적 보완이 시급하다.

해상법에서도 컨테이너 박스와 같이 정기선운항에서 대단히 중요한 물적설비에 대하여 법제화 되어있지 않다. 상법상 물적설비인 선박과 대등한 정도로 규정되어 보호해야할 것이다. 컨테이너 박스를 운송인이 당연히 제공하는 것으로 하지만, 이는 법률의 규정에 의한 것이 아니고 관습적으로 그렇게 하는 것이다. 화물을 내린 화주는 공컨테이너를 운송인에게 신속히 돌려주어야 한다. 이런 의무는 상법에 규정된 바가 없다. 그렇기 때문에 반납지체에 따른 비용청구도 쉽지 않은 형편이다. 고가의 컨테이너 박스에 대한 담보를 위한 장치도 미흡하다. 질권설정도 쉽지않을뿐더러 집행을 위한 장소확인이 어렵다는 단점을 극복해줄 제도적 장치가 필요하다.

한국해운은 불모지에서 일어섰기 때문에 물적설비인 선박을 보유할 자본이 부족하다. 그래서 70내지 90%를 은행으로부터 대출을 받는다. 신용도에 따라 다르기는 하지만 현재 대략 7%수준이다. 반면, 이웃 일본의 경우 대출이자율은 2% 내외이다. 이렇게 높은 이자율을 내고 국제적인 경쟁을 하기가 곤란하다. 따라서 특별법을 만들어서라도 이자율을 현재보다 1%라도 내려야한다. 해운불경기시에 선박을 매입해야하는데 금융사는 대출을 회수하게 된다. 경기역행적인 제도의 운영이 금융법에도 반영되어야한다. 국내를 대상으로 하는 기업들과 달리 해운업은 국제경쟁하에 있기 때문에 경쟁력을 갖추어주는 금융제도가 되어야한다. 해양진흥공사의 기능에 기대한다.

과연 해운계에 종사하는 사람들의 전반적인 지식수준이 세계적으로 어느 정도될 것인가? 다른 분야에 비하여 어느 정도일 것인가? 우리는 경험한 바를 책으로 만들어내고 공유하는 것과 친하지 않다.

경험한 바를 혼자만 가지고있을 것이 아니라 여러 사람이 공유하여 그것이 모여서 큰 힘이 된다는 생각을 해야한다. 여러 공부모임에 적극 참여해야한다. 조직에서도 이런 공부를 적극 추천하고 보호해야한다. 경험한 바가 책자로 만들어 출간되는 것을 적극 지원해야하고, 그 책이 출간이 되면 적극 구매하는 운동도 있어야한다. 수요가 얼마되지 않으니 팔리지도 않게 되면 어느 출판사가 그 책을 출간해주겠는가? 전반적으로 해운산업의 지식수준을 더 높이자는 마음들이 모여져야 한다. 지식수준의 향상은 해운산업이 국제적인 경쟁이 있는 산업이기 때문에 더욱 강조되는 것이다. 이는 해운산업을 더 특수하게 하고 강하게 하는 방법이다.

마치며

해운계 사람들은 특수하다고 지원해달라고만 한다는 말의 의미를 곱씹어보았다. 일반화가 되어있지 않다는 의미임을 알게 되었다. 화물이 그렇게 많은데 화물이 없는 덴마크의 머스크에 왜 뒤지는지도 생각해보았다. 특수함이 철저하게 반영되지 못했기 때문이라는 결론에 도달했다. 우리는 어떻게 해야 해운입국을 제대로 할 것인가? 그것은 해운산업의 일반화와 특수화를 동시에 추구하여 심화시키는 것이다. 이것이 해운계 전체 구성원이 달성해야할 이념이 되고 큰 지표가 되면 좋겠다.

1960년대 해운산업 태동기에 선배들은 일본이나 미국 등 선진국의 제도를 모방하여 해운산업의 일반화와 특수화를 동시에 달성했다. 그 후 새롭게 생긴 일반제도들에 후배들이 트렌드를 쫓아가지 못한 점이 부각된다. 60년대는 산업이 단순화했고 수출지상주의 하에서 해운이 국가기간 산업이 되었었다. 그 후 우리나라 산업이 크게 성장하면서 해운의 비중은 작아졌기 때문이기도 할 것이다.

이제 다시한번 해운업이라는 두발을 굳게 내리고 양팔을 벌려서 한팔은 일반화로, 다른 한팔은 특수화로 나가야하다. 미흡한 부분들은 하루속히 보완해야한다. 특수화만 외골수로 추구해서는 안된다. 결국 우리의 우군을 잃어버리게 된다. 해운은 서비스산업이다. 서비스할 대상이 있어야하는 것이다. 그것은 화주이다. 화주의 화물을 실어나를 선박이 필요하다. 조선산업과 선박금융업과 우리 해운산업이 친해야하는 이유이면서 해운산업의 일반화가 지향할 목표이기도 하다. 또한 너무 일반화만 추구하여 정체성이 없어져서도 안된다. 해운의 특수성이 반영되어야 경쟁력을 갖출 수 있는 분야는 그렇게 되도록 만들어야한다. 현재 시중금리보다 낮은 금리로 선박금융이 이루어지도록 해야하는 것이 대표적인 예이다. 우리 해운산업이 특수화와 일반화를 균형있게 달성하여 국제경쟁력을 갖추며 안정적으로 나갔으면 한다.　　　　　〈〈한국해운신문〉 김인현칼럼(69), 2020년 12월 18일)

제 3 부

조선, 선박금융, 수산

제 1 장
조선 및 선박금융

1. 선주사 육성 해사크러스트 완성해야

일본의 이마바리를 올해 초에 다녀왔다. 인구 10만 남짓한 이마바리의 시청에는 '세계 최대의 해사도시 이마바리'라는 플래카드가 걸려 있었다. 이마바리에는 500여 척의 선박을 소유한 선주사들이 그 중심에 있다. 운항사가 선박 한 척을 10년간 빌려달라고 부탁하면 선주사는 5분 거리 이요은행에 가서 건조자금을 빌려서, 10분 거리 이마바리 조선소에서 선박 건조 계약을 체결한다. 선박등록사무소, 선박검사기관, 해상변호사, 해상보험사가 시내에 밀집해 있다. 선주사는 이들을 차례로 찾아 원스톱으로 선박 건조와 운항에 필요한 일을 간단히 처리한다. 이래서 이마바리시는 세계 최대의 해사클러스터라고 불린다. 이마바리시에서 우리 부·울·경 해사클러스터를 떠올렸다. 위에서 말한 모든 것은 부·울·경에도 있다. 그렇지만, 바로 그 출발점이 되어야 하는 선주사가 없다.

화주에 대하여 선박을 이용한 운송서비스를 제공하는 자를 운항사라고 한다. 우리나라 운항사는 곧 선주사로서 대부분 자신이 소유한 선박을 이용하여 운송서비스를 제공한다. 선박을 직접 소유하는 경우, 통상 은행에서 선가의 90%를 대출받기 때문에 원리금 상환의 부담이 크다. 그래서 불경기가 닥치면 대출금 상환에 큰 어려움을 겪게 된다. 그런데, 일본에는 선주사와 운항사가 분리된 구조가 큰 비중을 차지한다. 선주사는 선박을 소유만 하고 운항하지 않는다. 대출금 상환 부담이 없는 운항사는 선주사에 용선료만 지급하면 되므로 불경기에도 큰 타격을 입지 않는다. 2000년대 후반 우리나라의 경우 10여 개의 선사들이 회생절차에 들어간 반면, 일본은 그렇지 않았던 근본적 이유도 바로 이런 차이점에 있다.

일본에서 운항하는 선박의 3분의 1인 1,000척은 이런 선주사의 선박이다. NYK, MOL과 같은 대형 선사가 장기 정기용선을 하여 용선료를 꼬박꼬박 낼 것이 확실하다. 대형 선사의 자금력은 은행 대출 시 담보로 작용하기 때문에, 금융기관으로부터 대출이 용이하다. 선주사는 건조가의 30%를 자부담하고, 70%만 대출받는다. 우리 선주들은 척당 90%를 6~7%의 이자로 빌리지만, 일본은 70%만을 1~2%의 이자로 빌린다. 금융비용에서 이미 우리 선주들은 경쟁력이 뒤떨어짐을 알 수 있다.

우리나라에는 규모가 작은 선사들이 운항을 겸하는 경우가 많다. 중소형 선사들에게 대출이자 등의 혜택을 부여하여, 이들이 자발적으로 선주사로 전환하도록 유도하는 것이 바람직하다. 규모의 경제와 탄탄한 영업력을 가지는 선사는 운항선사로 존속하면서 선주사들의 선박을 빌려서 사용하게 된다. 현재 1,100척인 우리 외항 운항 선박 중 10%인 110척을 선주사의 선박으로 전환하여 부·울·경에서 육성해보자.

우리나라 조선소는 연간 약 400척 정도의 선박을 건조한다. 그런데, 내수는 10% 내외로서 약 40척이다. 조선산업을 더 안정화시키려면 내수 비중이 더 높아져야 한다. 내수를 20%로 올리려면 기존의 40척에 추가하여 선주사가 연간 40척을 추가로 신조하면 된다. 10년이 지나면 선주사가 건조한 선박이 400척은 될 것이고, 우리나라는 약 1500여 척의 원양상선을 가지게 될 것이다. 우리 운항사들이 대량 화주들과 전략물자 등 장기운송계약 체결을 장려 및 제도화하여 선주사의 선박을 흡수하도록 해야 한다.

5만 DWT(재화중량톤수) 선박의 용선료를 일당 4만 달러라고 보면, 1년에 척당 1500만 달러(150억 원)의 용선료 수입이 있게 된다. 연간 40척이면 6,000억 원의 추가 용선료 매출이 발생한다. 40척에 척당 우리 선원이 10명 승선한다면 400명의 고용효과도 있다.

선주사의 육성은 선·화주, 조선의 상생으로 달성되어야 효과가 크다. 우리나라 선사들의 대출금 비중 90%를 70%로 낮추어야 한다. 30%를 선주사가 자부담을 하는데, 10%는 선주사, 10%는 화주와 조선소, 나머지 10%는 해양진흥공사, 항만공사 등 공적 기관이 제공하면 선·화주 조선 상생을 달성할 수 있다. 화주, 조선소, 공적기관이 선박에 대한 지분을 갖는 소유자로서 대출금 상환의무를 가지면서도 수익배당도 받는다. 선가가 올라가면 시세차익도 누릴 것이다.

현존하는 우리 선사들을 활용하여 경쟁력 있는 민간형 선주사를 육성하는 데는 시간이 오래 걸리고 이해관계의 해결도 쉽지 않을 것으로 예상된다. 해양진흥공사 등 국책은행이 금융형 선주사의 역할을 해서 민간형 선주사를 병행한 선주사 육성도 필요하다.

이와 같이 110척의 선박을 선주사의 소유로 전환유도하고 10년 뒤 전체 외항운항선박 1,500척의 30%인 500척을 부·울·경 소재 선주사가 소유하게 되면, 명실상부 세계 최고의 해사클러스터가 될 것이다.   (《부산일보》, 오선 뷰, 2020년 9월 6일)

2. 선박지분투자로 선사체질 개선해야

코로나 사태로 해운업계가 긴장하며 대책 마련에 부산하지만 다행히 아직까지 큰 적자가 났다는 소식은 없다. 원양해운업계가 자발적으로 공급량을 줄이는 '계선'과 같은 선제 조치를 했기 때문이다. 계선 조치는 선박을 운항하지 않는 것이다. 줄어든 운송 수요만큼 선박 공급량이 줄어 운임은 현상대로 유지될 수 있다. 그러나 이러한 계선 조치는 해운선사가 수입이 없어도 금융비용을 지출해야 하는 어려움에 봉착하게 만든다. 해운사들은 용선한 선박에 대한 용선료, 대출로 산 선박에 대한 대출금을 꼬박꼬박 지급해야 한다. 손님이 없어서 문을 닫았지만, 임대료는 지급하는 것과 같은 이치이다.

우리나라 해운선사는 대개 국적 취득 조건부로 용선한 선박을 보유해 대출금 상환 부담이 크다. 해운선사들은 선가의 10%만 내고 90%를 은행으로부터 빌려서 선박을 건조한다. 20년 동안 선가를 지급하고 나면 소유권을 취득하는 형식이다. 1,100억 원짜리 선박을 건조하면서 1,000억 원의 대출을 받았다고 하면, 20년 동안 평균 연 50억 원을 갚아 나가야 한다. 이러한 선박을 20척 가지고 있다면 연간 1,000억 원의 원리금 상환 부담을 안고 있다. 계선된 선박도 상당한 금액을 은행에 지급해야 한다. 현재 컨테이너 선박의 전 세계적인 평균 계선율이 15% 정도로 치솟았다. 수입이 전혀 없는 선박이라도 막대한 원리금 상환 부담이 있는 것이다. 우리나라 해운선사들의 선박금융은 많을 때는 30조 원에 달했으나 현재 5조 원 규모로, 원리금 상환액이 연간 1조 4,000억 원에 이른다.

현행 국내 선박금융의 구조를 소유와 운항이 분리되는 일본 같이 변경한다면 선사들은 운항만 하고 상환 의무를 부담하지 않게 된다.

일본은 2,300척의 운항 선박 중 1,000여 척은 선주사가 따로 있는 경우이다. NYK, K-Line 등 대형선사가 운항하는 선박의 30%는 선주사로부터 빌려온 선박이다. 원리금 상환 부담은 선주사의 몫이기 때문에 운항사는 타격을 작게 받게 된다. 이 같은 일본의 선대구조는 일본이 불황에 더 잘 견딜 수 있도록 해준다.

해방 이후 가난했던 우리 선사들은 선박을 보유하는 방편으로 국적취득 조건부 나용선(BBCHP) 제도를 도입해 오늘날까지도 대세를 차지하고 있다. 선가를 모두 지급하고 선박을 살 수 없었기 때문에 소유권을 유보하면서 운항하여 버는 운송료로 선가를 조금씩 갚아 20년이 지나면 완납하여 소유권을 취득하는 형태이다. 이 제도하에서 선사들은 단독 소유자인 동시에 운항사가 된다. 선가가 오르면 선사들이 큰 이윤을 얻기도 했다.

그렇지만, 이 제도는 불경기에 원리금 상환이 선사에게 큰 부담으로 작용한다. 이제 보완이 필요하다. 선가의 자기 부담을 30%, 은행 대출을 70%로 제한하는 등 선박금융구조에 대한 변화가 일어야 한다. 이렇게 하면 예를 들어 척당 월 50억 원의 원리금 상환액이 20%가 줄어들어 40억 원이 된다. 재무 능력이 없는 선사들이 어떻게 20%를 채울 것인가? 선박공유제도를 활용하는 방법이 있다. 해운선사가 선가의 10%, 화주 기업이 10%, 조선소, 부산시 혹은 항만공사 등이 10%를 투자하여 선박에 대한 소유권을 가지는 것이다. 이러면 해운선사의 대출 비중은 기존 선가의 90%에서 70%로 줄어들게 된다. 지금 당장 선박에 대한 지분투자는 매력적이지 않기 때문에 투자자를 찾기가 어려울지도 모른다. 구원투수로 한국해양진흥공사나 산업은행 등 국책은행이 나설 수 있을 것이다.

이 제도는 또한 해운업계의 오랜 화두인 선·화주 상생의 방안이 될 수 있다. 화주 기업들은 해상운송수단을 가지지 않고, 해운선사들이 힘겹게 장만한 선박을 활용한다. 화주 기업이 만든 물류 자회사는 포장, 통관, 하역, 운송, 창고 등의 개별 업무를 하나로 통합하여 서비스를 제공한다. 해운선사들의 선박 운항 제공은 물류회사들을 위한 필수 불가결한 것이다. 나아가 우리 정기선사들이 안정적이고 저렴한 선박 운항 서비스를 제공하는 것이 화주들에게도 유리하다.

부정기선으로 운송하는 석탄, 철광석은 해운선사에 적정 이윤을 보장하는 장기운송계약으로 표준화되어 있다. 화주들과 선사들이 서로 도움이 되기 때문에 이런 제도를 마련한 것이다. 정기선의 경우도 이렇게 상생이 되어야 한다. 화주 기업들은 해운선사들이 제공하는 서비스가 자신들의 종합물류 서비스에 필수 불가결한 것임을 인식해야 한다. 화주 기업이 해운선사가 제공하는 선박 서비스를 활용하여 얻는 이익의 상당 부분을 선사가 소유하는 선박에 투자하면 좋은 상생 방안이 될 것이다. 선주사 육성과 해운 관련 참여자들의 선박에 대한 지분투자는 우리 해운선사의 재무구조를 개선해 불황을 더 잘 견디게 해 줄 것이다. 《《부산일보》, 오션 뷰, 2020년 6월 7일)

3. 진정한 해사크러스트가 되려면

최근 필자는 일본에서 6개월간의 연구 생활을 마치고 귀국했다. 일본에서 인상 깊었던 시코쿠현 이마바리에 다녀온 이야기를 하고자 한다. 이마바리는 세계 최고의 해사클러스트를 자랑한다. 인구 10만 명 정도의 이마바리시에는 100여 명의 외항상선 선주사들이 500여 척의 선박을 소유하고 있다. 운항사가 이마바리의 선주사에게 선박을 주문하면 선주는 이웃한 이요은행에 가서 대출 계약을 체결하고, 이마바리 조선소가 선박을 건조한다. 선박등록처, 선급협회, 보험회사 및 변호사 사무실이 모두 이마바리에 존재한다. 이마바리 시내에서 선박에 관한 모든 일이 원스톱으로 처리가 가능하다.

우리나라의 경우와 비교해 보았다. 운항사들이 일본은 도쿄, 우리는 서울에 집중되어 있다는 점은 양국이 동일하다. 일본처럼 별도의 선주사가 우리나라에는 존재하지 않고, 운항사가 선주사를 겸한다는 차이가 있다. 조선소가 울산과 부산 그리고 통영에 있는 부분도 유사하다. 해양진흥공사 등 선박금융을 제공하는 관련 기관이 부산에 있는 점도 같다. 선급협회, 보험사의 지사가 부산에 있으니 이것도 동일하다. 하지만 우리 해사클러스트는 일본만큼 제대로 기능을 하지 못한다. 그 이유가 뭘까. 외형적으로 유사하지만 아직 우리는 경쟁력을 갖출 단계에까지 올라서지 못했기 때문이다.

일본에서 선주사는 선박을 소유하고 관리하는 일만하고 운항은 하지 않는다. 선주사는 운항사에 선박을 10~20년 장기로 빌려준다. 선주사는 이들 운항사가 지급하는 용선료로 은행의 대출금을 갚는다. 운항사는 워낙 튼튼하기 때문에 신용이 아주 높다. 그래서 은행으로부터 대출 이자도 낮출 수 있다. 선주사 자체도 튼튼해 선박 건조 시 혹은 중고선 도입 시 자기자본을 20%에서 30% 넣는다. 우리는 열악한 재무 상태 때문에 자기자본을 10%만 넣을 수 있다. 은행으로부터 90% 대출을 받아야 하는데 선박 자체로는 담보가 부족해 대출이자가 높을 수밖에 없다.

우리나라 선박 건조 대출이자율은 6% 정도인데, 일본은 1~2%다. 이미 4%의 대출이자율 차이의 불리함을 안고 있는 우리 운항사들은 일본과 경쟁하기가 힘이 든다. 우리 선사는 대출금 상환의 압박이 더 높고, 불경기가 오면 그 대출금을 갚지 못해 도산에 이르고 만다. 이런 경향이 해방 후 우리 해운을 지금까지 옥죄고 있다. 외부로부터 해운회사에 대한 투자도 난망하다. 우리나라 해사클러스트도 선주들에게 낮은 이자율의 선박금융이 이루어지도록 해야 한다.

우리나라도 일본과 같이 독립된 선주사 제도를 활성화해야 한다. 우리도 선주사는 선박 건조 시 30% 자기자본으로 하고 선가의 70%

만 대출을 하도록 하여 이자율을 낮추고 상환 부담을 줄여주어야 한다. 이렇게 하면 용선자에 낮은 용선료로 선박을 빌려줄 수 있다. 운항사인 용선자도 금융비용이 낮아지므로 화주에게 낮은 운임으로 제공이 가능하다.

한 척의 선박은 한 회사만 100% 소유한다는 고정관념에서 탈피해 선박공유제도를 활용해보자. 선주사는 자기자본을 10%만 투자하고, 해사클러스트를 형성하는 항만공사, 조선소, 해상보험회사, 화주, 물류 기업 등이 각각 일정한 몫을 선박에 투자하도록 하다. 이렇게 한 척에 30%의 자기자본을 마련한다. 이들 참여자도 선박에 지분을 가지는 것이다. 선주사의 주식이 아니라 선박에 대한 소유자가 되는 것이다. 용선자로부터 획득하는 용선료에서 선가의 70%인 대출금을 상환하고 나면, 이들은 자신의 소유 지분만큼 이익금을 배당받게 된다.

해운 불황기에 선뜻 투자를 할 사람은 없으니 세제상의 혜택을 주도록 하자. 선박은 지분을 갖는 조선소가 건조를 하고, 공동소유자인 해상보험회사에 가입하고, 지분을 가진 화주의 화물을 장기운송하게 된다. 상생하는 구조를 만들어 가자는 것이 필자의 제언이다. 부산 소재의 선주사가 이런 형태의 선박 120여 척을 가진다면, 우리 선사들이 운항하는 선박의 10%를 점유하게 된다. 선주사, 선박 금융사, 선박 관리사들이 주축이 된 부산 해사클러스트는 명실상부한 동아시아 해운산업의 중심이 될 것이다.

(《부산일보》, 오션 뷰, 2020년 3월 22일)

4. 선박투자회사제도의 활성화 방안

〈의의와 현황〉

선박투자회사제도는 IMF가 도래하여 선박건조와 보유를 확대하기 위하여 제안된 제도이다(2022.8. 시행). 선박건조를 하거나 중고선을 구매할 때 선박소유자는 통상 70%의 선가는 은행으로부터 대출을 받고, 30%는 자신의 자금을 투입하게 된다. 불경기가 심화되면 선박소유자는 자신의 자금을 투자할 여력이 없어진다. 선박소유자가 마련해야하는 금원 30% 마련의 부담을 일반투자자에게 돌리려는 시도가 바로 선박투자회사제도이다.

선박투자회사제도는 일반 투자자들이 투자를 하면 그 투자금을 모아서 하나의 펀드를 만들어 한 척의 선박을 건조하거나 중고선을 구입하는 데 사용된다. 70%는 선박 자체를 담보로 하여 마련된다. 선박 한척마다 독립된 선박투자회사가 하나씩 만들어진다.

선박운용회사가 투자자의 모집, 기금의 확보, 선박건조계약의 체결 등을 담당하게 된다. 건조된 다음 선박은 선박운항회사에게 넘겨지게 된다. 선박운용회사는 스스로 운항사가 될 수 없다. 이것은 투자자의 기금을 제대로 잘 관리하도록 하기 위함이다. 운항에 들어간 선박은 용선료의 수입이라는 수익을 창출하고 이를 투자자들이 나누어가지게 된다. 경우에 따라서는 매각을 하여 차액을 얻기도 한다.

지금까지 선박투자회사법을 이용하여 약 300여척의 선박이 우리나라 해상기업에게 제공되었다. 그런데, 용선료가 높이 책정되고 선가가 높아야 투자회사의 투자자들이 수익을 가져가게 된다. 2007년부터 2020년까지 13년 정도 해운은 불경기에 빠져서 선박에 투자를 하는 일반인들은 급격히 줄었다. 이를 대비하여 허용하였던 세액공제도 폐지되면서 더 어려워 졌다.

〈문제점〉

사전에 짜여진 구도와 같은 영업이 되지 않는 경우

선박투자회사법은 일반인들인 투자자들을 보호하기 위한 여러 장치를 마련하고 있다. 투자회사는 1선박 1투자펀드로 하는 것이다. 선박펀드는 1척의 선박만으로 구성되어 오로지 투자자의 재산을 보호할 수 있다. 1선박 1회사(A)로 하면 1회사에 해당하는 A회사의 책임을 B 회사가 책임을 지지않게 된다. 선박투자회사가 A회사를 SPC로 만들어 유일한 재산으로 한다면, 실질적으로 같은 선박소유자가 소유하지만, B투자회사의 선박으로 독립된 다른 SPC의 소유로 된다. 선박운항중 A의 책임에 대하여 B가 책임을 부담하지 않게 된다. 채무자 A에 대한 채권자는 그 채권을 가지고 B의 재산을 가압류할 수 없다.

그런데, 그 선박은 운항이 되어야하는데 운항자와 선체용선계약, 국취부 선체용선(BBCHP) 계약 혹은 정기용선으로 대선이 된다. 경기가 나빠지면 선박운항자는 선박 운항에서 적자가 나기 때문에 계약을 위반하면서 선박을 반선하게 된다. 아니면 용선료 인하를 요구한다. 반선이 된 선박에 대하여 다시 용선을 주어야하는데 불경기라서 적자나는 용선을 주게 된다. 투자자들은 이런 상황을 불안하게 본다. 그렇게 되면 투자를 하지 않게 된다.

정기용선이 되는 상황

선박투자회사법의 근간은 투자자의 보호에 있다. 선박은 수익을 창출해야하기 때문에 용선되어질 수 밖에 없다. 선박투자회사가 선박운항과 관련하여 책임을 부담하지 않으려면, 소유선박을 선체용선하여 주어서 선박에 대한 지배와 관리권을 모두 용선자에게 넘겨주어야 한다. 선박투자회사는 선박을 소유하는 이외에 영업을 할 수 없도록 하는 이유이기도 하다. 그런데, 선박을 정기용선주는 경우도 실무에서 나타난다. 정기용선을 주게 되면, 선박투자회사가 선박에 대한 지배와 관리를 해야한다. 이에 따라 손해배상책임을 부담한다. 이런 점은 선박투자자들을 불안하게 하는 요소이다.

해외에 SPC를 두는 점

선박투자회사법을 이용한 선박은 대부분이 해외에 치적을 한다. 여러 가지 이점을 누리기 위하여 선박을 해외에 치적한다. 그런데, SPC는 실체와 형식이 일치하지 않는다는 점에서 부정적인 인상을 주게 된다. 더구나 아무런 연결이 없는 종이회사를 해외에 만들어 선박을 등록하는 것이 정상적이지 않다는 느낌을 준다. SPC의 장점을 활용하더라도 이를 국내에 설치하는 것을 원칙으로 할 수 있다면 부정적인 이미지를 개선하여 선박투자회사법의 활성화에 이바지할 수 있을 것이다.

세제상의 혜택

일반투자자를 모으기 위하여는 이들이 투자한 금액을 회수할 시 수익에 대하여 세금 감면 등의 혜택이 있어야한다. 초기에는 이런 장점이 있었지만 지금은 일몰이 되어 제공되지 않는다.

〈선박투자회사법을 활성화 시키는 방안〉

민간 선주사와 결합시키는 방안

선박투자회사법은 투자회사의 위탁을 받은 선박운용사가 일반투자자들로부터 조성한 투자펀드를 활용하여 건조된 선박을 용선해주는 형태로 수입을 올리게 된다. 일정기간 소유권을 SPC가 가지다

가 이를 매각하여 매각차익을 실현하는 방안도 사용된다. 이런 영업
방식을 통하여 획득한 용선료 수입과 매각차익을 투자자들에게 분
배해준다. 이런 영업방식은 투자할 때와 비교하여 해운경기가 나빠
지면 용선료를 제대로 받지 못하거나, 매각을 하면 적자가 나게 되
므로 수익을 얻지 못하게 된다.

　민간 선주사가 개입되면 이런 문제점을 해결 할 수 있을지 구상
해본다. 민간 선주사제도에서 선주사는 운송영업을 하지 않고 선박
만을 소유하면서 정기용선을 주어 용선료수입을 얻는 방법으로 영
업을 한다.

　현재 선박운용사들이 선박투자회사법을 활용하여 영업을 하는 방
식은 민간 선주사 모델과 유사하다. 선박투자회사는 선주사 모델과
마찬가지로 해외에 SPC를 자회사로 설치해서 한척의 선박을 보유한
다. 또한 자신은 운항을 하지 않고 모두 용선을 준다는 점이다.

　다만, 투자회사법 상의 선박소유자는 매 투자회사마다 한척씩의
SPC가 있다. 지금까지 선박투자회사법을 통하여 350척의 선박이 제
공되었다고 한다면, 350개의 SPC가 있게 된다. 일본의 경우 쇼에이
기센과 같은 민간 선주사는 200척의 선박을 보유하고 있다. 선박투
자회사의 선박은 사실상 수많은 투자자들이 지분을 나누어 소유권
을 가지는 형태이다. 이것이 외부에 나타나는 것이 SPC 형태의 선
박투자회사이다. 그러므로, 현재 선박투자회사법상 선박펀드를 통하
여 만들어진 선박은 규모의 경제를 달성하지 못한다. 선주사는 SPC
에 등록된 선박을 한 기업이 수십척 소유하고 소유자로서 선박에
대한 사용, 수익, 처분권을 행사한다. 민간 선주자는 자신이 관리하
여 관리비를 절감하는 형식으로 수입을 올리고, 정기용선을 주어서
임대료를 얻는다. 그리고 선가가 올라가면 팔아서 매각차익을 실현
하기도 한다.

1. 구 조

선박운용사가 선박펀드 구조를 만들 때부터 70%는 선주사가 지분을 투자하고, 30%에 해당하는 것만 선박투자회사의 투자방식을 이용하는 것이다. 선박운용사는 이러한 공고를 하여 투자자를 모집한다. 선박은 동일하게 해외에 혹은 국내에 SPC로 설치된다. 선주사는 자신이 은행으로부터 대출을 받던 자금을 선박투자회사법을 통하여 조달하는 것이다. 선박의 등기는 SPC의 이름으로 되는 점은 변함이 없다. 실질적인 소유구조는 선주사 70%(선주사의 자금 10%, 은행으로부터 선박담보로 하여 60%대출), 선박펀드 30%가 된다. 이러한 펀드를 조선소 10%, 대량화주 10%, 항만공사 10%로 구성할 수도 있을 것이다.

2. 책임의 문제

이렇게 투자된 선박은 실제선주는 관리인으로 등장하고, 관리인이 선박운항사에게 선박을 임대하여준다. 운송계약의 체결은 선박운항사가 하는 것이다. 이런 구조는 기존의 선박운용사가 만들어준다. 선박운항사는 운송계약상 책임을 부담하고 선박투자자들의 책임과 아무런 관련이 없는 점은 동일하다. 선박의 운항방법은 다수 지분을 가진 선주사가 처리하게 된다. 일본형이라면 관리인이 SPC를 정기용선하여 주는 것이 일반적이다.

선박펀드(SPC) → 선체용선계약(선주사) → 정기용선계약 → 화주

3. 장 점

민간선주사가 영업의 주체가 되기 때문에 선박투자자들의 수입은 민간선주사의 영업력에 의존하게 된다. 현재의 선박투자회사법은 선

박을 빌려간 운항사들이 경기가 굽락하면 용선계약의 내용을 이행
하지 못하게 되어 선박을 반납하게 되면 처리가 곤란해지고 투자자
들이 투자금을 회수할 수 없다. 그러나, 민간 선주사는 영업을 대규
모로 지속적으로 하기 때문에 위험을 회피할 수단을 가지고 안정적
인 투자수익을 창출할 수 있다. 선주사는 오랫동안 영업을 지속하는
회사이므로 일시적인 불황에 선박을 반선하는 일은 없다. 민간선주
사의 육성법을 만들어, 선주사에게 일정한 보호제도가 도입되면 선
박에 지분투자를 하는 투자자들도 더 안정적이 될 것이다.

4. 단 점

선박투자회사는 하나의 선박에 대하여 모두 일반투자자들이
100% 지분을 가지는 것이지만, 본 모델에서는 소수지분만을 가지게
되어, 대선의 방법 등은 선주사가 가지는 점이 단점이 될 수 있다.
투자금 회수방법이 모두 선주사에 의존하게 되는 점이다. 다만, 이
점은 선박운용사가 처음부터 모델을 구성할 때 선주사와 협의가 가
능할 것으로 본다. 선가가 올라서 매각을 하게 될 때 매각차액의 대
부분은 선주사가 가지는 것이다. 이는 지분투자를 한 것이기 때문에
감수할 부분이고, 안정적인 수입을 얻는 대가로 상실하는 부분으로
판단된다.

선박투자회사를 기업도 가능하게 하는 것

현재의 투자회사법은 투자의 대상이 개인이다. 그렇지만, 기업들
도 선박에 지분투자를 할 수 있도록 대상을 확대하는 방안이 있다.
개인투자자로서는 대규모자금을 모으기가 어렵다. 대량화주들이 투
자를 하게 되면, 선박이 운항될 때 화물의 확보에 유리한 점도 있을
수 있다. 개인투자자 60%에 기관투자자 40%로 구조화시키는 방안
이 있다.

1. 구조와 책임

A라는 선박투자펀드를 개인투자자 60%에 기관투자자 40%(대량화주 10%, 조선소 10%, 항만공사 10%, 물류회사 10%) 구조로 지분투자를 구성할 수 있다. 선박투자자들에 대한 공모를 할 때 특별하게 제한적으로 공모가 가능한 도구를 만들어야한다. 선박운용사가 펀드의 조성을 책임지고, 선박운항자를 찾아서 용선계약을 체결하게 된다. 선박운항자가 대외적인 책임을 부담한다. 이 점은 현재 투자회사법의 운영과 동일하여 변함이 없다.

2. 장 점

기업들의 참여를 유도하여 선박펀드를 활성화시킬 수 있다. 선박펀드에 참여하는 자들은 조선소, 대량화주, 물류회사 등이기 때문에 선박의 건조, 화물의 확보, 안정적인 운송의 확보에 크게 도움이 된다.

3. 단 점

화주, 조선소, 항만공사와 같은 유관 기업 및 단체들을 어떻게 지분투자를 유도할 것인지가 문제된다. 이들이 현재의 해운시황을 비관적으로 본다면 지분으로 투자를 회피할 것이다. 장기적인 관점에서 선주와 조선소, 선주와 화주, 선주와 물류회사는 공생의 관계임을 이해하도록 해야한다.

선박처리 및 관리제도의 도입

선박투자회사법을 통하여 공급된 선박이 반선되어 오는 경우 이를 관리할 기구를 창설하는 것이다. 선박이 반선되어오면 재용선을 주어야하는데, 이 때는 시황이 아주 나쁠 때 일 것이기 때문에 용선료가 낮아서 손해를 보고 용선해주거나 아니면 선박을 저가로 매각해야한다. 경우에 따라서는 아까운 우리 선박을 해외에 매각하는 사태가 일어난다. 그렇지만, 경기는 곧 살아날 것이기 때문에 일정기간 최소한의 적자를 보면서 유지할 필요가 있다.

사전적으로 반선되는 선박의 처리에 준비를 하고 있으면 손해를 덜 보고 처리가 가능할 것이다. 투자회사선박 관리사를 설치운영하는 방안을 고려할 수 있다. 각 투자회사가 지분투자를 하여 관리사를 만들어 공동으로 관리하여 주는 것이다. 재대선 업무, 매각업무를 전담하면 선박운용회사가 혼자서 처리하는 것 보다 나을 것이다.

정기용선을 금지하는 입법

선박투자회사의 선박을 정기용선하여 주게 되면, 선박투자회사의 책임이 증대하게 된다. 손해배상책임을 용선자가 부담하게 해야하는데, 정기용선을 주면 현재 대법원의 판례에 의하면 정기용선자가 책임을 부담할 경우가 많다. 손해배상책임을 부담하기 때문에 책임보험에 가입해야한다. 선박을 선체용선을 주는 것에 비하여 법률적인 리스크에 더 많이 노출되게 된다. 이 위험을 피하기 위하여 정기용선 형태로 대선을 하지 못하게 해야 한다. 현재 법률은 이 부분이 불명확하다.

국내 SPC를 설치할 것

해외에 두는 SPC는 부정적인 인상을 준다. 외국의 금융회사가 개입되지 않은 경우에는 원화로 건조자금의 조달이 가능하다. 굳이 해외에 SPC를 설치할 이유가 없도록 국내에 SPC제도를 만들어주는 것이다. 국내에 선박등록특구를 두어 해외에 SPC를 하는 것과 유사한 지위를 허용해주면 된다. 등록특구에는 선박금융채권자에게 후순위의 선박우선특권을 인정해주는 것과 같은 내용을 담으면 될 것이다.

〈결 론〉

선박투자회사는 선박소유자가 선박에 대한 투자금이 없을 때 일반투자자로부터 투자를 받아서 선박을 제공하는 긍정적인 역할을 해왔다. 해운경기가 급락한 다음에는 선박투자회사가 활성화되고 있지 않다. 이것은 일반투자자들이 투자를 하지 않기 때문이다. 이를 활성화시키는 방안으로 선주사 모델을 선박투자회사와 접목시키는 방법 등을 제기했다.

제 2 장

수산, 해양, 역사

1. 어선충돌사고의 손해배상처리에 대한 제언

지난 15일 독도 근처의 한일중간수역에서 충돌사고가 발생하였다. 조업중인 우리 어선의 선미를 일본어선이 충격하였다는 사고원인에 대한 언론보도가 있었다. 우리 어선이 침몰하였지만 다행이 선원모두가 구조되었다. 일본 선박은 손해가 없다고 한다.

손해배상의 문제가 어떻게 처리될지 본다. 침몰된 한국어선의 선주는 손해배상을 받아야한다. 과실비율에 따라서 자신의 과실의 몫이 기여한 바는 자신이 부담하고 상대선의 과실부분에 대하여는 손해배상청구를 할 수 있다. 따라서 선박충돌에서 과실비율이 얼마인지 구하는 것이 중요한 작업이 된다.

항해중 충돌을 피하기 위하여 각국 선박이 지켜야하는 국제조약이 있는데 이를 국제해상충돌예방규칙(COLREG, 이하 국제규칙)이라고 한다. 한국과 일본 모두 국제규칙을 국내법화하였다. 한국의 해사안전법과 일본의 해상충돌예방법이 그것이다.

양국 모두 국제규칙을 비준한 체약국이다. 국제규칙 제18조에 의하면 어로작업중인 선박은 일반동력선에 비하여 우선권을 갖고 일반동력선은 어로작업중인 어선을 피하여야 한다. 조종성능이 제한되지 않았다면 우선권을 부여받을 수 없다. 이는 조종성능이 우수한 선박이 열등한 선박을 피하라는 원칙에 따른 것이다. 사고당시 우리 어선이 양망중이었다고 하는 바 조종성능을 제한하는 어구를 단 상태였다면 제18조에서 말하는 우선권을 가지는 어로작업중인 어선에 해당할 것이다. 그렇다면 일본 어선이 우리 어선을 피하여야 할 지위에 있었다는 것이 된다.

만약, 일본 선박이 우리 어선을 추월 중 발생한 사고라면, 역시 추월선이 더 큰 책임을 부담하게 될 것이다(제13조). 만약 안개가 낀 상태였다면 양 선박은 동등한 주의의무를 부담하게 되어 과실비율의 차이는 없게 된다(제19조).

이렇게 하여 산정된 과실비율이 한국선박과 일본선박이 2 : 8이라고 한다면, 현재 우리 선박의 침몰선 선체손해가 50억원이고 상대선의 손해는 없다고 본다면 일본선박으로부터 80%에 해당하는 40억원을 배상받으면 된다.

한편, 우리 어선은 수협 등에 선체보험이 가입돼있을 것이고 보험자의 면책사유가 없는 한 선체손해보험금 50억원을 먼저 보상받고, 우리 어선선주가 일본선주에 대하여 가지던 손해배상청구권을 가지고 보험자가 대신하여 일본선주에게 청구하게 된다. 일본어선 선주도 이러한 경우를 대비하여 책임보험에 가입하고 있거나 아니면 선체보험에서 상대방에 대한 손해를 배상하게 된다.

손해배상의 문제는 통상 양 당사자의 보험자들이 나서서 처리하게 된다. 당사자들이 합의하여 과실비율을 정하여 정산을 하면 된다. 합의가 이루어지지 않으면 법원에 소를 제기하여 민사소송이 진행되게 된다.

그 밖에 해사중재에서 분쟁을 해결하는 방법이 있다. 지난 2월 설립된 서울해사중재협회(SMAA)의 임의중재(www.smaa.kr)에서는 선박충돌 해사중재가 가능하도록 선장 출신을 해사중재인으로 두고 있는 등 특별한 제도(규칙 제54조 이하)를 마련하고 있다. 양 당사자들이 과실비율의 산정을 포함한 선박충돌의 손해배상문제를 해결한다는 합의를 먼저 해야 한다. 양 당사자들이 선박충돌전문가를 1명씩 지명하고 이들이 제3의 의장중재인을 지명하면 심리를 거쳐서 판정을 내리게 된다. 이 판정은 법원의 판결과 동일한 효력을 갖는다. 전문가에 의하여 신속하게 저렴하게 단심으로 종결된다는 점이 큰 장점이다.

한국과 일본 모두 해양사고의 원인을 판단하여 선원을 징계하는 해양안전심판제도를 가지고 있다. 이들은 원칙적으로 행정심판을 하는 곳이지 손해배상의 문제를 다루는 곳은 아니다. 우리나라 해양안전심판원은 충돌사고에 대한 원인제공의 정도를 정하여주기는 하지만 이는 행정심판의 목적으로 정하는 것이다. 민사에서 활용되기도 한다. 그렇지만 해심도 2심을 거쳐야하므로 시간이 많이 걸리고 일본의 선주가 이를 얼마나 신뢰하고 받아줄지도 의문이다.

한국이던 일본이던 법원의 판사가 항해경험을 가지는 선박충돌 전문가일 수 없는 실정이고, 소송이 시작되면 최소 2심까지 가는 등 시간이 오래 걸리게 되고 변호사 비용 등 비용이 많이 발생하게 된다. 선박충돌에서 과실비율을 산정하는 데에는 특별한 지식과 기능이 필요한 만큼 선박충돌전문가들을 중재인으로 활용할 수 있는 해사중재를 통하여 처리하는 것이 법원의 소송보다 더 효율적일 것이다.

(《현대해양》, 2018년 11월 16일)

2. 낚시어선 승객의 보험상 보호에 대하여

지난 11일 통영 앞바다 공해에서 낚시어선 '무적호'(최대정원 22명)와 상선과의 충돌사고가 발생하여 승선원 14명 중 선장 및 승객 3명은 사망하였고, 승객 1명이 실종되었다. 이 가운데 낚시어선의 피해자에 대한 보상 문제가 가장 큰 문제로 관심을 끈다.

충돌사고의 상선은 일본의 스미토모가 파나마 선주로부터 정기용선을 한 선박이다. 이에 충돌사고로 인한 손해에 대하여는 선주 혹은 정기용선자 중에서 누가 책임의 주체가 되는지가 문제가 된다. 일본과 한국 모두 정기용선자의 대외적인 책임에 대하여는 명문의 규정이 없다. 일본 대법원은 정기용선자가 책임의 주체라고 하지만 우리 대법원은 선주가 책임의 주체라고 본다. 사고를 직접 야기한 선장 이하 해기사는 선주의 피용자이지 정기용선자의 피용자가 아니다. 선박충돌은 선원의 과실로 인한 것이므로 선원의 사용자에 해당하는 선주가 책임을 부담하는 것이 정당하다.

어느 나라 법이 적용될 것인지도 문제된다. 공해에서 발생한 사고에 대하여 국제사법에 의하면 선적국법 혹은 가장 밀접한 국가의 법이 적용된다. 낚시어선의 선적이 우리나라이고 사망한 선원들이 우리나라 선원이므로 국내법이 준거법으로 될 가능성이 높다.

만약, 국내법이 준거법이 된다면, 우리나라 상법, 선박충돌법에 의하면 낚시어선에서 사망한 승객들은 과실있는 상선 및 낚시어선 선주에 대하여 100%를 청구할 수 있는 연대책임을 부담하게 된다. 침몰한 낚시어선 자체의 손해는 분할책임으로 해결된다. 인적 책임이나 물적 책임 모두 과실비율에 의하여 손해범위가 결정된다.

선박충돌사고에서 과실비율은 항법위반의 정도에 따라 정해진다. 항법은 통상적으로 국제규칙인 국제해상충돌예방규칙(COLREG)에 의한다. 이를 국내법화한 해사안전법에서는 선박횡단상태가 되면 피항선은 적극적으로 유지선을 피하여야 한다(국제규칙 제15조)고 규정돼 있다. 피항선은 통상 65%, 유지선은 35% 정도의 과실비율을 부담하는데 정선하고 있어도 우선권을 가지지 못하고 일반항법이 적용된다.

낚시어선의 선장의 유족은 어선원 및 어선재해보상보험법 제27조에 따라 유족급여를 받을 수 있다. 유족은 낚시어선의 선주가 가입한 수협중앙회가 운영하는 어선원보험으로부터 유족보상을 받게 된다.

승객의 손해를 담보하기 위하여 낚시어선은 승객 1인당 최소 1억 5,000만원의 책임보험에 강제 가입하여야 한다(낚시 관리 및 육성법 제48조). 실제로 무적호는 수협의 선주배상책임공제에 여객수 20인에 대하여 1인당 1억 5,000만원의 책임보험에 가입하였다. 무적호의 유족은 1억 5,000만원을 수협공제에서 지급받고, 나머지 액수는 무적호 선주 및 상선에 청구가 가능할 것이다. 상선은 선주책임제한 제도의 혜택을 받는데 상선은 총톤수 3,200톤으로 인적 책임은 약 27억원으로 물적 책임은 약 10억원으로 제한된다. 낚시어선의 경우 20명 모두가 사망한 경우 1인당 배상액을 평균 약 3억원으로 보아도 최소한 배상액은 60억원이 될 것이다.

본 사안과 같이 낚시어선의 선주의 책임보험가입금액이 1억 5,000만원으로 적은 금액일 뿐만 아니라 경제적으로 열악한 어선 선주로부터 나머지를 보상받기도 어렵다. 또한 연대책임을 부담하는 상대방도 책임제한액수가 낮으므로(본 사안의 경우 책임제한액수가 약 27억원으로 총배상액인 60억원보다 낮다) 낚시어선의 유족들은 충분히 보상받지 못한다. 승객을 보호하기 위한 강제보험 가입금액의 한도를 높여할 것이다. 안전사고를 예방함으로써 사고율을 낮추어 보험료도 낮게 가져가야한다.

《현대해양》, 2019년 1월 23일)

3. 동해대표수산물에 대한 단상

어릴적 부터 경북 영덕 축산항에 살면서 접했던 동해안 수산물에 대한 소개와 품평을 전하고자 한다.

꽁치

동해를 대표하는 어종은 꽁치와 오징어이다. 꽁치는 봄에서 가을에 걸쳐서 많이 나는데, 계절적으로 겨울을 제외하고는 상시 맛 볼 수 있는 수산물이다.

유자망을 바다 아래 수 미터 내리면 지나가던 꽁치가 걸려든다. 그물채로 배에 싣고 항구로 돌아와 어판장에 내리고는 선원들이 꽁치를 털어 낸다. 그렇기 때문에 산 꽁치는 없다. 이와 같이 꽁치는 활어상태로 운반되지 않기 때문에 횟집 수족관에서 꽁치를 접할 수 없는 것이다.

꽁치회는 오직 선원들만 누리는 특혜이다. 잡은 지 몇 시간이 지나면 회로 먹지 못할 만큼 살이 부드럽다. 소금을 쳐서 구워 먹어도 맛있고 칼로 마구쳐서 볼을 만들어 각종 야채를 넣고 먹는 꽁치국도 일품이다.

꽁치 과메기도 널리 알려졌다. 꽁치를 길이 방향으로 반으로 잘라 그늘진 곳에 두면 피덕 피덕해진다. 이를 미역과 곁들여 먹으면 맛이 일품이다. 기름끼가 너무 많아 좋아하지 않는 사람들을 위해 꽁치를 볕에 말린 다음, 고춧가루를 뿌려서 먹길 추천한다.

꽁치 먹는 백미는 단연 꽁치 식혜(젓갈)이다. 꽁치를 장독 안에 넣어서 1년 정도 지나면 꽁치가 삭혀진다. 그중에 통상 꽁치의 액젓만 시판되지만, 동해안에서는 삭혀진 꽁치 자체를 반찬으로 먹는데 지역사람들은 최고로 손꼽는다. 그런데 최근 꽁치 식혜 제조법이 전수되지 못하고 있어 대가 끊어질 지경이라는 안타까운 소식이 들려온다.

오징어

최근 연초에 오징어 대풍을 맞이했다는 소식이 동해안 어업인들의 활력을 불러 일으켰다. 오징어 조업을 하는 채낚기 어선에 밝은 불을 켜는 전구가 수 십개가 달려있다. 오징어가 밝은 불을 보고 달려들면 이 때 낚시줄을 내려 잡는다. 바늘에 걸려서 올라온 것이기에 활어 상태로 항구까지 운반할 수 있다.

도시 사람들은 오징어 회를 좋아하는 편이지만 동해안에서는 질기다고 평가되기 때문에 회로서는 잘 먹지 않는 것이 특징이다. 오징어는 말려서 오랫동안 보관하여 먹어도 맛이 구수하다. 오징어 안의 내장을 국을 끓여서 먹으면 맛이 일품이다. 오징어 속을 해체하지 않고 시커먼 먹물만 조심스럽게 빼어내 그대로 삶아 칼로 몸체를 10등분하면 구수한 오징어 내장을 비롯한 다양한 맛을 한번에 맛볼 수 있다.

3일 정도 말린 피데기를 구워서 먹으면 덜 질겨서 먹기 좋다. 그렇지만, 완전히 마른 상태가 아니기 때문에 고유의 구수한 맛이 떨어진다는 단점이 있다. 예전에 어머니들이 오징어 건조를 하면서 10개 다리 중 1~2개를 뜯어내어서 아이들 도시락 반찬으로 만들어 주셨다. 마른 오징어 다리가 8개가 있는 경우는 이런 연유 때문일 수 있다.

도루묵

꽁치와 오징어는 흔한 생선이었다. 이보다 낮은 등급이었지만, 이들보다 더 고급으로 승격된 수산물이 있다. 조선시대 선조 임금 일화와 관련있는 도루묵이 그것이다. 겨울에 많이 나는 도루묵은 당시 너무 담백해서 별 맛이 없는 수산물로 선원들이 횟감으로 종종

먹곤 했다.

최근에서야 이 도루묵의 담백함이 빛을 보게 됐다. 된장을 넣고 끓이면 그렇게 맛있을 수가 없다. 알이 가득 찬 도루묵이라면 뽀독뽀독 씹어 먹는 식감도 느낄 수 있다.

실제로 먹어보면 알이 없는 도루묵 찌개가 더 맛있다. 그래서 영덕 식당에 가면 반드시 물어본다. "알이 있는 것과 알이 없는 것 어느 것을 원하시는지요"라고.

영덕대게

영덕대게는 11월과 4월에 걸쳐서 영덕 앞바다에서 난다. 영덕은 군소재지이고 내륙지방이라서 영덕에서 직접 대게를 잡는 것이 아니다. 축산항, 강구항에서 나는 대게를 영덕대게라고 부른다.

사실 대게는 축산항의 차유라는 곳이 원조이다. 축산항에는 대나무로 덮힌 산인 죽도산(竹島山)이 있다. 여기에서 나는 게인데 다리가 대나무처럼 길다고 하여 대게로 불려지게 됐다고 조선 초 유학자 권근 선생의 양촌록에 나온다.

대게는 삶아서 먹는 방법이 유일하다. 가위로 다리와 몸통을 짤라서 속살을 먹는다. 도시 사람들이 선물을 받으면 몰라서 버리기도 하는데, 몸통 안에 게장이 대게 맛의 핵심이다. 검은 색이 도는 대게 내장에 몸통의 살을 함께 넣고 게 몸통의 크기에 찰 만큼의 밥을 넣는다. 5순가락 정도가 되겠다. 여기에 참기름을 조금 넣고 비벼서 먹으면 맛이 기가 막힌다. 이것을 먹지 않고서는 영덕대게 먹었다고 할 수 없다.

가게에서 주인장이 대게장을 해준다고 하더라도 본인이 직접 이렇게 먹는 것이 낫다. 왜냐하면 주인장은 여러 사람이 같이 먹도록 하기 위하여 밥을 너무 많이 넣는데 게장의 양은 정해져있으니 맛이 떨어지기 때문이다.

대구 · 방어

동해안 겨울 생선 중 가장 비싼 귀한 수산물로 대구가 있다. 하나도 버릴 것이 없다. 대구는 국을 끓이면 맛이 최고이다. 살이 부드럽고 담백하다. 아가미는 아가미 식혜로, 대구의 알은 알 식혜로 만들어 먹었다.

가끔씩, 겨울철에 방어가 정치망 어장에 드는데, 너무 비싸고 귀하여 지역 사람들은 먹지도 못했다.

고래 · 물곰

2년에 한번 정도 돌고래가 잡히기도 했다. 꼽새기라고 불리는데 이 때 고래고기를 맛 볼 수 있었다. 생김이 아주 작은 곰처럼 시커멓게 생긴 물곰도 특색있는 수산물이다. 부산에서는 물곰치라고 부르는데 살코기가 너무나 부드러워, 흐늘흐늘하다. 다른 양념도 필요 없이 시원한 무우에 고춧가루를 조금 넣어먹으면 아침 해장국으로 그만이다. 겨울에만 나는 이 수산물은 얼마나 인기가 좋은지 한 마리에 20만원 거뜬하다.

최근 어족이 감소하고 해수온도의 변화로 동해안 대표 수산물 꽁치와 오징어를 비롯한 다양한 수산물을 접하기 어려워질까 우려되는 상황이다. 동해안을 대표하는 수산물들이 지속적으로 국민들의 식탁에 오르기 위해 관심이 모여야 할 때이다.

〈〈현대해양〉, 2019년 2월 8일)

4. 김, 미역 그리고 성계알

동해안의 어촌에서 어민들이 살아가는 방법은 다양하다. 어선을 소유하는 선주들은 바다의 고기를 잡아 수입을 올린다. 그 선박에 승선하는 선원들은 근로의 대가로 봉급을 받는다. 오징어 건조와 같이 건조작업을 통하여 수입을 얻기도 한다.

이외에도 고기가 아닌 바다에서 산출되는 다른 해초류 등으로 고정된 수입을 얻는 방법도 있다. 김과 미역 그리고 성게 알의 상품화가 그 좋은 예이다.

겨울이 되면 동네 아낙들은 바닷가 바위로 나간다. 바위에 가면 검은 색 김이 자라나있다. 이것을 철로 된 도구로 긁어 낸다. 몇 시간이 걸려 이 바위 저 바위를 이동하면서 상당한 량의 김을 모은다. 집에 와서 물위에 놓은 발위에 김을 담그고 돌을 걸러낸다. 그런 다음 발위에 사각형 상자를 두고 김을 가늘게 펴서 놓는다. 이렇게 몇 일이 지나면 상품으로 유통되는 김이 만들어진다.

김은 파래와 구별하는 것이 중요하다. 파래를 넣게 되면 김의 상품성이 떨어지게 된다. 1970년대 당시 김은 고급식품으로서 소금을 친 김과 이밥(쌀밥)을 먹을 수 있다면 호강하는 식사가 됐다.

지난 2017년 우리나라는 김수출 5억 달러를 달성하였다. 물론 양식김이 가능해지면서부터 이와 같은 김 수출이 가능 해졌다. 전통적인 돌김 생산이 그 밑거름이 되었을 것이다.

미역은 동해안 영덕 지방의 특산품 중의 하나이다. 고향의 어머니는 5월이 되면 돌미역 한오리를 꼭 우리 집으로 보내주신다. 생일국을 끓여 먹으라고 하면서.

돌미역은 마음대로 채취를 하지 못한다. 어촌계가 짬이라는 것에 대한 소유권을 가지는데, 해마다 입찰을 하여 사업자가 짬을 임대하게 되면 그 사람만이 바위에 붙은 미역을 채취할 권리를 가진다. 짬에 있는 미역은 따뜻한 봄날인 4월에 채취하게 된다. 채취권자가 사람을 동원해서 물아래 바위에 자란 미역을 따서 작은 배에 가득 싣고 오게 된다.

동네 아낙들은 발에 미역을 말리는 작업에 동원된다. 대나무로 만든 발에 1미터 길이에 폭 40센티미터 크기의 미역 오리를 만든다. 몇일 지나면 완전히 건조되어 상품화된다. 돌미역은 산모의 산후조리에 좋다고 널리 알려져 있다. 이외에도 높은 파도가 치게 되면 미역이 자연스럽게 바위에서 떨어져 모래사장에 밀려오는 경우도 있다. 이것은 무주물이므로 먼저 보는 자가 임자가 된다. 그래서 바닷가에서는 새벽같이 일어나 모래사장에 뭔가 떠내려 온 것이 없는지 살피는 아낙네들도 상당하다.

이런 자연산 돌미역에 양식미역이 도전장을 내 민지도 오래되었다. 사람에 따라서 양식미역을 좋아하는 이도 있고 돌미역을 좋아하는 이도 있다. 동해안의 경우 돌미역이 선호되어 양식미역보다 더 비싸다.

초등학교에 다닐 때 친구집에 가면 해녀가 잡아온 성게를 칼로 중간을 잘라서 노란 알을 꺼내는 작업 광경을 흔히 볼 수 있었다. 어디서 성게를 그렇게 많이 잡아오는지 큰 통에 가득 채운다. 다음 과정에서는 술 냄새가 났었는데, 지금 생각하니 오랜 기간 보관을 위하여 약품처리를 한 것으로 추측된다.

몇일 뒤 가보면 큰 통이 보이지 않는데 일본으로 보냈다고 했다. 친구네 집이 성게알을 상품화하여 일본에 수출하는 일을 한다는 것을 알게 됐다. 워낙 고가의 귀한 것이라서 한점 얻어 먹기도 어려웠다. 한번씩 바닷가에서 성게를 잡아 먹게 되면 달큰한 것이 참 맛있었다. 성년이 돼 일식당에 가면 식사에 조금 나오는 성게를 먹을 때마다 그 친구네가 생각나곤 했다.

그런데, 몇 년 전 고향 집에 갔더니 성게가 많이 나고 있다는 것이었다. 수출이 안되어 해녀들이 잡아온 성게를 직접까서 작은 통에 넣어 판매 한다는 것이었다. 해녀들이 성게 작업을 하는 장소를 찾아가보았다. 성게 알이 가득한 작은 통이 2만원밖에 하지 않는다. 성인 밥그릇으로 두 개를 가득 채울 분량이다. 한통을 사서 집에 와서 미역국에 넣어서 먹기도 하고, 밥에 비벼먹기도 했다. 참 맛이 있었다. 우리 국내 소비자들이 식탁에서 쉽게 성게 알을 맛볼 수 있다는 점은 다행이지만, 한편으로 성게 알 수출이 부진하게 된 점은 아쉽기도 하다. 이제는 여름에 고향에 가서 성게 알을 몇 통씩 집으로 사오는 것이 즐거움이 되었다.

세월이 흘러가면 나이가 들고 가족이나 지인들이 세상을 떠나게 되고 후배들이 그 자리를 차지하게 된다. 그렇지만, 동해 바닷가에서는 김, 미역 그리고 성게 알이 세월의 흐름에 상관없이 여전히 산출되어 주민들에게는 수확의 기쁨을, 국민들에게는 영양을 제공하여 준다. (〈현대해양〉, 2019년 9월 18일)

5. 수산물 중도매인을 보호하자

어민들이 어획한 수산물은 지구별 수협 위판장의 경매를 통하여 중도매인들이 낙찰을 받아서 서울 등으로 보내진다. 동해안의 경우 각 지구별 수협에 20명에서 30명 정도의 중도매인들이 있다.

서울 등 도시의 상인들은 수산물이 필요한 경우 현지사정을 잘 아는 중도매인에게 특정한 수산물을 사서 자신에게 보내달라는 즉 매수위탁을 부탁하게 된다. 이러한 수산물 중도매인의 법적 지위는 상법상 위탁매매인이다(상법 제101조). 중도매인은 자신의 이름으로 그러나 위탁자의 계산으로 수산물을 응찰, 매입하게 된다. 자신의 이름으로 수산물을 매입하는 것이므로 수협과의 관계에서 중도매인은 매매계약의 당사자가 된다. 따라서 매매계약에 따른 대금지급의무를 부담하는 자는 위탁자가 아니라 현장의 중도매인 자신이다(상법 제102조). 중도매인이 수산물을 서울로 올려 보내주면 위탁자가 수산물 대금을 지급하면, 중도매인은 자신의 수수료를 제하고 수협에 어대금을 납부하게 된다. 이렇게 되면 거래가 정상적으로 순조롭게 종료된다.

그런데, 위탁자가 어떠한 사정으로 대금을 지급하지 않거나 못하게 되면, 대금지급의무를 현지에서 부담하는 중도매인은 자신의 자금으로 먼저 대금지급을 하게 된다. 통상 15일의 유예기간이 있지만, 이를 지나면 연체이자를 자신이 부담해야하기 때문이다. 일정한 기간이 지날 때까지 어대금을 받지 못하고 신용한도에 다다르게 되면, 수협은 중도매인이 담보로 제공한 건물 등을 매각처분하게 된다. 이 담보물은 수협도 어민들에게 어대금을 지급해야하므로, 매매대금이 미지급되는 경우 이를 지급받기 위하여 중도매인으로부터 미리 확보해둔 것이다. 이러한 과정을 거치는 것이 중도매인과 관련된 현재의 수산물 유통구조의 현상이다.

중도매인은 수산물 생산자인 어민과 소비자를 연결시켜주는 중요한 기능을 행함에도 불구하고, 유통구조상 대단히 불리한 지위에 있다. 매수위탁의 경우, 중도매인이 매매계약의 당사자가 되기 때문에 매도위탁때와는 달리, 대금지급의무를 부담한다. 자신을 보호하기 위하여 위탁자에게 담보제공을 요구하고 또 제공받아야 하지만, 이것이 불가능한 현실이다. 그가 그러한 담보를 요구하면 위탁자는 다른 중도매인을 찾아가버릴 것이기 때문이다. 이런 상태가 지속되어 현지의 중도매인은 그 사이 위탁자로부터 매매대금을 수령하지 못하고 자신은 수협에게 대금을 지급해야함으로써 도산에 이르는 경우도 많았다. 한편, 매도인의 지위에 있는 지구별 수협은 중도매인으로 하여금 각종의 담보제공과 연체이자제도를 운영하고 있어서 충분히 보호된다. 이러한 중도매인제도의 개선을 위하여 2015년 수산물유통관리 및 보호에 관한 법률(이하 수산물유통법)을 제정하여 '산지중도매인'이라는 용어를 수산물 중도매인에 사용하면서 규율하고 있다.

상법상 중도매인은 위탁매매인이지만, 상법상 매수위탁의 경우 중도매인을 보호할 실효성 있는 제도가 없다. 수산물유통법상으로도 마찬가지이다. 현행법상 이들이 직접상인이 될 수 있으므로, 직거래를 하여 이문을 남겨 위탁매매에서 발생한 손해를 전보하는 포트폴리오 전략만이 있을 것 같다.

만약 중도매인이 없다면, 지구별 수협이나 어민들은 직접 서울의 수요자와 거래를 해야한다. 이 경우 서울 등의 매수인으로부터 대금을 받지 못할 위험은 수협이나 어민들이 가지는 것이다. 그렇다면, 이 위험을 중도매인이 대신 부담하는 형태가 현재의 유통구조라고 볼 수도 있을 것이다. 이러한 유통구조상 중도매인이 행하는 공익적인 기능과 그에게 편중된 위험부담을 완화할 정책적 배려가 필요한 시점이다.

이에 다음과 같이 제언하고자 한다.

첫째, 중도매인의 공익적 성격을 반영하여 지구별 수협은 매매일 15일 이후에 발생하는 연체이자율을 낮추어주고, 연체발생 일도 15일에서 30일 이상으로 늘려주어야 한다. 실질적인 매수인은 위탁자임에도 법률상 중도매인이 매수인이 되어 납부의무를 부담하고 그 댓가로 그가 받는 수수료는 극히 작은 액수라는 점이 고려되어야한다. 중도매인으로 하여금 물적 담보를 제공받으면서도 이에 추가하여 인보증까지 요구하는 지구별 수협이 있다면 이는 더 이상 운영하지 말아야한다.

둘째, 중도매인에게 대금지급을 담보하는 보장계약을 체결할 의무를 위탁자에게 부과해야한다. 위탁자가 15일 연체기간이내에 대금을 지급하지 못하면 보장계약을 체결한 보험자에게 청구하면 보험금형식으로 대금을 확보할 수 있는 제도이다. 위탁자가 보험계약자가 되고 중도매인이 피보험자가 되는 이행보증보험이 될 것이다.

셋째, 중도매인들도 위탁자의 부도로 인한 손해에 대하여 그 손해를 담보하는 보험에 가입하도록 한다. 신용보험이 된다. 중도매인들이 자신이 보험계약자가 되고 피보험자가 된다. 대금을 수령하지 못하는 것이 보험사고가 된다. 공익적 성격이 있기 때문에 수협중앙회가 운영하는 정책보험으로 구성하고, 보험료도 저렴하게 낮춰야 한다. 중도매인들이 조합을 결성하여 공제제도를 운영하여 스스로를 보호하는 것도 하나의 방법이다.

넷째, 수산물유통법의 개정이 필요하다. 위탁자도 적용의 대상으로 하여 이들이 중도매인과 함께 표준계약서를 사용하도록 해야한다. 여기에는 위탁자는 대금지급을 위한 담보를 제공한다는 내용이 포함될 것이다. 각 지구별 조합이 각자의 기준으로 운영되는 연체율 등에 대하여 수산물유통법에 규정화한다.

수산물을 어획하는 어민들과 소비자를 연결시켜주는 중요한 매개 기능을 하는 중도매인이 부도 걱정없이 안정되게 영업을 할 수 있는 법제도가 하루속히 마련되어 과정이 공정하고 결과는 정의로운 수산물 유통구조가 되어야 겠다.   (《현대해양》, 2019년 11월 5일)

6. 중국어선의 북한수역입어에 따른 피해자 보호대책

어릴적 나의 고향 경북 동해안 축산항에서 오징어는 대단히 중요한 기능을 했다. 선주는 선주대로 주민은 주민대로 오징어로 수입을 올렸다. 특히, 주민들은 9월에 100만원을 투자해 오징어 건조작업을 하면 3월에는 300만원 정도 벌 수 있었다. 목돈이 없는 어촌주민들에게 오징어는 보배 같은 존재였다.

금징어 원인은 중국어선 불법조업

최근 역대급 오징어 흉년으로 동해안 어민들은 울상이다. 지금과 같이 오징어가 금징어가 된 이유는 높아진 수온이 첫 번째, 2004년부터 시작된 중국어선의 북한수역 입어가 또 다른 원인으로 꼽힌다.

1,000여척이 넘는 중국어선들이 북한수역에서 쌍끌이 방식으로 오징어를 포획하니 회유성 어족인 오징어가 우리 동해로 남하하지 못하고 있는 것이다. 특히, 지금은 오징어 작업이 끝날 철인데 흉작이 극심해 어민들의 생계에도 지장을 미치고 있어 지난 22일 대책위원회가 구성돼 어민들은 합심해서 대응책 마련을 호소하고 있다.

동해안에 오징어가 나지 않자, 그간 어민들은 대화퇴와 러시아수역으로 조업하러 나갈 수밖에 없었다. 정부와 근해 오징어잡이 선박 선주들은 러시아 정부와 접촉하여 러시아 수역에서 오징어 조업이 가능하도록 총 6억원(2019년 기준)에 해당하는 입어료를 주고 어업권을 매입했다. 우리 어민들은 현재 5,000톤의 오징어를 잡을 수 있지만, 대화퇴에서 조차 대규모의 중국어선들이 비집고 들어와 우리나라 어선들이 밀려나고 있다. 올해 러시아수역으로 오징어잡이 어선 70여척이 출어했지만 쿼터의 10%인 488톤 정도만 채웠을 정도로 생산량이 저조했다.

유엔해양법상 배타적경제수역(EEZ)에서 연안국은 생물자원에 대한 관할권을 가진다(제56조 제1항). 북한과의 외교관계가 없기 때문에 우리나라가 북한수역 입어권을 사서 조업할 수 없고, 이에 북한은 중국에 조업권을 매각하는 바, 사실상 유엔안보리 결의안(제2397호 제6호) 위반임에도 불구하고 현실적으로 우리나라가 강력하게 제재를 가하지 못하고 있다.

생존기로 어민들에게 공적자금 투입해야

이 과정에서 피해는 고스란히 우리 어업인들이 떠안고 있다. 근본적인 대책은 무엇인가?

이 사태가 발생하기 이전의 즉 2003년 상태로 되돌려주는 것이 근본적인 대책일텐데 상실된 어장을 대체할 만한 어장이 어업인들에게 제공돼야 한다는 점에서 현재 추진 중인 러시아수역 입어가 좋은 예이다. 하지만 플랜B 없이 오직 먼 해역까지 가야하는 우리 어민들을 위한 국가 지원이 필요해 보인다.

축산항 '수정호'의 경우에 2개월 반동안 러시아 캄챠카 수역에서 오징어 조업에 나서, 8,000만원의 수입을 올렸으나 총 비용은 1억 6,000만원(입어료 2,000만원, 유류비 7,000만원, 부식 1,600만원, 선원비 4,000만원)이 지출돼 8,000만원의 적자를 냈다. 북한어선 불법조업과 같은 문제가 불거지지 않았다면, 어민들은 우리 수역에서 조업했을 것이고 이런 비용을 지출할 필요가 없다. 러시아에 출어하는 어선 각 한 척당 적게는 1억원, 많게는 2억원 정도의 추가비용이 소요되는 바 이는 공적자금의 투입이 필요한 것으로 판단된다. 즉, 러시아에 출어하는 약 100척의 어선에 대한 경비지원으로 최대 약 200억원의 지원이 요구된다.

아울러, 오징어 씨가 마름으로써 피해를 입은 동해안 주민, 수협, 중매인, 소비자의 위치도 2003년 이전의 상태로 되돌려놓아야 한다. 이와 관련해 북한수역에서 잡은 오징어를 싣고 가는 중국어선들의 오징어를 우리지역에서 매각되도록 유도하는 방안도 유의미할 것으로 판단된다. 중국 오징어가 우리나라로 수입되는 양도 점차 많아지는 가운데 수입 오징어의 상당수가 북한수역에서 어획된 것으로 추정된다. 중국어선은 동해와 남해를 돌아서 중국에 입항한 후 이를 우리나라에 다시 수출하고 있는 실정인데, 바로 우리나라에 오징어를 인도하면 제반 비용이 상당히 절감될 수 있을 것이다. 결과적으로 우리나라 동해안에서 위판되는 오징어가 많아지면 오징어 건조를 하는 주민들, 위판수수료를 벌게 되는 수협 또한, 유통하는 중도매인들 모두 만족될 것으로 예상된다.

다만, 오징어 가격의 하락으로 인해 어업인들이 손해를 볼 가능성이 있으므로 하락하는 가격에 대하여는 국가 지원이 있어야 할 것이다. 현재 마른 오징어의 선호도가 떨어져 건조수요조차 많지 않은 상황에서, 장기적으로 수협 등 유관기관에서는 오징어를 가공하여 부가가치를 올리는 방안 개발에 지속 경주해 주민들의 소득증대에도 노력을 기울여야할 것이다. 이러한 수입을 통하여 1마리당 1만원 이상으로 형성된 오징어가격을 떨어뜨리면 소비자를 보호하는 효과도 있을 것이다. 다만 이 방법은 유엔결의안 위반의 소지가 있으므로 신중한 접근이 필요하다.

정부가 강력한 태도 보여달라

한편, 중국어선 집어등은 우리 어선보다 7배정도 밝은 것으로 알려져 있어 논란이다. 오징어를 부나방처럼 달려들게 조장해 어족보호에 도움이 되지 않고 있는 상황이다. 중국어선의 쌍끌이조업방식에 대한 논란도 있다. 지속가능한 오징어 잡이를 위하여는 채낚기가 이상적인 것이 자명하다. 이는 국제적인 문제이기에 근해 오징어잡이와 연관된 한국, 중국, 일본, 북한, 러시아가 공동으로 해결책 마련을 위해 다자간협약을 체결해서 조업방식과 집어등 불밝기 등을 통일화 시켜야 할 필요가 있다. 이는 국제회의가 소집돼 국제공조를 이뤄야하므로 정부가 나서야 한다.

오징어는 회유성 어족이기 때문에 북한의 조업권의 제3국에 대한 매각은 인접국가인 우리나라에 영향을 미치게 되어 있다. 이러한 경우 인접국과 상의하도록 되어 있다(유엔해양법 제63조, 64조). 우리 정부는 이점을 북한에 강하게 요구하여야 할 것이다. 북한이 매각규모를 축소시킨다든지 자체 휴어기를 설정하여 오징어가 남하할 여지를 남겨주어야 한다. 그리고 불법조업도 단속할 것을 강력하게 요구해야한다.

북한수역에 입어하는 중국어선이 우리나라 수역을 지나면서 우리 수역에서 허가없이 불법조업을 하는 경우 우리나라 해경이 단속, 처벌해야 하지만, 우리나라에 영해내에서 어로작업 없이 아무런 해를 끼치지 않고 통과하는 무해통항(제17조), EEZ 및 공해에서는 항해의 자유의 원칙(제87조)에 따라 우리 해경이 개입할 권한이 사실상 없다. 만에 하나 허가가 없거나 입어권이 없음에도 출어하여 북한수역에서 수산자원을 싹쓸이하는 경우에 관할권을 가진 중국 해경이 반드시 단속해야 한다.(제92조) 우리 정부가 강하게 중국 정부에 항의할 사항이다.

아울러, 동해안의 오징어잡이 어선이 너무 많아서 어족보호에 도움이 되지 않으므로 감척이 이루어져야한다 목소리도 나오고 있다. 감척시 선박과 면허에 대한 적절한 보상이 책정돼야할 것이다.

어민들을 절벽으로 내모는 중국어선 불법조업 행태를 정부, 어민단체, 전문가들이 힘을 모아 실질적으로 대항해 나가길 희망한다.

《현대해양》, 2019년 11월 28일》

7. 지속가능한 오징어조업, 유엔차원 논의 필요

오징어가 동해안에서 자취를 감추고 있다. 지난해는 극심한 흉작을 기록했다. 그 원인으로는 고온현상과 북한수역에서의 중국어선의 조업이 지목되고 있다. 기후변화인 고온현상에 대한 대처는 쉽지 않다.

그러나 북한수역에서의 중국어선의 조업에 대한 우리의 적극적인 대응은 가능하다. 2019년 11월22일 국회에서는 대책위원회가 결성되고 정책토론회가 열렸다. 필자도 발표자의 한 사람이었다. 동해안 오징어 흉년에 대한 아래와 같은 각계의 대책이 필요할 것으로 생각된다.

북한 수역에의 중국어선의 어로작업

유엔해양법에 의하면 연안국은 배타적 경제수역에서 생물자원에 대하여도 배타적 관할권을 가진다. 또한 잉여의 생물자원에 대하여 어업권을 매각할 수 있다. 북한이 중국에 어업권을 이를 근거로 매각함은 일단 적법하다. 그러나 유엔해양법의 또 다른 규정을 살펴보면 오징어와 같은 회유하는 어종은 인접국가에도 영향을 미치므로 서로 협의할 것을 정하고 있다. 나아가 유엔안보리의 결의안에서는 북한에게 이익이 되는 어업권의 판매를 금지하고 있다. 신법 혹은 특별법 우선의 원칙에 따라 유엔안보리 결의안이 우선하여 이는 법적제재의 대상이 된다.

우리나라와 북한은 정식 외교관계가 없기 때문에 이 문제를 원만하게 처리하기는 쉽지 않다. 남북한의 외교 관계가 형성되어 있다면 우리 어선들이 중국의 어선을 대신하여 어로작업을 하면 될 것이지만, 불가능하다. 중국 정부가 시행하는 여름철 휴어기 동안 중국어선이 북한 수역을 대체 어장으로 이용한다는 것이다. 지속가능한 오징어 조업을 위하여 오징어 어획기간을 별도로 한정하고, 휴어기를 지정하도록 해야한다. 그렇게 하여 오징어가 남하할 여지를 남겨두는 것이 유엔해양법 정신에도 맞다. 유엔차원에서 이 문제를 논의할 수 있을 것이다.

불법조업의 문제

동해안 어업인들은 "허가된 어선 수보다 더 많은 중국 어선들이 북한수역에 들어가서 오징어를 잡는다. 입어 과정에서 우리나라 수역의 오징어를 잡는다."고 주장한다. 또한 그 결과 우리나라 수역의 오징어가 남획되고, 동해안에서의 오징어 수확량이 급격히 감소하게 되었다고 어업인들은 항의한다. 우리나라 해경이나 정부의 강력한 단속을 요구한다.

북한으로부터 입어권을 획득한 중국어선은 1,000여척인데 실제 입어 어선은 2,000여척에 이른다는 주장도 있다. 외국 선박은 우리나라에 해를 끼치지 아니하고 항해하여 영해를 통과하는 '무해통항' 권 이라는 권리를 가진다. 또한, 배타적 경제수역과 공해에는 항해 의 자유가 있으므로 우리나라가 단속할 수 있는 권한이 없다. 결국 기국주의에 따라 중국 정부가 면허가 없음에도 조업하는 것을 단속 해야 한다. 중국 해경이 항구를 떠나는 중국 어선들을 단속하도록 우리 정부나 수협 등에서 서한을 보낼 수 있을 것이다.

우리나라 영해나 배타적 경제수역에서 오징어를 잡는 행위는 불 법조업이므로 우리 해경이 강력히 단속하고 처벌할 수 있다. 우리 해경은 강경 대응책을 취하여 중국어선의 불법조업 행위를 차단하 여야 한다.

경비지원의 문제

오징어가 나지 않자 어업인들은 대체어장을 찾았는데, 러시아 캄 차카 수역근처의 어장이다. 2019년의 경우 5,000톤에 톤당 입어료가 약 110달러이다. 정보통신료를 포함해서 총 14억원에 이른다. 필자 의 조사에 의하면 3개월 정도 러시아 어장에서 조업을 하는 경우 척당 납부한 입어료 2,000만원을 포함 유류대, 부식비, 선원비, 수리 비 등을 포함하면 소요경비는 평균 2억원에 이른다. 지난해에는 70 척이 입어하였다.

우리 수역에서 오징어를 잡을 수 있었다면 굳이 러시아 수역까지 갈 일이 없었을 것이다. 북한 수역에서의 중국어선의 조업이 오징어 남하에 악영향을 미쳤고, 이는 외교적인 사유 등으로 북한과의 협의 가 되지 않는 상황에 기인하는 것이다. 그 결과 어업인들은 러시아 에 대체어장을 개발하게 되었다.

이는 우리 어업인들의 생존과 직결된 문제로서 정부 차원의 피해 구제가 필요한 공적인 사안으로 볼 수 있다. 그러므로, 정부로부터 이에 대한 비용이 지원되어야 할 것으로 판단된다. 단체로 구입한

입어료 40억원은 지원대상이 되어야 한다. 또한 2개월에서 3개월에
걸쳐 작업하는 동안 소요되는 유류대금도 지원대상이 된다고 본다.
수협과 어업인들은 정확한 액수를 계산하여 정부와 상의할 필요가
있다.

　기타 동해안 어업인과 주민들이 오징어 어획 감소로 인한 수입
급감에 대하여 보상을 요구하기 위해서는 구체적인 피해액을 산정,
계량화하는 작업이 선행되어야 한다.

지속가능한 오징어잡이에 대한 국제 및 국내대응

　동해안의 각종 어종의 어획량은 줄어들고 있다. 우리 정부를 포
함한 국제사회는 TAC(총허용어획량)제도를 도입하여 어종의 관리를
시도하고 있다. 연간 오징어 어획량을 정하여 지속적인 어업이 가능
하도록 규제하는 것이다. 이는 전 인류적인 문제이다. 지속가능한
오징어잡이가 가능하도록 노력해야 한다.

　북한 수역에서 작업하는 중국어선은 트롤을 이용한 쌍끌이 방식
이다. 그리고 굉장히 밝은 집어등을 켜고서 작업을 한다. 이러한 조
업방식은 우리나라의 채낚기 어업 및 낮은 광도의 집어 등에 비하
여 오징어를 무분별하게 잡는 방법이다. 지속가능한 오징어잡이에
도움이 되지 않는다. 각국이 지속가능한 오징어잡이 보다 더 많은
수량의 어선을 보유하고 작업을 한다면 이에 상응한 감척사업도 필
요하다.

　지속가능한 오징어잡이는 인류 공동의 목표가 되어야 한다. 그러
므로 우리나라 수협은 정부와 함께 주도적으로 국제회의를 소집하
여 이 문제를 다루어야 한다. 동해에서의 오징어잡이에 이해를 같이
하는 한국, 일본, 중국, 러시아, 북한의 관계자가 협의대상이다. 어
업인들은 이 일을 정부에만 일임할 것이 아니라, 각국 수협간의 교
류나 학자들의 세미나 등을 통하여 이해를 증진시킬 필요가 있다.

지속가능한 오징어잡이를 위해서는 오징어 조업방식을 채낚기로 제한하고 집어등의 광도도 낮은 것으로 채택하고, 지역별로 휴어기를 가져서 오징어의 북상과 남하에 도움을 주는 등의 합의를 이끌어 내어야 한다. 감척사업도 국제적인 틀 속에서 이루어지도록 해야 한다. 국내에서도 일부 집어등을 이용한 트롤방식으로 오징어를 잡는 경우도 지적되고 있다.

국내적으로도 오징어잡이 어선의 감척시 정당한 금액의 보상이 이루어져야한다. 감척을 하는 어업인들이 정치망어업, 양식업 혹은 수산가공업으로 직종을 손쉽게 변경하여 생계가 이루어지도록 하는 대안 마련도 필요하다.

동해안의 오징어 산업은 어업인과 주민들의 생계에 크게 영향을 미쳐온 것이다. 그런 오징어가 수년째 흉년이기 때문에 큰일이다. 이러한 오징어 흉년의 원인 중의 하나가 북한 수역에의 중국어선의 조업이다. 이 문제는 외교적으로 풀어야 할 것이지만 정식 외교관계가 수립되지 않은 북한과의 협의가 쉽지 않은 것도 사실이다.

어업인 자신들은 물론이고 어업인 단체인 각종 조합과 군청에서도 이의 해결을 위하여 노력해야 한다. 대체어장의 개발, 수입원의 다변화, 감척사업을 통한 어족보호 등에 박차를 가해야 한다. 국제적인 공조체제를 구축하기 위한 민간차원에서의 세미나 개최 등의 노력도 필요하다. 정부는 외교적으로 북한의 중국에 대한 어업권 매도가 유엔안보리결의안 위반임을 강조해서 양보를 받아내야 한다.

회유성 어족인 오징어의 지속가능한 조업방식을 정하기 위하여 한국, 중국, 일본, 러시아, 북한과의 지역협정을 체결하는 등 다각적인 노력을 강구해야 한다. 학자 등 전문가들도 이러한 민관의 대책이 가능하도록 이론적인 근거를 제시하고 관련 외국학자들과 세미나를 공동으로 개최하는 등 힘을 보태야 한다.

《어민신문특집》, 2020년 1월 1일)

8. 코로나-19와 크루즈선 입항

코로나-19(COVID-19)에 대한 우려로 크루즈선 입항이 외국 여러 나라에서 거부되는 사례가 발생하고 있다. 전염병의 확산을 막기 위한 연안국의 자국민 보호 정책과 크루즈선의 항구 기항권이 부딪치는 형국이다.

바다에서 위난에 처한 인명이나 재산을 구하기 위해 선장은 연안국의 항구에 피항해야 한다. 이런 피항 행위는 바다에서 오랜 관습으로 인정되어왔다.

자국선박이 아니라도 외국선박이 이런 피항을 희망하면 연안국은 피난을 허락해주는 관행이 있었다. 인도적인 차원이었다.

그런데, 유조선이 피항을 요구할 경우 연안이나 항구에서 대형유류오염사고가 날 수가 있기 때문에 연안국이 이를 허용하지 않은 사례가 생겨났다. 그런데 침몰 직전의 선박을 연안국이 입항을 거부한다면 그 선박은 더 큰 위험에 봉착하게 되고 만다. 2002년 스페인의 프레스티지(Prestige)호 사고가 대표적이다.

프레스티지호 사고 이후 국제해사기구(IMO)와 세계해법학회(CMI)는 유류오염사고의 경우 피난처를 제공하는 문제를 공식적으로 다루었다. 연안국의 피난처 제공을 의무화하고 입항 후 발생하는 유류오염 손해 등은 기금으로 처리해주자는 내용이었지만, 연안국들의 주저(躊躇)로 논의가 진전되지 못하고, IMO에서 가이드라인만 만들었을 뿐이다.

그래서 현재 유류오염관련 피난처 제공의 문제는 각 국가에 일임되어있다. 피난처를 제공할 수도, 하지 않을 수도 있다는 것이다. 스페인의 비스케이만에서 발생한 모던익스프레스(Modern Express)호, 그랜드아메리카(Grand America)호의 경우가 피난처가 허용된 경우라면, 우리나라에서 발생했던 마리타임메이지(Maritime Maisie)호는 그

것이 허용되지 않은 대표적인 경우다.

전염병 발생한 크루즈선이 피난처를 요구한다면?

그렇다면 전염병이 발생한 크루즈선에서 선장이 피난처를 요구한 경우 연안국은 어떻게 해야 할까? 이 문제를 위 피난처에서 말한 인명과 재산에 가해진 급박한 바다의 위험에 포함할 수 있을까? 국제해상관습법상 피난처를 제공해주는 관습은 있지만, 연안국의 법적 의무로까지 승화시킬 수 있을지는 사실 의문이다.

몇 가지를 추가로 고려해야 한다. 개항(open port)의 경우 특별한 사정이 없으면 외국선박의 입항이 허가되어야 할 것으로 본다. 특수한 경우에 대비해 국가 간에 항해통상조약을 맺어 상대선박의 입항을 허용하고 외국국민을 보호한다는 약속을 한 경우도 있다. 이런 경우 연안국은 선박의 입항을 허용해야 할 것이다. 그렇다 하더라도 자국의 안보와 위생과 환경에 지대한 영향을 미친다면 선박에 대한 입항이 허가되지 않을 수도 있다. 이와 관련한 국내법이 해당국가에 있는지도 살펴봐야 한다.

그럼에도 불구하고 단순한 전염병 발병 우려 때문에 연안국이 크루즈선의 입항을 거부하는 것은 국가와 정부 책임이 발생할 여지가 있다. 선박이 긴급할 때 피난처를 제공하던 관행을 법적 의무로까지 판단하게 되면 합리적으로 행동하지 않은 결과로 발생한 손해는 국가가 부담한다는 법원의 판단이 나올 여지도 있다. 연안국의 입항 불허로 크루즈 여객에게 더 큰 문제가 발생한다면, 연안국에 손해배상 제기가 있을 수 있기 때문이다.

미비한 법제도도 빨리 보완돼야

IMO, CMI, WHO(세계보건기구) 등에서 전염병 발생의 경우에 연안국은 크루즈선의 입항을 허용하여 절차에 따라 전염병을 치료하

고 여객을 본국으로 송환시키고 비용도 받을 수 있는 제도를 국제
조약으로 만들어야 한다.

통제불능 상태로 전염병이 창궐하지 않는 이상 연안국은 크루즈
선의 영해 내 진입을 허용해 외항에 닻을 놓게 하거나 부두에 접안
하더라도 전염원의 국내 이동을 통제하면 된다고 본다. 선박의 승객
을 인도적인 차원으로 격리 상태로도 충분히 도와줄 수 있다고 생
각하기 때문이다. 크루즈 승객에 대한 물, 식량, 의료품의 공급 등을
통해 국가적인 신뢰도가 올라가고 경쟁력도 높아질 수 있다고 본다.
이런 인도적 배려로 크루즈선 기항하기 좋은 나라, 좋은 항구로 정
평이 난다면, 그 나라의 크루즈 산업 발전에도 도움이 될 것이다.

미비한 법제도도 빨리 보완돼야 할 것이다. '선박 기인 전염병
처리를 위한 국제조약' 등도 필요해 보인다. 코로나-19 사태가 조속
히 해결되기를 바란다.　　　　　　　　(《현대해양》, 2020년 2월 13일)

9. 동해안 관광명소를 개발 국제화시키자

코로나-19 사태로 지금은 꽉 막혔지만, 다시 관광 수요가 살아
날 것이다. 지금은 차분하게 준비할 때이다. 관광산업도 국내 수요
만으로는 부족하다. 외국인 관광객을 유치해야 한다. 경북 동해안은
자연경관이 무척 아름답고 먹거리도 풍부할 뿐만 아니라, 역사성에
기반한 스토리텔링이 가능한 지역이 여럿 있어 국제 관광벨트로 성
장할 수 있다.

예를 들면 영덕군 영해에 있는 관어대 주변도 국제적인 관광 후
보지로 손색이 없다. 참 기이하게 생긴 산(180m)이다. 동해 바다로
향하던 산이 갑자기 가파르게 올라가서 동해 바다 앞에서 절정을
이룬 다음 절벽처럼 뚝 떨어지는 모습이다. 관어대에 올라서면 탁
트인 동해 바다가 보인다. 왼쪽 아래로는 송천강과 넓은 영해평야가

보인다. 외가인 괴시마을에서 자라면서 관어대에 자주 올라가서 놀
았다는 목은 이색 선생은 관어대소부라는 명문장을 남겼다. 고기가
유영하는 것을 볼 수 있다고 하여 관어(觀魚)대라고 이름을 붙인 것
도 목은 선생이다. 고려 말의 원천석 선생, 점필재 김종직 선생 등
조선의 많은 선비들이 관어대 관련 글을 남겼다. 관어대에서 바닷길
을 따라 차로 10분 거리에 대게의 고장 축산항이 있다. 한때 섬이었
던 죽도산이 동해 바다를 막아주면서 천혜의 미항이 만들어졌다. 고
려 말인 1380년대 성을 쌓고 수군 만호를 두어 왜구의 침입을 막았
다. 그 축산성터는 지금도 남아있다. 적의 침입을 알렸다는 봉화대
도 있다.

　1830년대 축산항에 살던 선비가 이장우 영덕현감에게서 받은 편
지글이 최근 번역되었다. 그 선비가 보낸 명란이 너무 맛있다는 내
용이다. 김에 대한 기록도 나온다. 권근 선생의 양천록에 나오는 대
게와 함께 축산항은 명란과 김의 고장임이 고증된다. 임진왜란 때
경주부윤으로 승전보를 올린 박의장의 종택이 있는 무안 박씨네 도
곡도 축산항에서 차로 10분 거리이다. 관어대의 바로 이웃마을로서
양반가의 가옥이 즐비한 괴시마을도 방문할 가치가 있다. 이렇게 괴
시마을-관어대-축산항-도곡을 잇는 4군데는 자연환경, 먹거리
및 역사성을 모두 갖추고 있다.

　국가의 안녕을 위하여 바다에 자신의 무덤을 만들어 달라고 명하
여 만들어졌다는 신라시대 문무왕의 수중왕릉인 대왕암을 중심으로
한 경주의 감포 해안가도 좋은 후보지이다. 자신이 용이 되어 왜구
를 물리치겠다고 했다니 이렇게 훌륭한 왕이 또 있을까? 신라는 선
부(船府)를 둘 정도로 바다를 중요시했다. 현재 해양수산부의 전신인
데, 이렇게 오래전인 7세기부터 선박과 바다를 위한 국가기관을 두
었다니, 세계 최초가 아닌가 싶다. 얼마나 훌륭한 스토리텔링이 될
것인가? 이와 관련된 감은사지탑도 있다. 올해 개항 100주년을 맞는

인근 감포항의 신선한 수산물과 연결시키면 훌륭한 국제관광자원이 될 것이다.

이렇게 동해안의 자연풍경, 먹거리 그리고 역사성이라는 삼박자를 갖춘 지역을 발굴하여 국제관광지로 개발해보자. 동해안의 관광산업도 이제는 국제화되어야 한다. 관광안내표지 등이 외국인의 방문에 적합하게 마련되어야 할 것이다. 영어, 중국어, 일본어 등으로 된 표지, 안내서를 만드는 작업이 선행되어야 한다. KTX 노선이 포항이나 경주까지 이어지므로 외국인 관광객들을 편리하게 맞이할 수 있다. 역에서부터 해안의 관광지까지는 관광버스를 제공하면 좋을 것이다. 관광가이드가 버스에 승차하여 영어 등 외국어로 직접 안내를 할 수 있다면 금상첨화이다. 1박 이상 관광을 하는 외국인을 위한 숙소나 편의시설도 갖추어야 한다. 민박을 원하는 외국인 관광객도 있을 것이다. 민박을 제공할 현지인들에게 간단한 대화가 가능한 외국어 교육을 시켜서 외국 관광객용 민박집을 운영하도록 하는 방법도 있다. 아침에 동해안 어촌에서 잡아오는 생선과 그 출하 과정에 대하여 설명할 가이드도 필요하다. 외국인 단체관광을 유치하기 위해서는 외국의 마을들과 자매결연을 체결하는 것도 좋은 방법이 될 것이다. 동해안 자연의 아름다움과 먹거리를 역사와 더불어 외국에 체계적으로 알리는 일이 선행되어야 함은 물론이다.

동해안 관광은 기존 내륙 중심의 안동 하회마을, 경주 양동마을과 차별화된 경북의 관광명소가 될 수 있다. 내륙에 위치한 이들과 달리 바다라는 자연환경과 수산물 먹거리가 추가되기 때문이다. 경상북도가 환동해의 중심지인 포항에 경북 동부청사를 두고 해양수산, 항만, 독도, 해양관광레저 등을 동해 바다 경영에 열심이다. 경상북도는 자연환경, 수산물, 역사성 등 삼박자를 갖춘 동해안 명소들을 국제적인 관광명소로 개발하는 작업에 가일층 노력해주기를 바란다.   〈〈매일신문〉, 2020년 4월 6일〉

10. 바다에서 건진 미역에 얽힌 추억

미역만큼 우리 국민들에게 친근한 것도 없다. 출산한 산모에게 미역국은 필수 음식이다. 그래서 그런지 생일날에도 우리는 미역국을 먹는다. 나는 미역에 대하여 일반 국민보다 더 많은 추억을 가지고 있다. 그것은 내가 미역을 산출하는 바닷가 출신이라서 먹기만 하는 입장에 더하여 미역을 만드는 경험을 했기 때문이다.

5월이 되면 바다에서 따온 미역이 동네 곳곳의 발에 펼쳐진다. 특별한 기술은 필요없다. 가는 대나무로 만든 발에 폭 50센티 길이 2미터 정도가 되도록 생미역을 펼쳐둔다. 5일 정도 지나면 생미역이 다 마르게 된다. 이렇게 하여 말려진 미역을 오리라고 부르는데, 미역은 한 오리에 얼마씩으로 판매된다.

동해안의 미역은 맛이 좋아서 예나 지금이나 대중에게 인기가 높다. 우리 동네에서 나는 미역은 두 가지 종류가 있다. 하나는 자연산 돌미역이고 하나는 양식미역이다. 돌미역은 소위 짬이라는 돌바위에 자연적으로 미역이 만들어져서 자란다. 어촌계가 해안가 바위 등 관련 해산물의 채취권을 가지는데, 공동으로 관리하는 경우가 대부분이다. 자연산은 해녀들이 자멱질을 해서 미역을 물밑에서 따서 방태기에 넣어서 뭍으로 가져온다. 자연산은 줄기 등이 좀 딱딱한 편이다. 이에 반하여 양식으로 미역을 생산하기도 한다. 가까운 바닷가에 줄을 쳐서 그 줄에 포자를 심으면 미역이 자란다. 남정네들이 조그만 배를 타고 나가서 줄에 자란 미역을 잘라서 배에 싣고 뭍으로 온다. 양식미역은 부드럽다. 식성에 따라서 자연산 혹은 양식미역을 택하게 된다. 맛은 별반 차이가 없다.

내 고향 축산항에서는 미역을 공짜로 얻을 기회가 주어진다. 파도가 크게 치고 나면 모래사장으로 미역이 떠내려온다. 바위에 붙어 있던 미역이 큰 파도에 떨어지며 이것이 모래사장으로 밀려온다. 아침에 먼저 모래사장에 나간 사람이 이를 취하게 되는 것이다. 이를 테면, 무주물(無主物) 선점(先占)인 셈이다. 긴 장대에 갈고리를 달아 모래사장에 미치지 못한 미역을 건져 올리기도 했다. 이는 우리 동네사람들이 새벽에 일찍 일어나는 이유의 하나가 되기도 했다.

미역건조의 부산물로 미역 꾸다리라는 것이 있다. 미역은 몸체 부분인 미역귀와 미역 줄기로 나누어진다. 우리가 먹는 것은 미역 줄기뿐이다. 그렇지만, 산지에서는 미역귀를 따로 모아서 꾸다리라는 것을 만들어 반찬으로 먹는다. 미역귀에는 찐득한 액체가 나오고 식감이 좋아서 인기가 높다. 기름에 튀겨서 설탕을 쳐서 간식으로 먹기도 한다.

아버지와 어머니는 5월이 되면 우리 가족들 생일 때 먹을 수 있도록 미역 두 오리를 보내주시는 것이 연례행사였다. 다섯 식구의 생일에 사용하기에 충분하다. 쌀뜨물에 소고기를 약간 넣고 끓인 미역국은 내가 제일 좋아하는 음식이다. 가족의 생일을 축하하는 미역국을 먹을 때마다, 미역을 해마다 보내주시는 부모님의 따뜻한 마음을 생각하게 된다. 아버지가 세상을 떠나셔도 어머님은 잊지 않고 해마다 이 은혜를 베푸신다.

미역을 널 때, 우리 동네에서 가장 아름다운 모습이 연출된다. 9월, 10월의 오징어 건조 때와 비교가 된다. 9월, 10월의 오징어 철은 모든 식구들이 총동원되는 큰 사업이라서 누구도 여유를 가질 겨를이 없다. 그렇지만, 미역을 산출 할 때는 그렇게 바쁘지 않고 모든 사람들이 동원되는 것도 아니다.

천방의 왼쪽 공간에는 미역을 너는 어머니들의 모습들이 보인다. 우리 같은 학동들은 여유롭게 천방을 거닐 수 있다. 고개를 오른편으로 돌리면 5월의 바다는 잔잔하기 이를 데 없다. 모래사장은 더 넓게 펼쳐져 있다. 그 위로 갈매기들이 끼룩끼룩 날아다닌다. 수확의 기쁨을 노래하는 어머니들의 흥얼거리는 노래소리가 파도에 실리어 우리 귀에 들린다. 우리도 덩달아서 기분이 좋아진다.

(〈현대해양〉, 2020년 8월 25일)

11. 양천세헌록이 주는 시사점

양천(陽川)은 경북 영덕군 축산 2리인 염장의 옛 이름이다. 1800 년대 전반 염장에 살던 (신)안동김씨 김병형·성균·제진 3대가 효 자로서 유명했다. 경상·충청도 등지의 유생들이 영해부사와 경상관 찰사에게 포상을 위한 상소를 30년간 23차례 했다. 1857년 철종이 김병형·성균 부자를 표창했고 정효각이 내려졌다. 상소문, 포상 관 련 결정문, 그리고 김제진·관진 형제가 지인들과 주고받은 편지글 등을 책자로 만든 것이 양천세헌록(陽川世獻錄)이다. 이번에 국문 번 역 작업이 완성되어 출간되었다.

노모의 근력을 훼손시키지 않도록 하기 위해 김병형은 하인이 대 신하여 자신에게 회초리를 때리게 했다. 김성균은 3년상 동안 하루 도 빠짐없이 부모의 묘소를 찾아 산속에 길이 났는데 그 길은 효자 길, 염장은 효자마을로 불렸다.

비록 주인공들이 동해안의 변방에 살고 있었지만, 김병교 이조판 서, 김응균 참판 등 20여 명과 한문으로 편지를 주고받았다. 서울 기거 중이던 이장우 영덕 현감은 1839년 김제진이 보낸 명란이 워 낙 맛있어서 밥을 많이 먹었고 답례로 붓 2자루를 보낸다는 편지를 보냈다. 동해안의 명란이 이때 선물로 사용되었음을 알 수 있다. 그 는 1840년 김제진에게 지인인 담양 사람이 참빗을 팔러 축산항에 가는데 잘 부탁한다고 한다. 지인은 보부상으로 보인다. 서울 조정 가까이에서 포상 청원 운동을 하던 김제진은 1853.2.23.자 편지에서 도승지가 김병국에서 조태순으로 교체되었고, 예조판서는 이경재라 고 알린다. 김제진은 1856.6.27. 김관진에게 계획한 일은 예조판서

남병철에게 달려 있는데, 그를 만나기 위해 예조의 대청까지 3번이나 들어갔다가 물리침을 받았다고 불평한다.

김성균의 효행에 감동해 남포에서 실어오는 비석의 운반료를 상인이 받지 않았다는 내용도 있다. 남포에서 경상도 동해안까지 바닷길이 있었던 것으로 추측된다. 또한 상소문마다 15명에서 120여 명이 연명을 했기 때문에 수백 명 선조들에 대한 행적을 추적할 수 있다. 1860년 염장 동민 15명의 이름이 나온다.

이 기록을 통하여 몇 가지 교훈을 얻을 수 있다. 첫째, 김제진 집안은 안동에서 축산항으로 내려와 200년 동안 벼슬 없이 지냈다. 3대에 걸친 효행 이후 1900년대부터 후손들이 크게 번성했다. 김창진 · 정한 천석꾼, 김용한 · 수영 도의원(초대, 3대), 김호동 군수(안동), 외손으로 한국원(2대 국회의원), 정수창(전 상공회의소 회장), 한용호(전 대우건설 사장)를 배출했다. 효행을 대를 이어하게 되면 자손들이 번창한다는 점을 말해준다.

둘째, 유생들이 20여 회의 상소를 조정에 보냈지만 포상은 쉽게 이루어지지 않았다. 조정에서 상소 내용을 조사 보고하라는 명을 관찰사에게 내려보내고 확인이 된 다음에야 포상이 이루어졌다. 3번에 걸친 예조판서 면담도 모두 거절되었다. 이렇게 정효각이 내려지기까지 30년이 걸렸다. 조선시대는 엄격한 절차에 따라 행정이 집행되었음을 알 수 있다.

셋째, 김병교 이조판서가 보낸 편지글에서 당시 사대부들의 마음가짐을 알 수 있다. 1858년 그는 아들의 과거급제 소식을 알린다. "영광과 감축이 극에 달하여 절로 두려운 생각이 든다."고 적었다. 겸손과 자중하는 모습이다. 그는 오늘날 공직자들에게 겸손한 인품을 갖출 것을 훈계하는 것 같다.

양천세헌록은 사적기록에 더하여 서울 조정에서의 사무, 정효각을 받기 위한 과정, 사대부와 양반들의 품격 있는 교류의 방식, 동

해안 바닷가 수산물의 활용 등 19세기 초중반의 사회·경제상을 알
수 있게 한다.

4차 산업혁명 시대에는 인공지능(AI) 등이 출현, 인간관계를 삭막
하게 할 것이다. 양천세헌록은 인간관계의 출발점인 부자간의 효행
에 대한 스토리이다. 경북에 산재해 있는 선조들이 남긴 아름답고
교훈적인 이야기를 발굴, 교화의 도구로 활용하면 좋겠다. 외국어로
번역해 한국정신문화의 우수성을 해외에도 알리면 우리의 국격도
높아질 것이다.　　　　　　　　　　　　(《매일신문》, 2020년 9월 21일)

12. 문무대왕 수중왕릉의 현대적 의미

지난여름 감포를 방문하여 문무대왕의 수중왕릉과 감은사지탑을
둘러보았다. 삼국유사에 따르면, 문무대왕은 자신이 죽으면 화장을
하여 바다에 무덤을 만들라고 명했다고 한다.

사후 자신이 용이 되어 일본으로부터 신라를 지키겠다는 의지를
피력한 것이다. 이런 유언대로 문무대왕은 680년경 죽은 다음 화장
되어 현재의 대왕암에 안치되었다고 한다. 바다에 무덤을 만들어 두
면 후손들이 제사를 지낼 때마다 동해로 오면서 일본을 생각할 것
이고 이렇게 해야 나태함으로부터 후손들을 일깨울 수 있다고 보았
다는 해석이다. 당시 일본은 패망한 백제의 유민을 받아들여 성장하
고 있었기 때문에, 통일의 위업을 달성한 신라로서는 일본을 경계할
필요성이 컸다.

국왕으로서 바다에 무덤을 만들어 용이 되어 통일신라를 지키겠
다는 문무왕의 호국 정신에 가슴이 숙연해졌다. 아들인 신문왕은 바
로 이웃에 감은사를 설치하고 용이 된 아버지가 바다를 타고 놀러
올 수 있도록 만들었다. 그러한 물을 흐르게 한 돌들이 발견되어 감
은사지 터에 배치되어 있었다. 인근의 땅에서 염분이 출토되어 삼국

유사의 기록을 바탕으로 한 대왕암은 사실일 가능성이 높다고 한다.

문무대왕의 수중왕릉 설화가 오늘날 우리, 특히 대구경북에 주는 시사점은 무엇인가?

첫째, 문무대왕의 수중왕릉은 대외관계에서 바다의 중요성을 강조한 것이다. 538년경부터 신라는 선박을 관리하는 최고 행정청인 선부(船府)를 설치했다. 통일 후에는 선부를 독립시켰다. 이를 수중왕릉의 설화와 같이 보면 신라는 삼국을 통일한 이후 해군과 해운을 중요하게 여겼다는 것을 알 수 있다. 이런 해군과 해운력을 바탕으로 150년 뒤 830년경 해상왕 장보고가 등장하게 되었을 것이다. 730년경 일본이 300척의 선박으로 통일신라를 공격했지만 선부를 통하여 해군과 해운력을 기른 신라는 이를 능히 무찔렀다. 이렇게 바다를 중요시한 신라의 정신은 고려에까지 이어졌다. 바다를 경시한 조선은 외세의 침입을 막지 못했고 쇄국정책은 결국 조선을 망하게 한 큰 원인이 되었다. 수중왕릉 설화는 오늘날을 살아가는 우리들에게도 해군과 해운을 키워서 국방을 튼튼히 하고 대외관계를 중요시하라고 일깨워준다.

둘째, 문무대왕 수중왕릉은 동해안 항구를 더 활용하고 발전시킬 것을 시사한다. 현재 우리나라에서는 부산항과 인천항이 2대 항구로 자리 잡고 있다. 지리적으로 부산은 일본과 태평양으로 향하는 뱃길이 가깝고 인천은 중국과의 지리적 관계 때문에 중시된다. 그렇지만, 북극항로가 개척되는 지금 경북 동해안의 항구들이 블라디보스토크 등 러시아에 가깝다. 그리고 태평양으로 가는 관문인 일본의 스가루해협으로 향하는 뱃길도 경북의 항구가 더 가깝다. 이미 이러한 지리적인 이점을 활용하여 포항-블라디보스토크-일본 서해의 마이즈루항을 잇는 3국 간 크루즈 및 카페리 항로가 개척되어 있다. 코로나 사태가 종식되면 더 각광을 받게 될 것이다. 남미에서 부산항으로 수입된 오징어 등은 경북 지역 해안가로 이동하여 건어물

건조 과정을 거친다. 경북의 항구로 바로 수입되면 상품화에 이르는 시간과 비용이 줄어드는 장점이 있다. 경북 동해안 항구의 운송 기능을 다시 활성화시켜야 한다.

셋째, 문무대왕 수중왕릉은 경북의 바다를 물류와 관광에 최대한 활용할 것을 우리에게 시사한다. 동해안 지역은 해양관광지로서 기능할 뿐만 아니라, 풍력발전, 심해 양식도 새로운 분야로서 개척할 수 있다. 특히 2028년 완공되는 의성-군위에 설치될 대구경북 통합신공항은 포항과 영덕 등에서 1시간 남짓 거리에 있다. 인천공항까지 6시간 걸리던 것과 큰 차이가 있다. 동해안에서 잡은 대게를 포함한 싱싱한 생선, 송이, 복숭아 등이 미국 LA의 교포들에게 하루 안에 도착하게 될 것이다. 감포-경주, 구룡포-포항, 영덕-울진을 잇는 해양관광단지는 이제는 중국 일본뿐만 아니라 미국 등 유럽의 관광객을 바로 유치할 수 있다. 이는 해외 진출을 강조한 문무대왕의 유지를 받드는 길이기도 하다. 　　　　　(〈매일신문〉, 2020년 10월 19일)

13. 해양환경 해설사를 양성, 동해안 관광의 질을 높이자

지난주 울진 소재 환동해산업연구원이 개최한 경북 해양환경해설사 과정에서 특강을 했다. 수강생들이 공감을 하면서 의외로 강의에 대해 긍정적인 반응을 보였다. 강의의 제목은 '내가 경험한 바다와 수산'이었다. 축산항에서 수산업을 하던 집안에서 태어나 상선의 선장까지 마치면서 경험한 바다와 수산업 체험을 그냥 전달했다. 정치망 어장과 관련, "여름 방어는 먹지 못한다." "고래가 그물에 걸려 죽은 상태라도 검사님의 서명이 있어야 시판이 되기 때문에 동해안에서는 검사를 친근하게 '고래검사'라고 부른다."고 설명해 주었다. "명란에 대한 기록이 최근 양천세헌록에서 밝혀졌다. 1839년 이장우 영덕 현감이 축산항의 김제진 선생에게 '선생께서 보낸 명란이 너무 맛이 있어서 밥을 많이 먹었다'고 답장을 했다."는 수산물의 역사도 이야기했다. 수강생들은 공감하면서 좋아라 했다.

동해안에 관광객들이 찾아온다. 그냥 이들이 바다를 보고 생선회를 먹고 떠나는 것이 아니라, 바다와 관련된 각종 스토리를 들으면서 즐겁게 시간을 보내고 해양수산 관련 지식도 얻게 된다면 일석이조가 될 것이다. 동해안을 방문하면 해변가에 말리고 있는 오징어, 꽁치, 그리고 미역을 쉽게 볼 수 있다. 그런데 그 헤아리는 숫자의 단위가 다른 것을 알면 재미있을 터이다. 오징어는 20마리를 살았을 때에는 한 두름, 말린 것은 한 축이라고 부른다. 미역은 한 올이라고 한다. 우리 국민들은 동해안을 방문할 때 그냥 눈으로 바다를 즐길 뿐이다. 앞으로는 이들에게 바다 관련 다양한 지식을 전달하고 고차원의 즐거움을 주도록 하자.

바다에 관련된 산업으로는 해양, 수산, 그리고 해운이 있다. 해양은 심층수의 개발과 같이 바닷물을 이용한 산업을 말한다. 수산은 바다에 사는 수산물을 어획하는 1차 산업이다. 해운은 바다를 이용해 상품을 이동시켜 주는 3차 산업이다. 이렇게 관광객들에게 바다에 대한 전체 그림을 먼저 그려준다. 그다음 어판장을 다니면서 꽁치, 대구, 청어, 오징어 등 생선에 대한 품평과 어구·어법의 차이점, 수협과 어촌계의 관계를 설명한다. 동해안은 샛바람(북동풍)이 불어와서 파도와 바람을 막아주는 방파제가 북쪽의 것이 남쪽보다 길게 그리고 높게 나가 있다는 점, 등대는 등질이 달라서 불빛이 반짝이는 주기가 다르다는 점도 설명해주면 간단한 지식 습득에도 관광객은 좋아할 것이다. 그물 등 어구가 고기잡이에 꼭 필요하지만 바다에 버려지게 되면 바다 환경을 해치게 된다는 점, 동해안 해안가 모래사장의 침식을 보여주면서 어떻게 하면 보호할 수 있을지 같이 고민을 해보기도 한다.

각 단위 수협과 면사무소에는 이들 해양환경해설사를 등록, 관리하게 한다. 관광객은 이들 해설사를 찾아서 해설을 듣도록 한다. 해설사들은 협회를 조직하여 좀 더 체계적으로 활동할 수 있을 것이다. 최소한의 수고비를 받을 수 있다. 관광 장려 차원에서 군에서 재정을 지원할 수도 있을 것이다. 해양수산부에서는 적정한 교육 프로그램을 갖춘 기관에서 교육 과정을 이수한 자들에게 해설사 자격증을 부여하고 관리하게 되면 이 직종은 공신력도 갖추게 된다.

이런 점을 농촌에도 적용할 수 있을 것이다. 농촌도 얼마든지 관광 상품화할 수 있는 것들이 있다. 영양의 특산물인 고추 재배, 영덕의 송이버섯과 시금치, 어느 군에나 있는 과수원의 일상들, 이런 것에 대한 설명에 스토리를 곁들인다면 관광객들은 지식도 얻고 행복해할 것이다. 숲이 좋은 곳은 숲해설사도 필요하다.

(《매일신문》, 2020년 11월 16일)

14. 자산어보가 주는 교훈

이 영화는 19세기 초 흑산도에 귀양 간 유학자 정약전의 어류도감 '자산어보'에 얽힌 이야기를 그린 것이다. 지극히 단순한 이야기이다. 그러나 쉽게 생각할 수 없는 역사적 사안들을 영화에 담아 청중에게 재미를 제공한다.

특히 그 시대 최고의 지성인으로 알려진 동생 정약용과 형 정약전을 대비시키고, 약전(설경구)이라는 양반과 쌍놈이라는 창대, 성리학과 서학을 대칭으로 놓으면서 영화의 스토리를 풍부하게 한다.

연구 대상을 실물에 두었던 약전

19세기 초엽의 사회상이다. 3형제는 서학을 받아들였다고 하여 조카 사위인 황사영 백서사건과 연루되어 1801년 순조가 즉위하자 잡혀와 문초를 당한다. 약전과 약용은 머나먼 남해땅으로 유배를 떠난다. 약용은 뭍인 강진에 가지만 약전은 흑산도로 귀양을 가게 된다.

한때 병조좌랑을 지낸 약전은 좌절하여 외딴 섬마을에서 무료한 세월을 보냈다. 그러다 창대라는 서얼을 만나 흑산도에 나는 물고기에 대하여 관심을 갖게 된다. 창대의 설명과 자신의 관찰을 토대로 한 마리 한 마리 기록을 남긴다.

약전은 그 기록을 완성하는 것을 삶의 큰 목표로 삼는다. 그는 어선에 직접 승선하여 고기의 생태를 관찰한다. 고기를 해부하는 장면을 통하여 알게 된 것을 기록에 남긴다. 14년 귀양살이를 통하여 약전은 자산어보라는 해양생물학사전을 남겼고 본 영화에 스토리를 제공했다.

동생 약용은 목민심서와 같은 처세에 관한 책을 집필한 반면, 약전은 자신의 연구 대상을 실물에 두었다. 영화는 약전의 입을 통해 그러한 연구가 당시 조선 사회에서 유의미한 것임을 알린다. 성리학의 전통에 갇혀있던 조선 선비들은 형이상학적인 인간의 도리, 살아가는 방법, 충효 등에 관심을 가졌다.

물고기를 자세히 관찰하여 어류도감을 만든다는 것은 당시 지배층의 공부방식과 아주 다른 공부의 방법이었다. 이는 그 형제들이 학문적인 호기심이 많고, 깊이 연구하는 성향을 갖추고 있었기 때문일 것이다. 자산어보를 만들어 어디에 쓰겠느냐고 창대가 비웃자, 약전은 말한다. "일본은 조총을 배워서 1592년 임진왜란에 사용했다. 고기를 기록해 많은 사람들이 이를 알게 해야 한다."고 말한다.

영화에서도 바다에 떠내려 온 지구의를 익힌 사람들은 말한다. 흑산도에서 나는 고기를 외국으로 가져가면 몇 곱절이 되는 고기값을 받을 수 있다고. 이는 무역을 말하는 것이다. 목포 지방에 유명한 상인 문순덕이 영화에 나온다. 소흑산도에 사는 홍어장사인 문순덕이라는 상인이 표류하여 오키나와와 필리핀을 거쳐서 중국의 내륙 곳곳을 지나 우리나라에 귀국한 다음 제주도에 표류한 필리핀인들에 대한 통역을 해준 이야기를 흑산도에 와서 한다. 그 이야기를 들은 약전은 표해시말이라는 제목의 책을 만들어준다.

표해시말은 오늘날 우리에게 18세기 초엽의 조선, 오키나와, 필리핀, 중국에 대한 사회상을 전해주는 아주 귀한 자료이다. 서울 한양에서 천리고도이지만 주민들의 세계관이 한양의 고관대작보다 넓었음을 알 수 있게 하는 대목이다.

지지세력이 미약했던 실학

정약용은 정조 시절 수원성을 축조할 때 이미 기중기를 사용했다. 정약전은 흑산도에 사는 물고기를 자세히 관찰하여 과학자의 눈으로 훌륭한 책을 남겼다. 모두 형이상학적인 것이 아니라 실생활과 연결되는 것이다. 김정호의 대동여지도도 마찬가지이다. 이러한 실학의 기운이 박규수 등을 통해 구한말로 이어졌지만 그 세력은 미미했다. 그래서 김옥균, 박영효, 서재필 등은 1884년 갑신정변을 일으켜 정체를 한꺼번에 바꾸려했지만, 지지세력이 미약했기 때문에 실패하고 말았다.

1800년대 초반에 서양이 존재함을 알고 서학이라는 것이 들어왔을 때 서양의 앞선 문물을 적극 받아들였어야 했는데, 우리나라는 구체제에 머물고 있었다. 실학의 움직임이 자강운동으로 이어지지 못한 점은 매우 안타깝다. 외국 상선이 나타나고 개방을 요구했을 때 지배층은 개방을 거부했다. 지배층은 쇄국을 지지하는 세력이 주를 이루었고 개방과 개혁을 요구하는 세력은 소수였다. 외세의 힘에 의하여 외국에 문호를 개방했지만 이미 조선은 산업혁명에 의하여 앞서가던 서구와 일본에 비하여 약한 국가였다.

서양에서 오는 상선은 조류를 타고 일본의 규슈지방으로 가게 되어 있다. 우리나라는 표류한 경우에만 도착하게 되는 바닷길이다.

16세기부터 일본은 서양의 상선이 도착하면 호기심을 가지고 그 들의 문물을 받아들였다. 나가사키에 데지마라는 외국인 거주구역을 두어서 그들의 문물을 받아들이는 창구로서 기능하게 했다. 19세기 에는 난학(蘭学)이 일본의 규슈지방에는 상당한 정도로 퍼져있었고, 선각자들은 학교를 만들어 서양학문을 가르쳤다. 이것이 외세가 쳐 들어오자 1868년 명치유신으로 나타난 것이다.

명치유신이 성공한 것은 서양에 대한 인식과 개방정책의 필요성 이 일본의 지배층에 상당부분 공유된 것에 기인한다고 본다. 우리는 그렇지 못했다. 약전과 약용 형제와 같이 실학의 기운이 더 살아나 서 백성의 삶에 도움이 되는 기술들을 개발하고 선진문물을 받아들 이는 운동을 펼쳤어야 했는데, 그러지 못했다.

귀양지에서도 실학을 추구한 약전

영화는 창대를 통해 당시 조선시대가 신분사회였음을 말한다. 서 얼이 가졌던 고통을 이해할 만하다. 영화에서는 가렴주구(苛斂誅求) 하는 나주목사와 같은 부패한 조선의 양반이 있는가하면, 귀양을 가 서도 무언가 글로 남기어 세상에 도움이 되도록 노력한 양반들이 있었다. 어려운 상황에서도 조선의 지식인들 중에서는 무언가를 하 고자 했다. 이런 지식인들의 움직임이 19세기 초엽부터 일어나고 있 었는데, 이것이 힘을 얻어 전국적인 개혁운동으로 나아가지 못한 것 은 아쉬운 점이다. '실학의 기운이 일어났던 1800년대에서 1860년 사이에 정약용과 정약전과 같은 실학자들이 더 많아지고 그들의 연 구결과인 지식이 공유되고 산업의 발전을 통하여 부강한 나라를 만 들겠다는 목표가 지배층에 뚜렷했다면 조선도 많이 달라졌을 터인 데'하는 생각을 해본다. 영화는 19세기 초엽의 조선 땅에서 귀양을 가서도 변화를 추구하고 사람들의 삶에 도움을 주려고한 한 지식인 이 있었음을 우리에게 알린다.

약전이 사는 초가집 마루를 통하여 시원한 바다를 만날 수 있는데, 흑백의 색상과 함께 이 영화에 품격을 더한다. 자(玆)는 검다는 뜻이고 자산(玆山)은 흑산의 격조 높은 이름이다.

(《현대해양》, 2021년 4월 26일)

15. 동해 신산업발전에 법제도도 함께 가야한다

우리 동해는 1982년 UN해양법 협약의 발효 이후로 육지보다 5배나 넓어졌다. 영해도 3마일에서 12마일로 넓어졌다(제3조). 배타적 경제수역이 만들어지면서 기선에서부터 200해리까지가 배타적 경제수역(EEZ) 및 대륙붕이 우리 나라의 관할에 들어왔다(제18조, 제76조).

최근 탄소중립화와 관련 동해의 깊은 바다가 주목받고 있다. 동해의 깊은 바다에 탄소포집장치를 설치하자는 것이다. 심해저도시 개발 아이디어도 있다. 서해나 남해는 수심이 100미터 이내이지만, 동해는 2,000미터에 이른다. 심해저를 가진 동해에 좋은 기회가 온 것이다.

기존에 바다를 이용하는 산업으로는 해상운송업, 수산업 및 해양관광업이 있다. 심층수의 개발 등 바닷물을 이용한 산업도 있다. 심해양식업도 새롭게 부각되고 있다. 에너지원으로 연안과 배타적 경제수역에 풍력발전을 설치하는 작업도 진행 중이다.

바다 신사업 법적 제도적 장치 필요

풍력발전은 청정에너지를 얻는 수단으로 각광받는다. 심해저에는 망간, 가스 하이드레이트 등이 매장되어있다. 태평양의 심해저 탐사를 위한 과학기술의 테스트 베드로서 동해안을 활용하는 사업도 고려해 볼 수 있다. 이런 바다 관련 신사업들은 법적·제도적 장치를 필요로 한다.

심해양식업은 수십 미터의 깊이와 수십 미터의 넓이를 가진 구조물을 깊은 바다에 설치해야 한다. 양식회사와 건설업자 사이에 구조물설치에 관한 위탁계약이 체결된다. 양식회사는 구조물의 설치를 위한 건조자금이 부족하기 때문에 은행으로부터 대출을 받아야한다. 선박과 달리 구조물 자체가 범용성이 낮기 때문에 담보물로서 기능이 약할 것이다. 양식회사는 구조물의 설치를 위한 대출이 어려울 것이므로 건조 자금을 보강하기 위한 새로운 제도의 도입이 필요하다.

다양한 개발 상황 전개돼

불타는 얼음으로 알려진 가스 하이드레이트가 동해안의 울릉분지에 매장된 것으로 알려져 있다. 6억 톤 규모에 250조 원의 가치가 있다고 한다. 우리나라도 탐사, 발굴을 위한 준비에 착수하고 있다. 하이드레이트가 있는 심해저는 울릉도 남서쪽인데 우리나라의 대륙붕에 속한다. 유엔해양법에 따라 우리나라가 배타적인 관할을 가지므로(제77조) 개발하여 채굴되는 광물은 우리나라가 소유권을 가진다.

해양과학기술의 테스트 베드로서 동해안의 심해를 활용할 경우 사업 주체는 정부나 지자체가 될 것이다. 탐사선의 선원들은 선원법상 선원들이기 때문에 유족보상 등에서 근로기준법보다 우선하여 보호받게 된다. 탐사선에 잠시 승선하는 과학자들은 선원이 아니기 때문에 국가배상법의 적용을 받는다.

국고로 해양과학기술을 개발하여 외국의 기업이나 정부에 판매하는 경우에 국가와 외국 기업과의 계약에 따라 수입이 생길 것이다. 민간과 합작 투자가 된다면 수입은 투자지분에 따라 민간이 획득하는 경우도 있을 것이다.

새 제도 필요

심해개발을 위해서는 잠수정, 해저 로봇, 심해탐사센터가 필요하다. 심해저를 탐사하는 무인 잠수정을 국가기관이 보유하고 있다면 민간이 해저탐사를 위하여 필요할 때 이를 일정한 기간 빌려주고 대가인 임대료를 수령하게 된다. 동산에 대한 임대차 계약이 될 것이다. 이런 고가의 장비를 제작하기 위해서는 은행으로부터 대출이 필요하다. 선박으로 간주하여 등기하여 저당권의 설정이 가능하도록 해야 할 것이다.

심해저가 개발되어 탄소중립을 위하여 육상에서 발생하는 탄소를 포집하여 심해저에 저장하는 탄소포집저장(CCS)를 만드는 작업도 하게 된다. 포집된 탄소를 운반하는 운송의 문제, 특수한 선박의 건조의 문제, 선박을 운항하는 자는 선원이지만 작업자는 선원이 아닌 문제가 발생할 것이다. 작업자들도 선원법상 선원으로 간주하여 보호하는 제도가 필요하다.

법제도 마련해 부가가치 창출

울릉도 및 동해안의 해저는 천혜의 아름다움을 자랑한다. 잠수정을 타고 심해저를 관광하는 사업을 만들 수 있다. 관광회사는 여객과 관광에 대한 계약을 체결한다. 상법에서 말하는 여객운송은 선박이 지상에서 운항하는 것이라서 해저의 관광에도 적용될 것인지 검토가 필요하다.

잠수정의 안전은 극도로 강화되어야 하므로 선박안전법 등이 강화되어 적용되어야하고, 운송인은 무과실의 책임을 부담해야한다. 사고 발생시 즉각 구조가 가능한 비상대책이 마련되어있어야 한다. 관광회사는 관광객의 사상에 대한 책임을 부담할 책임보험에 가입해야 한다.

　심해저 개발 등은 국가나 지방자치단체가 주체로서 추진할 일들이기 때문에 분쟁의 해결을 위한 법률의 기능보다는 산업을 조장하는 조성법학으로서 법률이 기능이 더 강조될 것이다. 바다 관련 신산업을 성공시키기 위한 법적 제도적 장치를 마련하여 부가가치를 창출하자. 나아가 이를 국제 표준화하여 외국에 한국의 바다 신산업 기술을 수출할 수 있길 고대한다.　　　　　（〈현대해양〉, 2021년 12월）

서 평

  김인현 교수의 「선장 김인현 교수의 해운산업 깊이읽기 Ⅲ」은 잔잔하던 바다에 쓰나미처럼 밀려오는 큰 파랑과 같습니다.

  지구 표면의 71%를 덮고 있으며 온갖 생물체의 본산인 바다는 인류에게 영원한 보고로 남아 있습니다. 오랫동안 뭍 위의 생활에 익숙해진 우리에게 바다는 접근이 쉽지 않은 공간으로 남아 있었는데 활동 반경이 넓어지면서 해운, 조선, 물류 등 바다 겉표면을 이용하는 각종 해양산업의 발달과 더불어 바다 속에 사는 생물체를 포획, 채취하는 수산업이 발달하고 또한 석유를 비롯한 바다 바닥에 깊이 부존되어 있는 각종 광물자원도 개발, 이용되고 있습니다. 최근에는 수심 200 미터 이상의 해양심층수를 끌어 올려 무공해의 영양 풍부한 저온 식음수로 활용하고 있음을 볼 때 우리의 미래 생활은 더욱 바다 관련 다양한 산업과 더욱 가까워지리라 예상됩니다.

  김인현 교수는 영덕 바닷가에서 짙푸른 동해바다 품에 안겨 자랐으며 화물선 선장으로 오대양 육대주를 항해하며 바다에 대한 꿈을 키웠고 바다를 관리하고 이용하면서 발생하는 각종 국내외 분쟁해결을 연구대상으로 하는 해상법학자가 되어 바다 사랑이 어느 누구보다 깊고 의지가 두드러지는 학자입니다. 그는 항상 긍정적으로 사물을 대하며 철저한 준비를 통해 언제든지 실행에 옮길 수 있는 부드러우면서도 강인한 리더십을 갖추고 있습니다. 그를 대하면 언뜻 선각자 정약전 선생이 떠오르기도 합니다. 200여 년 전 흑산도에 유배되어 답답한 생활을 하고 있던 정약전 선생은 당시 실학자 다산 정약용의 형님으로 실학적 사고에 대한 준비가 충분한 분이셨고 사물을 긍정적으로 관찰하기를 즐기시던 분이셨습니다. 그러나 작은 외딴 섬에 유배된 처지라 제한된 여건 속에서 유일한 탈출구인 바닷고기 분류작업을 장기간 수행하셔서 「자산어보」라는 귀중한 책을 저술하여 오늘에 전해지고 있습니다. 이 문헌이야 말로 바다 생물에 관한 정확하고 풍부한 지식을 체계적으로 정리해 놓고 있어 근대 해양생물 분류학의 시초가 되고 있을 정도입니다.

김인현 교수는 2020년과 2021년 코로나 사태 하에서도 바다, 저자전문가와의 대화를 주도하면서 바다관련 산업의 현상에 지속적인 관심을 가지고 공부하며 칼럼을 부지런히 발표했습니다. 관심분야는 해운, 물류, 조선, 수산업, 인문학 등 다양한 방면에 걸쳐 있어 가히 上善若水라는 옛말이 이뤄진 것이라 볼 수 있습니다.

김교수는 이런 다양한 현상을 관찰하고 정리하는 것에 그치지 않고 미래지향적 해결 방안과 현명한 정책적 대안을 제시하고 있어 그의 선도적 리더십에 대한 기대가 커지고 있습니다. 더구나 그는 학술적 연구가 깊을 뿐 아니라 인문학적 소양도 남달라 차분하게 전개해 나가는 그의 글을 읽으면 하나하나가 나름대로 또렷한 가치를 지니고 있을 뿐 아니라 모아 놓고 보면 반짝이고 영롱한 진주를 꿰어 소중한 목걸이로 만들어 낸 것 같은 탁월한 솜씨에 다른 매력을 느끼게 됩니다. 지난 2년간 정리하고 쓰고 발표한 논문, 에세이, 기고문 등 총 70여 편의 글을 모아 우리나라 바다산업의 발전에 또 하나의 받침돌이 될 역작이 만들어 졌습니다.

평생 동안 헌신해 온 해운 물류 분야뿐 아니라 조선, 수산, 해양 환경, 그리고 차분하고 자상하게 전개해 나간 바다관련 각 분야의 경험과 풀어가는 지식을 듣다 보면 때로는 잔잔한 바람소리에 밀려오는 밀물의 속삭임 같기도 하고 때로는 달빛 밝은 모래사장을 거닐며 느끼는 낭만 가득한 밀어 같기도 합니다. 이 책에 실려 있는 짧은 에세이로 간추린 강한 생각이 문학적 소양까지 발휘된 에세이

형태로 실려 있는 이 책은 바다를 그리는 미래세대에게 깔끔한 길잡이가 되고 있습니다.

그는 특히 우리나라 경제 발전에 든든한 기반을 제공하고 있는 해운산업이 전례 없는 호경기이긴 하지만, 불안한 상태로 보면서, 해운업과 조선 산업은 경기를 타는 산업이라 안정된 장치를 가지는 것이 급선무라는 관점에서 금과옥조 같은 여러 가지 방안을 검토하고 의견을 제시하였습니다.

학문적 구별 없이 바다를 공동 공간으로 피어나는 관련 산업 현상들이 통섭의 장으로 정리된 「선장 김인현 교수의 해운산업 깊이 읽기 Ⅲ」을 일독 하시기를 강력히 추천하며 코로나 시대를 헤쳐 나가시느라 애쓰신 김인현 교수님의 노고를 치하합니다.

2022. 3. 16.

한국종합물류연구원 원장

정 필 수

[저자약력]

경북 영해고 졸업
한국해양대학교 항해학과 졸업
고려대학교 법학사·법학석사·법학박사
University of Texas at Austin(LLM)
싱가포르 국립대학 및 동경대학교 법과대학 방문교수
일본 산코기센(Sanko Line) 항해사 및 선장
김&장 법률사무소 선장(해사자문역), 법무법인 세경 비상임 고문
국립목포해양대, 부산대학교 법과대학 조교수 및 부교수
한국해법학회 회장, 법무부 상법개정위원, 인천항만공사 항만위원,
로테르담 규칙제정 한국대표단, IMO 법률위원회 및 IOPC FUND 한국대표단
해양수산부 정책자문위원장
(현) 고려대학교 법학전문대학원 교수(상법), 동 해상연구센터 소장
    선박건조·금융법연구회 회장, 수산해양레저법정책연구회 회장
    대법원 전문심리위원
    중앙해양안전심판원 재결평석위원회 위원장
    갑종 선장면허(1급항해사) 보유(2024년까지 유효)
    대한상사중재원·SCMA(싱가포르해사중재) 중재인

〈저서 및 논문〉
해상법연구(삼우사, 2003), 해상법연구Ⅱ(삼우사, 2008), 해상법연구Ⅲ(법문사, 2015), 해상법(법문사, 제5판, 2018), 해상교통법(삼우사, 제5판, 2018) Transport Law in South Korea(Kluwer, 제3판 2017), 선박충돌법(법문사, 2014), 보험법·해상법(박영사, 제9판 2015년)(이기수, 최병규 공저), 선박건조·금융법연구Ⅰ(법문사, 2016)(편집대표), 해상법 중요판례집Ⅰ(법문사, 2018)(편저), 김인현 교수의 해운산업 깊이읽기(법문사, 2020), 선장 김인현 교수의 해운산업 깊이읽기Ⅱ(법문사, 2021), 바다, 저자와의 대화Ⅰ(법문사, 2021)(편집 대표)

〈수필집〉
바다와 나(종합출판 범우, 2017)
선장교수의 고향사랑(종합출판 범우, 2020)

선장 김인현 교수의 **해운산업 깊이읽기 Ⅲ**

2022년 6월 10일 초판 발행
2022년 8월 15일 초판 2쇄 발행

저 자 김　　　인　　　현

발행인 배　　　효　　　선

발행처 도서
　　　출판 **法 文 社**

주 소 10881 경기도 파주시 회동길 37-29
등 록 1957년 12월 12일/제2-76호(윤)
전 화 (031)955-6500~6 FAX (031)955-6525
E-mail (영업) bms@bobmunsa.co.kr
　　　　(편집) edit66@bobmunsa.co.kr
홈페이지 http://www.bobmunsa.co.kr

조 판 법 문 사 전 산 실

정가 20,000원　　　ISBN 978-89-18-91309-4